新时代工会

『建家』工作实务

（全新修订版）

张 举 ◎编著

人民日报出版社

图书在版编目（CIP）数据

新时代工会"建家"工作实务／张举编著. --北京：
人民日报出版社，2023.10
ISBN 978-7-5115-8010-8

Ⅰ.①新… Ⅱ.①张… Ⅲ.①工会工作–研究–中国
Ⅳ.①D412.6

中国国家版本馆 CIP 数据核字（2023）第 193553 号

书　　名：**新时代工会"建家"工作实务**
XINSHIDAI GONGHUI "JIANJIA" GONGZUO SHIWU
作　　者：张　举

出 版 人：刘华新
责任编辑：刘天一
封面设计：陈国风

出版发行：人民日报出版社
地　　址：北京金台西路 2 号
邮政编码：100733
发行热线：（010）65369527　65369846　65369509　65369510
邮购热线：（010）65369530　65363527
编辑热线：（010）65363105
网　　址：www.peopledailypress.com
经　　销：新华书店
印　　刷：北京柯蓝博泰印务有限公司

开　　本：170mm×240mm　　1/16
字　　数：230 千字
印　　张：16.25
版次印次：2024 年 12 月第 1 版　　2024 年 12 月第 1 次印刷

书　　号：ISBN 978-7-5115-8010-8
定　　价：76.00 元

前言 Preface

职工之家是凝聚职工的"蓄水池",是工作推进的动力源。建设好职工之家是加强工会自身建设和推进整体工作的有效形式。在基层工会组织中深入开展"建家"活动,更好地促进工会履行维护职责,促进社会和谐发展,是新时代工会工作服务于党和国家工作大局的现实要求。基层工会要深入开展职工之家建设,全面履职,在坚持教育引导、凝聚职工共识,提升职工技能、推动建功立业,强化维权帮扶、促进和谐稳定等方面充分发挥自身的积极作用。围绕加强基层工会建设、创建模范职工之家这个主题,基层工会要进一步突出工作重点,把重心放在基层工会的规范化建设上,以健全组织、提高质量、增强活力、发挥作用为目标,积极创建深受职工群众信赖的学习型、服务型、创新型职工之家。

职工之家的创建,旨在增强基层工会组织的活力,反映职工愿望,密切党政与职工群众之间的联系,有效推动职工开展寓教于乐、健康向上的文化体育活动和工会各项活动。实践证明,基层工会通过创建职工之家活动,能把职工群众的积极性、创造性加以调动、整合、发挥,从而真正把工会组织构建成为职工群众信赖的职工之家。同时,职工之家应把重点放在基层工会,坚持服务职工群众的工作生命线,全心全意为职工服务,增强基层工会的吸引力、凝聚力、战斗力,认真履行工会各项职能,突出职工主体地位,着力提高职工综合素质,切实维护职工经济权利、政治权利、文化权利及社会权利。基层工会卓有成效的"建家"活动,体现了工会组织对劳动者物质文化和经济诉求的关注、关心、关爱,能够更加有效地从制度及源头上维护全体劳动者的权益，构建和谐劳动关系，从而更加有效地推动和谐企业的建设。基层工会唯有把全心全意依靠广大职工群众，为职工排忧解难办实事，做雪中送炭、雨中送伞的实事好事，善待职工作为活动永恒的主题，方能建构充满生机和活力的、职工信赖的职工之家。创建职工之家应以建设和谐家园为目标，着力从加强职工教育、实现思想和谐、维护职工权益、促进人际和谐、优化美化环境、营造和谐氛围等方面加以升华，从而保证"建家"工作能健康、稳定、有序地向纵深拓展。

本书在 2019 年出版的《工会"建家"工作指南》一书的基础上修订而成，增加了近年来基层工会创建"职工之家"的新要求、新举措，在书中对新形势下基层工会为何"建家"、怎样"建家"以及"建家"的宗旨进行了全面阐释，并借助案例进行引导，以期对基层工会做好"建家"工作有所启迪。

作者编写此书时参阅了大量相关文件、文章和著作，在此向相关作者表示诚挚的谢意。

目录 Contents

附　录

参考资料及说明

第一章

基层工会"建家"活动的总体要求

党的二十大报告指出，深化工会、共青团、妇联等群团组织改革和建设，有效发挥桥梁纽带作用。这对工会提出了新要求，为做好工会工作指明了前进方向、提供了根本遵循。进一步推进职工之家建设，对于落实党中央对工会工作的指示要求、不断增强工会组织的吸引力和凝聚力、充分发挥工会组织的桥梁和纽带作用，具有十分重要的意义。

第一节 基层工会开展"建家"活动的重要意义及原则方法

一、基层工会开展"建家"活动的意义

开展建设职工之家活动，是发挥基层工会作用的重要方式，是增强基层工会活力的有效手段，是全面提升基层工会工作水平的综合性载体。当前，"建家"（建设职工之家，后同）工作面临着新的形势、新的任务，也面临着新的发展机遇。企业组织形式、职工队伍结构、劳动关系、就业形态等方面的发展变化对夯实基础工作、发挥工会作用提出了新的要求。大量农民工成为职工队伍新成员，维护工人阶级团结统一和职工队伍稳定的任务更加艰巨。基层工会组织建设和发挥作用的现状，迫切要求在坚持抓好组建工作的同时，进一步把工作着力点放在发挥基层工会作用上，充分运用"建家"这一有效载体，推动各个领域、各种类型基层工会全面开展"建家"活动，做到哪里有职工哪里就要建立工会组织，哪里有工会组织哪里就要开展"建家"活动，最广泛地把"建家"活动覆盖到每个基层工会组织，最充分地激发出每个基层工会组织的活力。

二、基层工会开展"建家"活动的特点及原则方法

（一）建设职工之家活动的主要特点

我国工会建设职工之家活动开展以来，从总体发展水平上来看，具有四大典型特征。

1. 综合性

"建家"活动包含了工会多方面的工作，而不是工会的单项工作。它具有丰富的工作内容，是对工会工作的整体推进。

2. 广泛性

"建家"活动不仅仅是从事工会工作的人在做，这项活动也动员了全体职工群众的广泛参与，使活动融入企事业单位的工作中，融入职工群众的生产、生活中，得到了企业党组织和行政部门的支持，得到了职工群众的认可，形成了"党政工同唱一台戏、共建一个家"的局面。

3. 基础性

"建家"活动在整个工会工作全局中具有基础地位和重要作用。只有基层工会组织充满活力，整个工会才能具有活力。

4. 长期性

"建家"活动是整个工会组织的战略性任务。它要随着社会政治、经济等领域的发展变化和企事业单位及机关的发展与改革，与时俱进，不断赋予自身新的内容，不断拓宽新领域、创建新方法、创立新理论，常建常新，长期不懈地开展下去。

（二）建设职工之家活动的原则方法

1. 职工之家建设必须突出维权服务的主题

维护职工合法权益、竭诚服务职工群众，是工会的基本职责和重要工作，是工会存在和发展的土壤和根基。在社会主义市场经济的新形势下，只有强化集体（劳动）合同、民主管理、事务公开、"送温暖"机制和完善职代会制度等建设，切实维护职工合法权益和主人翁地位，努力为职工群众办实事好事，更加紧密地联系职工群众，职工群众才能真正把工会当作自己的家。因此，必须把依法维护职工的经济、政治、文化、社会和生态文明权利作为开展"建家"活动的基本内容，把依法履行维护职责贯穿到职工之家建设的全过程。

2. 职工之家建设必须着眼于全面提升职工的精神文化素质

"建家"不仅要完善"家"的硬件建设，更要注重"家"的软件建设。职工文化作为一种文化群体环境，具有潜移默化地影响人、教育人、塑造人和改造人的作用。丰富多彩的文化活动能够有效陶冶职工情操、营造先进文化氛围、激发职工的劳动热情和创造活力，提升职工精神文化素质。实践证明,将提升职工队伍的精神文化素质作为"建家"活动的立足点,能更大限度调动广大职工的积极性和创造性,把他们的智慧凝聚到为单位改革发展建功立业上来。

3. 职工之家建设必须立足于提高职工队伍的职业技能素质

加强职工队伍建设,提高职工队伍职业技能素质,关系到企业管理服务水平的提高,是企业高质量发展的重要保障,也是提高劳动者在就业中的竞争力、保护其劳动权益的需要。通过职工培训、劳动和技能竞赛、职工自主管理、职工技能培训等活动,加快培养知识技能型、技术技能型、复合技能型人才,引导职工干在岗位、学在岗位、练在岗位、奉献在岗位、成才在岗位,推动职工队伍知识化、技能化进程,打造学习型的职工之家。

4. 职工之家建设必须实现普及与提高的有机结合

"建家"活动必须突出职工的广泛参与,不断扩大参与面,不断提高参与率,不断探索新领域,吸引更多的职工参与到丰富多彩的"建家"活动中来,促进"建家"活动更加广泛化。同时,必须不断提高"建家"的水平和质量,形成特色,创造"品牌"。只有将普及与提高有机结合起来,才能使"建家"的基础更为扎实、活力更为强大、发展更具后劲。

5. 职工之家建设必须形成党政工共推合力

实践证明,"建家"活动只有得到本单位党政领导的重视认可,在人、财、物上给予积极帮助支持,"建家"工作才能顺利良好地开展。职工之家建设对本单位改革、发展、稳定、和谐起到重要的推动作用。要做好职工之家建设,就要建立健全"党委领导、行政支持、工会主抓、职工参与"的长效工作机制,把"职工之家"建设与本单位的文明建设及各类创建活动有机结合起来。

实践证明,深入开展"建家"活动是推进工会工作向纵深发展的基本形式,是贯彻落实党的路线方针政策、在改革建设中充分发挥工会作用的重要手段,是调动职工积极性、创造性的有效方法,是加强基层工会组织建设、增强工会活力、提高工会工作整体水平的综合载体和有效探索。

第二节 建设职工之家的基本要求

一、建设职工之家的基本要求

全国总工会在《中华全国总工会关于进一步加强建设职工之家工作充分发挥基层工会作用的意见》中提出，要进一步加强建家工作，要坚持在继承的基础上不断创新，与时俱进地赋予工会工作新的内容，努力把基层工会组织建设成为组织健全、维权到位、工作规范、作用明显、职工信赖的名副其实的职工之家。

（一）健全组织体系

基层工会委员会、经费审查委员会、女职工委员会组织健全，按时换届选举，单独设置工会工作机构，依法独立自主开展工作；依法进行工会法人资格或工会法人代表变更登记；工会主席（副主席）的产生、配备符合有关规定，职工200人以上的单位依法配备专职工会主席；按不低于职工人数3‰的比例配备专职工会干部；加强工会积极分子队伍建设；加强会员会籍管理，职工（含农民工、劳务派遣工）入会率达到85%以上。

（二）促进科学发展

围绕加快经济发展方式转变，深入开展多种形式的争先创优建功立业活动，持续形成劳动竞赛热潮；深入开展以增强自主创新能力为重点、以合理化建议和"五小"活动为内容的职工技术创新活动、"我为节能减排作贡献"活动，推动经济又好又快发展；加强劳动模范（先进工作者）的培养、评选、表彰、宣传和管理，激励职工立足岗位、勇创佳绩。

（三）履行维权职责

建立和完善以职工（教工）代表大会为基本形式的民主管理制度，推行厂务（院务、校务）公开，公司制企业依照有关规定选举职工代表进入董事会和监事会，参与企业管理；深化"共同约定"行动，建立平等协商和签订集体合同制度，协商解决涉及职工切身利益的重大问题；指导和帮助职工签订劳动合同，依法妥善处理劳动争议纠纷，提供法律援助，构建和谐劳动关系；协助和督促企业落实国家各项涉及职工权益的法律法规，遵守劳动安全卫生等规定，安全生产无事故；维护女职工的特殊权益。

（四）提高职工素质

发挥工会"大学校"作用，深入开展"共筑理想信念、共促科学发展"主题教育，弘扬中国工人阶级伟大品格，用社会主义核心价值体系引领职工群众；开展"创建学习型组织、争做知识型职工"活动，培育"四有"职工队伍；开展群众性精神文明创建和文化体育活动，满足职工群众精神文化需求，推动职工文化和企业文化建设。

（五）服务职工群众

以职工最关心、最直接、最现实的利益为重点，认真倾听职工呼声，积极反映职工意愿，提出政策建议和主张；关心职工生产生活问题，指导帮助职工就业，进一步叫响做实"职工有困难找工会"，努力为职工办实事、做好事、解难事；开展"送温暖""金秋助学"等活动，履行帮扶困难职工"第一知情人""第一报告人""第一协调人""第一监督人"的职责。

（六）加强自身建设

坚持民主集中制，密切联系群众，廉洁自律；健全各项组织制度、民主制度、工作制度，基础资料齐全；坚持会员（代表）大会制度，完善会员代表常任制，实行会务公开，接受会员群众民主评议和监督，保障会员民主权利；开展"创建学习型工会，争做知识型工会干部"活动，加强思想、作风、能力建设，提高工会自身建设科学化水平，建设学习型、服务型、创新型工会；建立单独工会财务账号，独立使用工会经费，收好管好用好工会经费，保护好工会资产。

二、积极推进职工之家建设的对策思路

(一) 坚持把"建家"活动与企事业单位的稳定发展紧密联系

新形势下,"建家"就是要把广大职工紧密地团结起来,让职工充分享有劳动权利、民主权利和改革开放带来的经济利益,让他们切实感受到职工之家建设给本单位带来了巨大的生机和活力。促进各项工作蓬勃开展,引导广大职工进一步增强主人翁责任感,动员和组织广大职工开展各种形式的群众性经济技术创新活动,学赶先进,争创一流,在推动本单位的改革发展稳定中,发挥出自己的聪明才智。

(二) 坚持创新、可持续发展的理念开展"建家"活动

要在职工之家建设经验和好的做法的基础上,不断探索创新新时代职工之家建设的新思路、新方法和新途径。"建家"活动要常建常新,体现时代性、把握规律性、富于创造性,不断赋予"建家"新的内容,拓展新的领域,注入新的活力。要共同努力,把职工之家建设作为一项长期任务,常抓不懈,不断健全完善各项工作制度,并形成长效机制,实现规范运作,在实践中不断提高"建家"工作水平,推动工会工作的创新发展。

(三) 坚持立足实际、突出重点的原则开展"建家"活动

"建家"工作的内容涉及方方面面,要紧密结合本单位实际,形成自己的特色,以重点工作的突破、薄弱环节的改善,推动整体工作的开展,增强工作的针对性和实效性。如以创建"工人先锋号"等活动为载体,围绕企业发展主线,深入抓好职工岗位培训、技术创新、劳动和技能竞赛等活动,把"建家"活动作为提高职工技能素质、提升企业管理水平的有效载体。

(四) 以"会、站、家"一体化增强基层工会凝聚力

进一步规范基层工会组织建设,指导各级工会困难职工帮扶中心(站、点)向职工服务中心升级,推进基层工会开展创建职工之家活动,按照工会组织规范化,服务职工多样化,职工之家标准化,"会、站、

家"（组建工会、建立职工帮扶服务站、建设职工之家）三位一体的总体思路，按照"扩大覆盖面、增强凝聚力"的要求，以加强基层工会组织建设和制度建设为基础，以推进各级工会建立职工帮扶服务站为目标，依法规范基层工会组织建设，切实履行维护职工合法权益的基本职责，不断激发基层工会活力，充分发挥工会组织作用，全面提高基层工会工作整体水平。

三、基层工会"建家"应注意处理好的几个关系

在基层开展建设职工之家活动，是中国工会的一大创举，是提高基层工会吸引力、凝聚力的重要措施和手段。近几年来，随着形势任务的变化，在继续发扬传统的基础上，基层工会"建家"活动从内容到形式都在不断地向广度和深度拓展。当前，在新形势下，基层工会"建家"活动要想与时俱进，使之常建常新，必须正确处理好几个关系。

（一）继承传统与开拓创新的关系

"建家"活动起源于 1983 年贯彻落实党中央对工会工作的"3·14"指示，其根本精神是，工会组织一定要从自己是党领导下的群众组织这个特点出发，切切实实地为职工办事，维护职工的利益，反映职工的呼声，真正成为职工之家。1984 年 5 月，全国总工会作出了《关于整顿工会基层组织开展建设职工之家活动的决定》。整顿"建家"工作从 1984 年持续开展至 1988 年，历时四年，使基层工会向着群众化、民主化迈出了扎实的一步。此后，又经历了 20 世纪 90 年代的深入"建家"活动阶段，"建家"工作无论从内容上、形式上还是方法上，都有了新的发展，给基层工会工作提出了更高的要求。特别是在目前市场经济条件下，经济关系和劳动关系发生了一系列深刻变化，使工会工作面临着历史性的转变，工会在组织结构、会员构成、工作重点及活动方式等各方面都呈现出新的特点。为此，在"建家"工作上，就要求基层工会在继承和发扬传统的基础上，解放思想、转变观念、大胆探索，对"建家"领域、"建家"内容、"建家"形式和考核标准都要不断创新。"建家"领域应由原来的国企、机关、

事业单位扩展到所有企事业单位（包括非公有制企事业单位），"建家"内容上应适应新形势和职工群众的需要，以维护职工合法权益为中心，将基层单位工会组织建设，建立平等协商签订集体合同制度，建立职工代表大会制度和职工董事、监事制度，工会经费收缴等工会重点工作列为建会的硬指标；形式上可以考虑根据基层工作需要，尽量做到小型化、多样化、兴趣化、灵活多样；考核标准上可采取由上级工会审核和本单位职工群众自查自收相结合，并以会员认可为主的方式等。总之，要通过创新，使工会"建家"活动进入全面发展的新的时期。因为创新是工会"建家"活动充满活力的源泉，也是几十年来工会"建家"所取得的宝贵经验。

（二）依法推进与分类指导的关系

市场经济是规范化的法治经济，依法治会、依法"建家"、依法维权，是基层工会建设的基本要求，特别是《工会法》及其相关法律法规为基层工会依法履行职责、开展各项工作提供了有力的法律保障。工会要真正成为职工之家，必须在依法维护职工合法权益方面有所作为。从这个意义上讲，在"建家"活动中必须坚持在贯彻实施《工会法》中"建家"，并通过深入"建家"促进《工会法》等有关法律的贯彻落实。抓住这一点，就抓住了"建家"的核心和实质。

在依法推进基层工会"建家"中还必须坚持实事求是的原则，坚持从基层的实际出发，着眼于加强分类指导来加人"建家"力度。尤其是随着我国社会主义市场经济的不断发展，多种所有制、多种经营方式、多种分配形式、多种用工制度并存，与此同时，基层工会组织结构也发生了前所未有的变化，除国有、集体企事业单位、机关、院校等基层工会外，还出现了乡镇、街道、村、社区和非公有制企业工会及其各种形式的工会联合会等基层工会组织，这就对基层组织的"建家"提出了不同的要求。公有制企业开展"建家"活动，要在借鉴过去传统经验的基础上，适应企业改革的需要，大胆创新，坚持以推进企业改革发展为最终目的，以维护职工合法权益为出发点和落脚点。在非公有制企业开展"建家"活动，首先，要依法保障职工参加和组织工会的权利，最大限度地把职工吸引和组织到工会中来，当前要特别重视临时工入会工作，要明确临时工和其他职工一样都有组织和加入工会的权利。其次，要通过以"双爱双评"为主要内容的"建家"活动，来维护职工利益，共求企业健康发展。在乡镇、街道开展"建家"活动，可以从乡镇街道所处的地位、承担的责任出发，因势应变，采取在乡镇、街道一级工会建"大家"，再与所属小企业建"小家"相结合的方式，也可把乡镇、街道一级工会的多种创建活动，纳入"建家"的轨道，因为乡镇街道工会开展的形式多样的创建活动与基层工会开展的"建家"活动本质和目的是一致的，都是为了加强自身建设，更好地履行维护职责，因此，可把乡镇街道开展的创建活动与基层工会开展的"建家"活动相配套，凭风借力，相互促进，从而开创新时代基层工会工作的崭新局面。

（三）抓好"建家"硬件建设与软件建设的关系

"建家"要注意夯实基础，抓好硬件建设和软件建设。在硬件建设上，要注意将规章制度、工会积极分子队伍、职工活动阵地和工作台账等作为基础性建设的重要方面。抓好硬件建设，只是"建家"的一个基础性工作。在新形势下开展"建家"活动，更要注意其软件建设，要着眼于工会认真履行维护职工合法权益的基本职责，并以此为基本内容来开展"建家"工作。工会是职工群众自己的组织，维护职工的合法权益是工会的基本职责，因此，工会要把履行维护的基本职责作为开展"建家"活动的一个基本指导原则，并据此确立"建家"活动的具体内容。一是要以深厚的感情，关心职工生活，倾听职工呼声，为职工说话办事，特别是要关注困难职工群体，并尽最大的能力为他们提供帮助。二是依法维护职工的经济利益，这是职工最基本的利益，也是维权的首要职责。从"建家"角度来讲，主要就是依据《工会法》《劳动法》等相关法律法规，建立健全平等协商集体合同制度，形成协调劳动关系的有效机制。三是依法保障职工当家作主的政治权利，要把工会建成职工之家就要求基层工会组织要坚持和完善职工代表大会为基本形式的企业民主管理制度。四是要维护职工的精神文化要求，在这方面，工会要发挥自身优势，办好各种职工学校和文化宫，努力满足职工的精神文化需求，还可以通过开展职工喜爱的各种文体活动，增强工会的吸引力和凝聚力，使职工之家更温馨。总之，将维护的基本职责确立为"建家"的主要内容，将给"建家"活动注入新的动力和活力。

（四）上级工会指导与依靠会员"建家"的关系

基层工会开展建设职工之家活动是全会的任务，因此各级工会领导机关要加强对基层工会"建家"活动的指导、协调和服务，要把这项工作列入重要议事日程，做到年年有部署、步步有规划，不断适应新形势，完善"建家"方案，制订科学的检查验收办法，始终把群众的满意不满意作为评家的最高标准。上级工会还要转变观念，树立为基层服务、为职工服务的思想，在工作指导中要从基层单位实际情况出发，对不同情况的企业实行分类指导，注意实效，防止形式主义。

职工之家就是广大职工群众自己的"家"，在这个"家"中，职工群众是基石，创建职工之家没有职工群众的参与不行，"家"建得好不好，职工群众最清楚，最有发言权。因此，"建家""管家"必须经过会员群众的认可。一是要依靠会员制定"建家"实施细则和考核标准。基层的"建家"计划或实施细则必须提交会员（代表）大会审议通过，由会员自己定"家"规、树"家"风、建"家"境。二是要依靠会员群众落实"建家"措施。每一项"建家"计划的实施，都要认真发动和组织广大会员群众积极参加，充分发挥车间分会、工会小组和每一个会员的主动性、创造性，保证"建家"计划的实现。基层工会应定期向会员群众报告"建家"工作的进展情况，听取他们的意见，接受他们的监督。三是要依靠会员群众考核验收，严把群众认可关。基层工会应根据本单位会员代表大会通过的"建家"计划，在自检自查的基础上，向会员代表大会报告"建家"工作情况，由会员代表大会审查验收。上级工会在考核复验时，应通过与职工座谈、民意测评等形式，检验基层单位会员群众对"建家"的认可程度，最后在审定验收时，应把职工的认可率作为重要的评价标准或先决条件，职工群众不认可、不满意的，不能成为职工之家。

【案例】

四川：职工之家遍地开花　基层工会活力四射

2023 年 10 月 31 日　　来源：中工网

走进旺苍县陈家岭管理办工会联合会职工之家，一股暖流扑面而来，一个大写的"家"字贴在墙上，正在职工之家唱歌的职工群众脸上写满幸福；职工文体活动室、"妈咪宝贝屋"、"126 连心桥"展台……国网四川电力工会倾心打造的职工之家让职工倍感温暖，幸福指数不断提升。

这是四川工会以职工之家建设为载体，赋能基层工会规范化建设，带动基层工会切实"转起来、活起来、强起来"的一个个鲜活案例。

坚持规范建家，让职工群众感受到"家"

完善建家制度。四川省总工会结合新时代建家工作新要求，明确规范型、和谐型、服务型、创新型、学习型、安康型"六型"职工之家建设目标，分别细化了近 50 条建家工作标准和考核评分细则，为基层工会开展职工之家和规范化建设指明了方向、提供了遵循。全省各地结合实际，谋划建家思路、制定建家方案、落实建家措施，推进建家工作落地落实。截至目前，全省基层工会建家工作参与面稳定在 80% 以上。

完善评家制度。四川省总工会把会员参与度、满意度作为衡量建家成效的根本标准，健全"建家—评家—整改"工作链，推动以评促建、以评促改、以评促活。同时，全面开展"会员评家"工作，对于会员满意度未连续三年达到满意等次的职工之家，在申报模范职工之家时实行"一票否决"。据统计，每年全省均有 10 余万家基层工会开展了会员评家工作，职工满意率达 81% 以上。

完善管家制度。省总工会系统梳理建立了全国和省级模范职工之家评选表彰管理工作台账。坚决摒弃"一评定终身"，健全完善模范职工之家动态管理、复查验收、撤销退出等管理机制，定期组织开展复查评估，对验收合格的进行确认，对不合格的要求限期整改，对逾期未整改或经整改仍未达标的，按程序撤销荣誉称号，推动职工之家建设工作向纵深发展。

坚持创新活家，让职工群众满意到"家"

精准化指导助发展。四川省总工会常态化组织开展"守初心 解难题 办实事 开新局"工会干部赴基层蹲点工作，3 年来抽调 2700 余名工会机关干部，"点对点"帮助基层工会查找并解决规范化建设中存在的问题 1.5 万余个。以"结对共建新家园，联创共赢增活力"为主题，发动全国、省、市模范职工之家与工作基础薄弱的新建工会、非公企业工会、新就业形态工会开展结对帮促活动，1200 余家基层工会实现互促互进、共同进步，部分基层工会已通过结对建设成为市级模范职工之家。

做实叫响建家品牌。省总工会把典型引路作为推进规范化建设的有效手段，创新开展争创"十佳"模范职工之家活动。组织专家、学者、会员代表组成评审小组进行综合评审，在历年来评选的全国、省级模范职工之家中，优中选优、差额评选了"十佳"模范职工之家 10 家、模范职工之家建设标兵单位 40 家，树立了一批叫得响、立得住、有影响的建家工作标杆。

构建激励约束机制。省总工会定期开展全国、省级模范职工之家评选工作，2018 年以来累计评选全国、省级模范职工之家等建家先进单位 500 余家。省总还列支专项经费，对获评省级模范职工之家、职工小家的先进单位给予一次性工作经费补贴。充分运用企事业单位工会组织建设监督检查"两书一公告"制度，近年来共督促 120 多家在规范化建设中存在问题的基层工会进行整改，整改落实率超过 98%。

坚持实体强家，让职工群众找得到"家"

省总工会制发《四川省基层工会职工之家阵地建设工作规划（2020—2024 年）》，按照"突出重点、点面结合、开放共享"的思路，指导各地围绕政治引领、建功立业、维护权益、帮扶服务、基层组建等五大职能，广泛开展职工之家服务阵地建设，让广大职工群众能够就近、便捷、高效地得到工会组织的各种服务。近年来，全省共在工业园区、商务楼宇、新就业形态企业（行业）等，建立贴近职工需求、功能设施实用、深受职工认可的职工之家 4200 余个，着力构建覆盖广泛、贴近需求、经济实用、开放共享的职工之家阵地网络。（四川工人日报记者 黄瑞）

第二章

基层工会"建家"应健全组织体系

　　基层工会开展建设职工之家活动，是推动工会各项工作落实到基层的有效渠道，是加强基层工会组织建设的重要手段，是增强基层工会活力、发挥基层工会作用的重要平台，是全面提升基层工会工作水平的综合载体。基层工会要想深入开展"建家"活动，必须加强基层工会组织建设，这是开展"建家"活动的基础。

第一节　基层工会组建程序

按照《中国工会章程》和《工会基层组织选举工作条例》的规定，建立基层工会组织的一般程序如下。

一、成立工会筹备组，提出建会申请

凡是已经建立党组织的基层单位，由党组织提出工会筹备组的组成人选，报上一级工会批准；没有建立党组织的单位，由职工选出自己的代表，向上一级工会提出建会申请，或由上一级工会与相关单位和职工共同协商，成立工会筹备组，由工会筹备组提出建会申请。上级工会接到基层单位申请组建工会的请示后，一般应在10日内以正式文件下达同意筹备工会的批复。

工会筹备组经上一级工会审查批准后，即可开展工会组织的筹建工作，依此代行好基层工会委员会的职责。

一是做好宣传发动工作。筹备工作组应广泛深入地向职工宣传工会的性质、地位、任务、作用以及会员的条件、权利和义务，使职工了解工会是职工利益的代表者和维护者，组建工会是职工的法定权利。

二是发展工会会员。在发展工会会员时，对从未加入过工会组织的职工，要宣传动员他们加入工会，填写《中华全国总工会入会申请书》和《工会会员登记表》，经工会筹备组审查符合工会会员资格者，在正式成立工会后，统一发给《中华全国总工会会员证》。对原已加入工会的职工、下岗再就业的会员，应进行会员关系接转或重新登记入会。

三是建立工会小组。按生产工作的行政建制如班组设立工会小组。人数多的同一行政建制内可以分设小组，人数少的可以将几个相近的行政建制单位合并设立一个工会小组。在小组内由会员民主选举工会小组长。

四是建立分工会。行政建制职工人数多的单位如车间（科室），可在工会小组之上设立分工会。

二、召开会员大会或会员代表大会

会员 100 人以下的基层工会，应召开会员大会；会员 100 人以上的基层工会，一般应召开会员大会或会员代表大会。

会员代表大会的会员代表应由会员民主选举产生。会员代表大会代表一律采取无记名投票方式差额选举产生。会员代表候选人必须获得选举单位全体会员过半数选票，才能当选；大型企业工会代表大会的代表，由所属单位工会代表大会选举时，其代表候选人获得应到会人数过半数选票，方可当选为正式代表。

会员代表的组成应以一线职工为主，体现广泛性和代表性。中层正职以上管理人员和领导人员一般不得超过会员代表总数的 20%。女职工、青年职工、劳动模范（先进工作者）等会员代表应占一定比例。

按照《基层工会会员代表大会条例》的规定，会员代表名额，按会员人数确定：

会员 100 人至 200 人的，设代表 30 人至 40 人；

会员 201 人至 1000 人的，设代表 40 人至 60 人；

会员 1001 人至 5000 人的，设代表 60 人至 90 人；

会员 5001 人至 10000 人的，设代表 90 人至 130 人；

会员 10001 人至 50000 人的，设代表 130 人至 180 人；

会员 50001 人以上的，设代表 180 人至 240 人。

基层工会委员会和经费审查委员会由会员大会或会员代表大会民主选举产生。按照《工会基层组织选举工作条例》的规定，基层工会委员会委员名额，按会员人数确定：

不足 25 人，设委员 3 人至 5 人，也可以设主席或组织员 1 人；

25 人至 200 人，设委员 3 人至 7 人；

201 人至 1000 人，设委员 7 人至 15 人；

1001 人至 5000 人，设委员 15 人至 21 人；

5001 人至 10000 人，设委员 21 人至 29 人；

10001 人至 50000 人，设委员 29 人至 37 人；

50001 人以上，设委员 37 人至 45 人。

大型企事业单位基层工会委员会，经上一级工会批准，可以设常务委员会，常务委员会由 9 人至 11 人组成。

三、候选人的提出

基层工会委员会的委员、常务委员会委员和主席、副主席的选举均应设候选人。候选人应信念坚定、为民服务、勤政务实、敢于担当、清正廉洁，热爱工会工作，受职工信赖。

基层工会委员会委员候选人中应有适当比例的劳模（先进工作者）、一线职工和女职工代表。

单位行政主要负责人、法定代表人、合伙人以及他们的近亲属不得作为本单位工会委员会委员、常务委员会委员和主席、副主席候选人。

基层工会委员会的委员候选人，应经会员充分酝酿讨论，一般以工会分会或工会小组为单位推荐。由上届工会委员会或工会筹备组根据多数工会分会或工会小组的意见，提出候选人建议名单，报经同级党组织和上一级工会审查同意后，提交会员大会或会员代表大会表决通过。

基层工会委员会的常务委员会委员、主席、副主席候选人，可以由上届工会委员会或工会筹备组根据多数工会分会或工会小组的意见提出建议名单，报经同级党组织和上一级工会审查同意后提出，也可以由同级党组织与上一级工会协商提出建议名单，经工会分会或工会小组酝酿讨论后，由上届工会委员会或工会筹备组根据多数工会分会或工会小组的意见，报经同级党组织和上一级工会审查同意后提出。

根据工作需要，经上一级工会与基层工会和同级党组织协商同意，上一级工会可以向基层工会推荐本单位以外人员作为工会主席、副主席候选人。

四、选举工会主席、副主席，经费审查委员会主任、副主任

基层工会组织实施选举前应向同级党组织和上一级工会报告，制定选

举工作方案和选举办法。基层工会委员会委员候选人建议名单应进行公示，公示期不少于5个工作日。

基层工会委员会委员和常务委员会委员应差额选举产生，可以直接采用候选人数多于应选人数的差额选举办法进行正式选举，也可以先采用差额选举办法进行预选产生候选人名单，然后进行正式选举。委员会委员和常务委员会委员的差额率分别不低于5%和10%。常务委员会委员应从新当选的工会委员会委员中产生。

基层工会主席、副主席可以等额选举产生，也可以差额选举产生。主席、副主席应从新当选的工会委员会委员中产生，设立常务委员会的应从新当选的常务委员会委员中产生。

基层工会主席、副主席由会员大会或会员代表大会直接选举产生的，一般在经营管理正常、劳动关系和谐、职工队伍稳定的中小企事业单位进行。

召开会员大会进行选举时，由上届工会委员会或工会筹备组主持；不设委员会的基层工会组织进行选举时，由上届工会主席或组织员主持。召开会员代表大会进行选举时，可以由大会主席团主持，也可以由上届工会委员会或工会筹备组主持。大会主席团成员由上届工会委员会或工会筹备组根据各代表团（组）的意见，提出建议名单，提交代表大会预备会议表决通过。

召开基层工会委员会第一次全体会议选举常务委员会委员、主席、副主席时，应由上届工会委员会或工会筹备组或大会主席团推荐一名新当选的工会委员会委员主持。选举前，上届工会委员会或工会筹备组或大会主席团应将候选人的名单、简历及有关情况向选举人作出介绍。

选举设监票人，负责对选举全过程进行监督。召开会员大会或会员代表大会选举时，监票人由全体会员或会员代表、各代表团（组）从不是候选人的会员或会员代表中推选，经会员大会或会员代表大会表决通过。召开工会委员会第一次全体会议选举时，监票人从不是常务委员会委员、主席、副主席候选人的委员中推选，经全体委员会议表决通过。

选举采用无记名投票方式。不能出席会议的选举人，不得委托他人代为投票。选票上候选人的名单以姓氏笔画为序排列。选举人可以投赞成票或不赞成，也可以投弃权票。投不赞成票者可以另选他人。会员或会员代表在选举期间，如不能离开生产、工作岗位，在监票人的监督下，可以在选举单位设立的流动票箱投票。

投票结束后，在监票人的监督下，当场清点选票，进行计票。选举收回的选票，等于或少于发出选票的，选举有效；多于发出选票的，选举无效，应重新选举。每张选票所选人数等于或少于规定应选人数的为有效票，多于规定应选人数的为无效票。被选举人获得应到会人数的过半数赞成票时，始得当选。获得过半数赞成票的被选举人人数超过应选名额时，得赞成票多的当选。如遇赞成票数相等不能确定当选人时，应就票数相等的被选举人再次投票，得赞成票多的当选。当选人数少于应选名额时，对不足的名额可以另行选举。如果接近应选名额且符合相关规定，也可以由大会征得多数会员或会员代表的同意减少名额，不再进行选举。

大会主持人应当场宣布选举及选举结果是否有效。

五、向上级工会报告选举结果

按照《工会法》《中国工会章程》及《工会基层组织选举工作条例》的规定，基层工会委员会、常务委员会和主席、副主席的选举结果，报上一级工会批准。上一级工会自接到报告15日内应予以批复。违反规定程序选举的，上一级工会不得批准，应重新选举。

基层工会委员会的任期自选举之日起计算。

六、基层工会法人资格的认定

（一）取得法人资格的条件

1. 基层工会的法人资格

我国的法人分为企业法人、机关法人、事业单位法人和社会团体法人。基层工会组织属于社会团体法人。

2. 基层工会取得法人资格的条件

《工会法》第十五条第二款规定，基层工会组织具备民法典规定的法人条件的，依法取得社会团体法人资格。按照全国总工会《基层工会法人登记管理办法》规定，基层工会申请法人资格登记，应当具备以下条件：

（1）依照《中华人民共和国工会法》和《中国工会章程》的规定成立；

（2）有自己的名称、组织机构和住所；

（3）工会经费来源有保障。

基层工会取得法人资格，不以所在单位是否具备法人资格为前提条件。

（二）办理程序

取得工会法人资格的程序分为申请、审查、核准、登记、发证。《基层工会法人登记管理办法》第七条规定，基层工会法人登记按照属地原则，根据工会组织关系、经费收缴关系，实行分级管理。

1. 基层工会组织关系隶属于地方工会的，或与地方工会建立经费收缴关系的，由基层工会组织关系隶属地或经费关系隶属地相应的省级、市级或县级地方总工会负责登记管理。

2. 基层工会组织关系隶属于铁路、金融、民航等产业工会的，由其所在地省级总工会登记管理或授权市级总工会登记管理。

3. 中央和国家机关工会联合会所属各基层工会、在京的中央企业（集团）工会由中华全国总工会授权北京市总工会登记管理；京外中央企业（集团）工会由其所在地省级总工会登记管理或授权市级总工会登记管理。

登记管理机关之间因登记管理权限划分发生争议，由争议双方协商解决；协商解决不了的，由双方共同的上级工会研究确定。

基层工会组织申请取得工会法人资格，应当于成立之日起 60 日内，向登记管理机关申请工会法人资格登记。基层工会申请工会法人资格登记，应当向登记管理机关提交下列材料：

（1）工会法人资格登记申请表；

（2）上级工会的正式批复文件；

（3）其他需要提交的证明、文件。

登记管理机关自受理登记申请之日起 15 日内完成对有关申请文件的审查。审查合格的，颁发《工会法人资格证书》，赋予统一社会信用代码；申请文件不齐备的，应及时通知基层工会补充相关文件，申请时间从文件齐备时起算；审查不合格，决定不予登记的，应当书面说明不予登记的理由。基层工会组织具备民法典规定的法人条件的，依法取得法人资格，工会主席为法定代表人。

登记管理机关应当制备工会法人登记专用章，专门用于基层工会法人登记工作，其规格和式样由中华全国总工会制定。

（三）变更程序

取得工会法人资格的基层工会组织变更名称或者法定代表人（含换届选举），应当在变更后的 30 日内向审查登记机关申请办理变更登记手续。取得工会法人资格的基层工会组织因所在的企业破产或者企业、事业单位、机关被撤销而依法撤销的，应向原审查登记机关办理注销登记手续。

第二节　工会会员的会籍管理

一、会员会籍的含义

会员的会籍，是对职工参加工会的会员身份和组织关系的确认。主要包括工会组织办理职工入会手续、管理会员档案、转接会员关系、办理会员保留会籍和开除会员会籍等工作。

工会会员会籍管理是工会组织建设的一项基础性工作，是夯实基层工会基础的重要基石。加强会员管理，有利于增强工会组织意识和会员意识，促进工会组织规范、有序、健康地发展。

二、会员会籍管理的主要内容

按照全国总工会制定的《工会会员会籍管理办法》的规定，会员会籍管理包括以下方面的内容。

（一）会籍取得和管理

1. 入会条件

根据《中国工会章程》第一条的规定，凡在中国境内的企业、事业单位、机关、社会组织中，以工资收入为主要生活来源或者与用人单位建立劳动关系的劳动者，不分民族、种族、性别、职业、宗教信仰、教育程度，承认中国工会章程，都可以加入工会为会员。

2. 入会程序

首先，由本人自愿申请，向所在单位工会或工会小组提出书面（或口头）申请，填写《中华全国总工会入会申请书》和《工会会员登记表》，报基层工会委员会。其次，基层工会接到职工入会申请后，应当及时召开会议，研究审查接纳职工入会事项。凡符合条件和入会手续的应当批准，批准后发给其中华全国总工会会员证，并通知申请人从何时起缴纳会费。

当前，一些地方工会大力推行"互联网+"工会普惠制服务模式，职工一可以通过工会网站在线填写表格申请加入工会；二可以免费下载工会组织开发的手机 APP 软件，通过"我要入会"相关栏目，输入相关信息，表达入会愿望；三可以通过微信公众号申请；四可以通过其他网络方式，如电子邮件等多种途径申请入会。

3. 企业外入会

尚未建立工会的用人单位职工，按照属地和行业就近原则，可以向上级工会提出申请，在上级工会的帮助下加入工会。

4. 农民工入会

农民工是工人阶级的新鲜血液和重要组成部分，只要与用人单位建立劳动关系或事实劳动关系，符合《中国工会章程》规定的，都可以加入工会，任何单位不得以户籍或工作时间长短为由限制其加入工会。

5. 劳务派遣工入会

劳务派遣工可以在劳务派遣单位加入工会，也可以在用工单位加入工会。劳务派遣单位没有建立工会的，劳务派遣工在用工单位加入工会。

6. 会籍管理

会籍由职工劳动（工作）关系所在的用人单位工会进行管理。非全日制灵活就业的职工会籍可以申请加入所在地的乡镇（街道）、开发区（工业园区）、村（社区）工会和区域（行业）工会联合会管理。加入劳务派遣单位工会的会员会籍由劳务派遣单位工会管理，加入用工单位工会的会员会籍由用工单位管理。

7. 会籍关系接转

会员关系接转要坚持会员劳动（工作）关系在哪里、会员组织关系就在哪里、会员组织关系随劳动（工作）关系流动的原则，建立健全会员会籍流动接转服务制度。

（1）会员关系接转的程序是：会员劳动（工作）关系发生变化后，由调出单位工会填写会员证"工会组织关系接转"栏目有关内容。会员的《工会会员登记表》随个人档案一并移交。会员以会员证或会员卡等证明其工会会员身份，新的用人单位工会应予以接转登记。

（2）负责办理接转关系：联合基层工会的会员接转工作由联合基层工会负责。区域（行业）工会联合会的会员会籍接转工作，由会员所在基层工会负责。

（3）接转中要注意以下问题：一是农民工会员变更用人单位时，应及时办理会员会籍接转手续，不需要重复入会。二是原来没有建立工会的用人单位的职工在上级工会的帮助下加入工会，所在单位后来建立了工会，此时应及时办理会员会籍接转手续。三是已经与用人单位解除劳动（工作）关系并实现再就业的会员，其会员会籍应转入新的用人单位工会。如果新的用人单位尚未建立工会，其会员会籍原则上应保留在会员居住地工会组织，待所在单位建立工会后，再办理会员接转手续。四是临时借调到外单位工作的会员，其会籍一般不作变动。如果借调时间六个月以上，借调单位已经建立工会的，可以将会员关系转到借调单位工会管理。借调期满后，会员关系转回所在单位。会员离开工作岗位进行脱产学习的，如与单位仍有劳动（工作）关系，其会员会籍不作变动。

基层工会可以通过举行入会仪式、集体发放会员证或会员卡等形式，增强会员意识。

（二）会员档案管理

职工经批准加入工会的入会申请书和会员登记表作为会员档案材料，由会员所在基层工会组织负责保存管理。基层工会对所管理的会员情况进行统计、登记、建立名册，并按照上级工会的要求，及时掌握会员的流动情况，定期将会员情况统计上报。

（三）保留和恢复会员会籍

1. 保留会籍的几种情况

一是会员退休（含提前退休）后，在原单位工会办理保留会籍手续。退休后再返聘参加工作的会员，保留会籍不作变动。二是内部退养的会员，其会籍暂不作变动，待其按国家有关规定办理正式退休手续后，办理保留会籍手续。三是会员失业的，由原用人单位保留会籍手续。原用人单位关闭或破产的，可将其会员关系转至其居住地的乡镇（街道）或村（社区）工会保管。重新就业后，本人应及时与新用人单位接转会员会籍。四是已经加入工会的职工，服兵役期间保留会籍。服兵役期满后，复员或转业到用人单位并建立劳动关系的，应及时办理会员会籍接转手续。

会员在保留会籍期间免交会费，不再享有选举权、被选举权和表决权。

2. 退会和开除会籍

会员有退会自由。对于要求退会的会员，工会组织应做好思想工作。对经过做思想工作仍要退会的，由会员所在的基层工会讨论后，宣布其退会并收回其会员证或会员卡。会员没有正当理由连续六个月不交纳会费、不参加工会组织生活，经教育仍拒不改正的，应视为自动退会。对严重违法犯罪并受到刑事处分的会员，开除会籍。开除会员会籍，须经会员所在地工会小组讨论提出意见，由基层工会委员会决定，并报上一级工会备案，同时收回其会员证或会员卡。

第三节　推进新就业形态劳动者入会工作

近年来，随着新产业新业态新模式蓬勃兴起，企业组织形式和劳动者就业方式发生深刻变化，依托互联网平台就业的货车司机、网约车司机、快递员、外卖配送员等新就业形态劳动者大幅增加，工会组建工作面临新情况新问题。为深入学习贯彻习近平总书记重要指示精神，落实全总党组、书记处工作部署，最大限度把新就业形态劳动者组织到工会中来，团结凝聚在党的周围，全国总工会印发了《关于推进新就业形态劳动者入会工作的若干意见（试行）》，明确了新就业形态劳动者入会组织基础、入会路径、创新入会及管理方式等内容。

一、夯实新就业形态劳动者入会组织基础

推动用人单位依法建立工会组织。聚焦重点行业、重点领域，推动互联网平台企业特别是头部企业及所属子公司、分公司，以及货运挂靠企业、快递加盟企业、外卖配送代理商、劳务派遣公司等关联企业普遍建立工会组织，完善组织架构，广泛吸收新就业形态劳动者入会。

加强新就业形态行业工会联合会建设。根据地方和行业实际，按一个或多个行业成立以覆盖新就业形态劳动者为主的行业工会联合会，作为吸收新就业形态劳动者入会和管理服务的重要载体。有条件的配备社会化工会工作者、保障工作经费。

完善"小三级"工会组织体系。建强乡镇（街道）、村（社区）工会组织，承担新就业形态劳动者入会"兜底"功能。对应党建片区、社会治理网格、园区、商圈、楼宇等，建立相应的区域工会，推行工会网格化模式，夯实组织基础，扩大有效覆盖。

二、明确新就业形态劳动者入会路径

与用人单位建立劳动关系或符合确定劳动关系情形的新就业形态劳动者，应加入用人单位工会。用人单位没有成立工会的，可加入用人单位所在地的乡镇（街道）、开发区（工业园区）、村（社区）工会或区域性行业性工会联合会、联合工会等。待用人单位建立工会后，及时办理会员组织关系接转手续。

不完全符合确立劳动关系情形及个人依托平台自主开展经营活动等的新就业形态劳动者，可以加入工作或居住地的乡镇（街道）、开发区（工业园区）、村（社区）工会或区域性行业性工会联合会、联合工会等。鼓励平台企业、挂靠企业工会等吸纳新就业形态劳动者入会。

以劳务派遣形式就业的新就业形态劳动者加入工会，依照《中华全国总工会关于组织劳务派遣工加入工会的规定》（总工发〔2009〕21号）执行。用人单位、用工单位均没有成立工会的，可加入用人或用工单位所在地的乡镇（街道）、开发区（工业园区）、村（社区）工会或区域性行业性工会联合会、联合工会等。

三、创新新就业形态劳动者入会及管理方式

适应新就业形态劳动者用工关系复杂、就业灵活、流动性大等特点，优化入会流程，方便组织劳动者入会。探索推行集体登记入会、流动窗口入会、职工沟通会现场入会等方式，举行集中入会仪式等做法，增强会员意识，扩大工会影响。

针对新就业形态劳动者多依托互联网平台就业的实际，结合智慧工会建设，加快推进网上入会试点步伐，逐步健全支持网上便捷入会的数据系统和服务平台。有条件的地方，可以试行网上入会全流程操作。探索依托平台企业开展宣传引导、网上入会和维权服务。

坚持新就业形态劳动者会员劳动（工作）关系在哪里，会籍就在哪里，实行一次入会、动态接转，加强流动会员管理，畅通组织关系接转渠

道。探索基层工会联合会直接发展会员方式。及时将新就业形态劳动者会员纳入基层工会组织和工会会员数据库实名动态管理，逐步打通网上接转会员组织关系通道。

四、深化维权服务吸引新就业形态劳动者入会

坚持服务先行，打造线上线下有机融合的服务新就业形态劳动者工作体系。争取社会力量支持参与，探索面向货车司机等重点群体的关爱基金和意外伤害险等服务项目，开展以满足新就业形态劳动者需求为导向的服务活动。规范和做好工会户外劳动者服务站点相关工作，推动"司机之家"建设和"会、站、家"一体化建设，有效凝聚新就业形态劳动者。

探索平台企业实行民主管理的方式方法，注重发挥产业、行业工会作用，引导平台企业和劳动者在劳动报酬、奖惩办法、工作时间、劳动定额等方面进行协商，为劳动者搭建理性有序表达合理利益诉求的渠道，保障劳动者对涉及切身利益重要事项的知情权、参与权、表达权，加强对平台企业执行劳动法律法规的有效监督。

五、强化新就业形态劳动者入会工作经费保障

各级工会要持续加大投入，逐步建立健全新就业形态劳动者入会工作经费保障机制。推行新就业形态劳动者入会项目制。争取财政资金和社会力量投入，探索多元化投入机制，多渠道解决新就业形态劳动者入会工作经费保障不足等现实问题。

针对新就业形态劳动者收入不稳定、难以确定交纳会费基数的实际，加强对会费交纳问题的探索研究，增强会员意识，提高新就业形态劳动者入会动力。

六、加强组织领导

各级工会要将推进新就业形态劳动者入会作为当前和今后一个时期的重点任务，建立健全工作推进机制，加强统筹协调，调动资源力量，深入

开展入会集中行动，加快推进步伐。坚持党建带工建，推动建立完善党委领导、政府支持、工会主抓、职工参与、社会协同的工作格局，推动将新就业形态劳动者入会纳入党建工作考核体系。争取行业主管部门、行业协会等支持，联合制定文件、开展调研、组织活动、建设阵地、共享信息。

加强分类指导，创新载体手段，增强新就业形态劳动者入会工作的针对性和实效性。充分利用工会主流媒体以及微博、微信、微视频等新媒体，广泛开展新就业形态劳动者入会服务集中宣传活动。结合开展党史学习教育、"我为群众办实事"、下基层蹲点活动等，进一步转变作风，扎实推动工作。

 【案例1】

某省总工会深入推进新就业形态劳动者
工会工作三年行动计划（2023—2025年）

一、总体要求和主要目标

（一）总体要求。全面贯彻落实党的二十大精神，贯彻落实习近平总书记关于工人阶级和工会工作的重要论述，坚持党建引领、坚持职工为本、坚持改革创新、坚持系统推进，聚焦新就业形态劳动者"急难愁盼"，大力加强职工思想政治引领，着力提升维权服务质量，切实维护劳动领域政治安全，不断夯实基层工会基础，有效发挥桥梁纽带作用，团结引导广大新就业形态劳动者坚定不移听党话、矢志不渝跟党走。

（二）主要目标。通过三年的努力，工会组织对新就业形态劳动者的思想政治引领显著增强，凝聚力量建功新时代的行动更加自觉；新就业形态劳动者建会入会数量持续增加，对工会组织的认同度、归属感进一步提升；新就业形态劳动者权益保障机制更为系统完善，服务精准化、智能化水平不断提高；新就业形态劳动者队伍风险矛盾得到有效预防和化解，队伍更加安全稳定；新就业形态劳动者工会工作组织领导和各项保障机制更加健全，系统性更强。

二、重点工作安排

（一）用习近平新时代中国特色社会主义思想凝心铸魂。强化理论武装，充分发挥各级各类劳模工匠（工会干部、职工）宣讲团、文明实践志愿服务队作用，利用互联网、微信、手机 APP 等平台，开展新思想微宣讲、暖视频展示等活动。创新推进"中国梦·劳动美"主题宣传教育活动上"云"端，积极鼓励新就业形态劳动者中的优秀代表参与宣讲演讲、阅读诵读、歌曲大赛等教育活动；发挥红色工运资源作用，制作"红色工运场馆地图"，组织开展网上参观浏览打卡等活动，激励大家在参与活动中厚植爱党爱国爱社会主义的情感。以"好网民"主题活动为抓手，丰富贴合新就业形态劳动者需求的网络文化内容供给，使理论传播更有温度和色彩。

（二）提升新就业形态劳动者素质。鼓励新就业形态劳动者树立终身学习理念，参加农民工"求学圆梦行动"，深化产教融合、校企合作、工学结合的继续教育模式，推动新就业形态劳动者学历能力双提升。积极组织开展新业态领域劳动和技能竞赛，开展送文化下基层活动，积极动员新就业形态劳动者参与线上线下职工运动会、才艺展示等职工文体活动，丰富精神文化生活。

（三）选树宣传劳动者先进典型。大力弘扬劳模精神、劳动精神、工匠精神，积极开展新就业群体"最美"系列评选活动，鼓励各级工会联合相关职能部门发掘培育选树各类新就业形态劳动先进典型。省、市、县每年面向新就业形态劳动者至少开展一次线上或线下国家安全教育。在全国、省五一劳动奖章、五一巾帼奖等评选活动中，向新就业形态劳动者群体倾斜。每年在中央驻皖、省级媒体以及全省各级工会宣传平台宣传新就业形态劳动者先进典型、党和国家以及工会组织关心关爱新就业形态劳动者的举措。职工书屋、电子职工书屋向新就业形态劳动者覆盖。

（四）持续推进建会入会。相关省产业工会会同省级行业主管部门、协会，每年年初摸清新就业形态各行业从业人员、互联网企业和平台企业底数。深化"重点建、行业建、兜底建"模式，推动物流园区、互联网平台企业及所属子公司、分公司，以及货运挂靠企业、快递加盟企业、外卖配送代理商、劳务派遣公司等关联企业普遍建立工会组织。县级工会每年至少培育 1 家示范性的乡镇（街道）工会或 1 家区域性、行业性工会联合会。完善乡镇（街道）、村（社区）、企业"小三级"工会组织体系，吸收零散灵活新就业形态劳动者入会。依托工会驿站、司机之家等服务阵地开展"入会进家"行动，推行网上入会、"扫码"入会、集体登记入会、流动窗口入会、职工沟通会现场入会等方式，畅通新就业形态劳动者入会通道。定期通报全省工会组织和工会会员实名制数据汇聚工作动态，协同推进全省基层工会组织和工会会员实名制管理工作。

（五）加强规范化建设。以"六有"标准指导新就业形态基层工会规范化建设，切实发挥基层工会作用。积极培育典型，在新就业形态领域行业工会联合会和联合工会中，每年每个市至少培育1家规范化建设示范工会。逐步建立完善长效激励评价机制，结合开展全国、省级、市级模范职工之家（小家），全国、省级、市级优秀工会工作者评选表彰等，提升基层工会工作水平。制定出台《加强社会化工会工作者队伍建设若干举措》，完善社会化工会工作者聘任、发展和激励等方面的制度设计，推动解决物流园区工会、市级新就业形态领域行业工会联合会人手紧缺问题。

（六）推动完善法律法规和政策。开展《实施〈中华人民共和国工会法〉办法》修订工作。加强与立法机关、政府有关部门沟通协调，推动完善劳动者权益保障制度。配合人力资源社会保障部门开展新就业形态就业人员职业伤害保障试点，推动建立不以劳动关系为前提的职业伤害保障等社会保险制度。推动明确和细化相关标准，明确新就业形态劳动者符合建立劳动关系的情形。

（七）推进协商协调机制建设。着力推进新就业形态劳动者权益协商协调机制建设，推动货运、网约车、快递、外卖配送行业广泛开展集体协商，培育一批典型案例。以头部平台企业和快递龙头企业为重点，推动建立与工会、劳动者代表的协商机制，搭建沟通平台，畅通劳动者诉求表达渠道。

（八）加强企业民主管理。将企业民主管理工作向平台企业延伸，指导和推动有条件的平台企业建立厂务公开领导机构，制定职代会、厂务公开实施细则或操作办法。建立以职工代表大会为基本形式的企业民主管理制度，探索开展新业态领域网上职代会试点。广泛实行厂务公开，采取民主议事会、劳资恳谈会民主协商会等民主管理形式，在制定直接涉及劳动者权益的制度规则和平台算法时，充分听取工会或劳动者代表的意见建议。探索通过区域性、行业性职代会以及其他民主形式维护新就业形态劳动者合法权益。

（九）提高服务水平。持续开展"工会送岗位乐业在江淮"就业援助行动，开展职业介绍、技能培训、创业支持等就业创业服务。按照"八有"建设标准与突出实用实效相结合，推动工会驿站扩面提质增效，所有驿站全部上高德和百度地图，构建"1公里"暖心服务圈。统筹做好全总"最美工会户外劳动者服务站点"推树工作，按照全总、省总、省辖市总三级配套奖补资金。持续开展为新入会新就业形态劳动者赠送在职职工意外伤害互助保障计划。组织万名新就业形态劳动者参加免费体检，万名新就业形态劳动者疗休养等活动，推动各级工会普遍建立心理咨询热线、心理咨询室，举办职工心理健康知识讲座等。开展新就业形态劳动者帮扶解困送温暖，对符合建档条件的新就业形态劳动者，统筹实施生活救助、子女助学、医疗救助等帮扶举措。持续开展"新就业形态劳动者温暖服务季"活动，创新开展关爱服务项目，服务职工发展。为包括新就业形态劳动者在内的广大职工提供法治宣传、法律咨询、法律援助等公益性法律服务。强化职工服务网应用，创新网上普惠服务模式，省、市、县联动开展互联网+普惠活动，提升工会服务平台新就业形态劳动者活跃度、满意度。做好新就业形态女性劳动者身体健康、婚恋交友、生育养育等关爱服务工作。

（十）推进劳动保护。广泛深入开展"安康杯"竞赛等群众性安全生产活动，吸收更多新就业形态劳动者参与到竞赛活动中来。开展生产安全和职业病防治知识与技能宣传，提升新就业形态劳动者安全素质和防范应对事故能力。积极组织开展针对新就业形态劳动者的各类安全知识技能教育培训。加强工会劳动保护工作的监督检查，维护劳动者的安全健康权益。

（十一）促进和谐稳定。以新就业形态劳动者为重点，积极构建和谐劳动关系，着力维护劳动领域政治安全。健全劳动关系矛盾预警预防调处机制，定期开展劳动关系发展态势分析研判，重点把握"排查、发现、报告、配合"等"四个环节"，常态化开展职工队伍稳定风险专项排查，协助党委和政府做好劳动关系风险隐患化解及事件处置。做好全省工会系统信访工作，落实工会主席接访日制度，开展工会领导干部接访下访，协助党委和政府做好调处工作。

三、保障措施

一是加强组织领导。省总工会成立推进新就业形态劳动者工会工作领导小组，省总主要领导亲自负责，下设领导小组办公室、思想政治引领专项小组、建会入会专项小组、维权服务专项小组和维护安全专项小组，明确任务分工，压实工作责任。各市、县（市、区）根据工作实际，应成立相应领导机构，制定工作计划，强化工作举措，增强工作实效，确保各项任务落到实处。坚持党建带工建、工建服务党建机制，加强统筹协调，建立健全工会与相关行业主管部门联系沟通合作机制，推进健全协调劳动关系三方机制、政府与同级工会联席会议制度，完善党委领导、政府支持、工会主抓、各方协同、劳动者参与的工作格局。

二是建立对口联系制度。省总工会建立"领导+部门（产业工会）"对口联系制度，每名省总领导对口联系1—2个市级工会，每个部门（产业工会）对口联系2个县（市、区）工会，每名省总领导、每个部门（产业工会）在所联系的市、县（市、区）至少重点联系1家企业。主要任务是加强工作指导、研究解决问题、促进工作落实，推动新就业形态劳动者工会工作三年行动取得扎实成效。各市也要结合实际，建立相应的对口联系制度，确保对口联系县（市、区）工会全覆盖。

三是强化跟踪指导。省总工会建立检查和通报制度，通过月调度、季度通报、半年总结、年度考核等方式，定期评估工作进展。省总各专项小组加强对下跟踪指导，及时研究解决工作推进中遇到的困难和问题。加强调查研究，充分发挥研究机构、高等院校专家学者和工会干校作用，加强对平台经济领域劳动用工情况，新就业形态劳动者思想状况、劳动关系、权益保障、突出风险、工会作用发挥等方面的调查研究。每年召开新就业形态劳动者工会工作调研座谈会，加强工会工作交流。

四是落实保障机制。2023—2025年，省总工会每年安排专项资金用于新就业形态劳动者工会工作，市、县（市、区）两级工会结合实际，建立健全本级新就业形态劳动者工会工作专项经费保障机制，积极争取财政对新就业形态劳动者的资金补助，逐步探索新就业形态劳动者工会经费（会费）收缴机制。加强专项经费管理，构建新就业形态劳动者工会工作专项经费绩效指标体系，完善绩效目标管理，切实提高专项经费使用效益。加强人才保障，把新就业形态劳动者工会工作作为各级各类培训内容，纳入每年培训规划，提升各级工会干部做好新就业形态劳动者工会工作的素质和能力水平。

 【案例2】

××市基层工会组织建设情况调研报告

一、加强基层工会组织建设主要做法

近年来，××市总工会始终坚持把工会工作纳入党政工作和经济社会发展大局，坚持一手抓依法推进企业普遍建会、扩大工会组织覆盖面，一手抓工会规范化建设、激发基层工会活力，切实让基层工会组织建起来、活起来、强起来。

（一）在组建上抓覆盖、上水平

一是争取党政重视，形成建会合力。市委将工会工作，尤其是建会的任务指标纳入各地党委政府综合目标考核，使工会组织的社会地位和影响力得到新的提升；坚持和完善党工共建机制，开展"红领计划"，全市向非公企业选派党员领导干部担任党组织书记（第一书记）和工建联络员，增强企业工建力量；坚持和完善工会与组织、人社、工商联、个私协等部门的新建企业工会组建工作联席会议制度，推动企业普遍建立工会组织。二是创新工会组建模式。推广部分县市区成立医疗、建筑、物流行业工会联合经验，加强行业性工会联合会建设，促进基层工会网络延伸，成立了××市注册会计师行业工会联合会。针对城区小微企业、个体经济组织规模小、数量多、工会组建难等问题，依托城区网格内经济社会组织信息健全的优势，积极探索建立网格工会，实现网格内工会组织全覆盖。三是创新工会组建机制。建立以奖代补、税务代收建会筹备金机制，增强企业建会的积极性和主动性；通过第三方抽查、数据库实地抽检机制，及时将抽查结果向各地党委进行通报，增强各地建会主动性，夯实普遍建会基础。

（二）在活力上抓创新、增动力

以职工之家、会员评家、"三亮"活动为载体，激发基层工会工作活力。一是采取"3+1"方式推进职工之家建设。针对不同领域、不同类型、不同规模的企业特点，积极探索和创新建设职工之家的新形式和新方法，大力推行区域"建家"、联合"建家"、挂靠"建家"、网上"建家"模式，确保职工之家建设与企业落户同步、与组织设置同步、与企业发展同步，实现哪里有工会组织，哪里就开展建家工作，哪里有职工，哪里就开展"建家"活动。二是采取"一述三评"方式抓好会员评家活动。推进"万名会员评家"工作，坚持开门搞评议，不断丰富评家内涵。探索建立工会主席向会员（代表）大会述职，上级工会点评、会员群众测评、第三方抽查考评的"一述三评"评家机制，注重结果实际运用，放大评家效应，不断推动工会组织民主化建设。三是采取"三亮三评"方式深化"三亮"活动。在规范"三亮"内容、丰富"三亮"形式上下功夫，提高企业工会组织在广大职工中的知晓率。

（三）在强基上抓落实、求实效

始终把规范建会、民主选举、加强培训作为夯实基层工会组织的有效途径，狠抓建会质量提升、工会干部素质提高。一是规范建会程序。积极探索新落户企业规范组建工会工作方法，在招商项目落户的初期，积极与企业方进行联系，有针对性地开展宣传引导工作，使规范建会工作纳入企业重点工作。在组建过程中，要求企业统一建会工作流程，做到建会资料完整齐备，法定的必备程序和环节一个不少。二是推行民主选举。在操作中注重严把"三关"。（1）严把工会干部公开推荐关。通过组织推荐、会员联名推荐、个人自荐等方式产生工会主席、副主席及委员。（2）严把代表结构关。提高会员代表比例，增加一线职工名额，使会员代表具有广泛代表性。（3）严把选举程序关。采取面对面述职、实打实公示，确保整个选举过程的公开、公平、公正，把工作有思路、有激情、有贡献的"精英"选到各级工会主席岗位上来。三是加强工会干部选配管理。开展示范乡镇（街道）、"六好"乡镇（街道）工会创建工作，推进全市乡镇（街道）工会机构、编制和干部队伍建设。全市各乡镇（街道）工会主席均由同级党政副职担（兼）任或按同级副职配备。制定出台《××市总工会关于工会协理员替补的管理办法》，规范协理员招聘替补程序，严把协理员准入关口。四是加强工会干部培训。市总工会每年预算专项资金，用于对基层的工会干部培训。全市各级工会按照下训一级的原则，分级培训工会干部，重点抓好对新任工会主席、非公有制企业和乡镇街道工会干部、工会协理员、网格管理员的培训。

二、基层工会组织建设中的问题分析

在各级工会组织的共同努力下，××市基层工会组织建设和作用发挥成效明显。但由于一些主客观因素的影响，还存在组织不健全、工作不规范、作用发挥不到位等亟待解决的问题。

（一）思想认识上还存在误区

一是少数地方党政领导对工会工作重视不够，对工会组建和独立自主开展工作重视不够，支持不够；二是少数企业负责人对工会工作认识不足，认为成立工会后会削弱自己的管理权威，对工会组织建设是企业发展的基础还是企业管理的麻烦存在认识上的误区；三是部分职工对《工会法》等相关内容知之甚少，认为企业建不建会一个样，自己入不入会一个样，缺乏入会的主动性、积极性；四是部分工会干部自我淡化，认为工会工作没有地位，工会干部没有权力，只将工会工作当作副业来做，主动作为意识不强。

（二）基层工会规范化不够

一是部分工会建会程序不规范。各地针对小微企业"建会"，大多采用区域性或行业性覆盖的方式进行，"建会"过程中或采取直接发文的方式，或采取直接向上填报的方式，就视同辖区企业已经建立工会，未能严格履行程序，存在被"建会"、被"入会"现象。二是少数基层工会主席任职条件、产生程序不规范。有的企业工会主席由行政副职或人力资源部长兼任。还有的企业工会主席由企业主的近亲属兼任，或者是"雇主提名"式选举，没有依法经过民主程序。在小微企业中，由企业行政负责人、控股股东、合伙人或企业人力资源、财务部门负责人兼任的工会主席占27.9%。三是部分企业工会运行机制、维权机制建设不规范。虽然大部分企业建立了职工代表大会、厂务公开民主管理、平等协商集体合同等制度，但一些基层单位的厂务公开载体少而简，内容粗放。有的企业虽然签订了集体合同和工资集体协议，但是程序不规范，只是为了应付检查，协商的内容针对性和实效性不强，流于形式。

（三）基层工会干部力量依然薄弱

一是精力受限。工会干部兼职多，年龄偏大，力不从心，影响其工作效率。在大多数企业，影响工会干部薪酬的主要是其业务工作履职情况，当工会工作与业务工作相冲突时，往往首先考虑其业务工作。二是更替频繁。全市中小微企业数量多，发展变数大，工会组织时有时无，工会主席替补随意的现象在一定程度上还存在。同时，由于工会组织受行政管理制约，工会干部随时都有可能变动。三是难以站位。在非公企业，工会主席的身份既是企业负责人的雇员，又是劳动者的"代言人"，工会主席与企业经营者身份地位实质不对等，工会干部的位子难以站定，履职底气不足。四是素质不高。基层工会特别是新建企业工会的干部队伍新手多、整体文化程度不高、业务生疏，缺乏必要的培训，在社会主义市场经济条件下协调劳动关系、维护职工权益所需的知识储备不足，民主管理、集体协商、劳动争议调处等方面的技能欠缺。

（四）会员管理与服务滞后

一是确认困难。职工入会以条块为主，会员台账并没有实现全国信息共享，可能出现异地服务与维权困难，或一个会员多次入会、多头统计等现象。差额情况主要体现在外出务工人员这一群体，他们往往会在劳动关系所在地入会，并被进行重复统计。二是转接麻烦。企业职工（含农民工）就业不稳定，灵活就业和自主择业的会员组织关系转接麻烦，最终导致大量会员的流失。

（五）工会经费保障不力

一是乡镇工会经费来源不多。由于工会经费实行委托税务代收，在现行的工会经费分成体制中，乡镇（街道）既没有地方工会管理和使用经费的权力，又没有基层工会经费的留成，主要靠上级补助和本级财政预算安排。上级补助大多5000元，乡镇（街道）工会经费主要靠乡镇（街道）

自身负担。由于多数乡镇（街道）财政比较困难，对工会的经费补助十分有限，有的甚至无力顾及，致使工作下沉、标准下降，一些工作难以在基层落实。二是部分企业工会经费不能专款专用。单独建会企业中20%左右未建立工会经费独立账户，返还会费直接回到企业，工会组织不能独立支配使用，使工会组织在阵地建设、开展活动、履行职能上缺乏经费保障。三是产业、行业工会无经费来源。其开展活动主要靠行政拨付和工会主席募集，开展工作难，作用发挥难。

三、加强基层工会组织建设的对策建议

针对当前基层工会现状，进一步加强基层工会组织建设，切实发挥作用要从实际出发，突出重点、分类指导、强化服务。

（一）凝聚资源，积极争取各级党政对工会工作的支持

积极争取党委和政府在经费投入、阵地建设、机构编制、人员配置、待遇落实等方面加大支持力度，为工会提供更多的资源和手段。坚持党工共建，制定出台《关于进一步加强新形势下党工共建工作的意见》，召开党工共建工作推进会，推动党建带工建责任落实，确保党工共建工作持久、有效开展。

（二）夯实基础，实现建会数量增长与建会质量提升并重

一是要加大宣传，解决为什么建的问题。在企业建会过程中，一方面加大对企业经营者的宣传力度，让企业经营者从"要我建会"向"我要建会"转变；另一方面加大对企业职工的宣传力度，建立以吸引、服务职工为主要内容的长效机制，激发职工入会积极性，让职工从"要我入会"向"我要入会"转变。二是要规范程序，解决怎么建的问题。坚持自上而下推动与自下而上组织相结合的建会方式，积极发挥职工在建会中的主体作用。依托××市总工会社会治理创新服务平台，鼓励职工通过平台客户端或其他方式，自主向所在辖区上级工会提出建会、入会申请，引导职工自觉加入工会。针对独立工会、区域性（行业性）工会联合会、联合基层工会等不同类型，编制基层工会组建基本程序指导手册，统一建会工作流程，做到建会资料完整齐备，法定的必备程序和环节一个都不少。三是分类评价，解决工会组建标准的问题。结合行业特点，针对乡镇（街道）工会、

企业工会、机关事业单位工会、社区（村）工会分类制定基层工会规范化建设规划及细则，建立分类评价体系。加大评价结果运用，将评价结果与模范职工之家创建、工会干部评先表优、工作经费拨付相结合，促使基层工会创先争优、发挥作用。

（三）提升素质，进一步选优配强基层工会干部

一是选优工会干部。制定出台《关于进一步规范基层工会民主选举工作的意见》，健全基层工会民主选举制度，规范基层工会民主选举工作，落实工会会员知情权、参与权、选举权和监督权，推进基层工会群众化、民主化、制度化和法制化建设，将坚持工会发展有韧劲、谋划工会发展有思路、推动工会发展有激情、实现工会发展有贡献的“精英”选到基层工会领导岗位上来。二是配强工会干部。积极争取县市区、乡镇（街道）、开发区（工业园区）党政的重视和支持，在无法增加行政编制的情况下，通过内部调剂，争取事业编制和公益性岗位，基层工会配齐专职工会工作人员。三是提升干部素质。按照下训一级的原则，分级培训工会干部，建立长效的培训机制和完整的培训体系。坚持工会干部先培训后上岗制度，特别是对刚接触工会工作的工会干部，要抓好任前培训和岗前培训，努力提高综合素质和工作能力。建立相应的考核评价和激励约束机制，各级加大模范职工之家和优秀工会工作者评选表彰活动，开展优秀工会干部疗休养活动，激励广大工会干部干事创业。

（四）做强实力，为基层工会服务职工提供坚实保障

一是要加大经费保障力度。发挥作用，服务职工，经费是保障。要定期组织开展对企业工会经费专户的专项检查，确保基层工会组织有账户、有经费，将检查结果与年度创先争优考核挂钩。探索将部分乡镇纳入工会经费分成层级或加大资金倾斜力度，实现基层工会有钱办事。二是要加大职工活动阵地的争取力度。积极争取并充分利用好党委政府赋予的资源优势，加强职工文化阵地的建设，壮大工会资产，实现基层工会有场所议事。

（五）优化服务，进一步加强对基层工会工作的指导

一是要加大对基层工会工作的指导力度。上级工会要经常深入基层调

查研究，提供有针对性的服务，及时总结推广成功经验，示范带动基层工会工作开展。二是要着力研究解决基层工会组织工作中的实际问题。建议建立全国统一的数据管理系统。完善全国基层工会组建工作管理系统，设立基层工会建会新增模块，便于新增建会组织即时反馈到管理系统；建立会员管理系统，实现全国联网、信息共享，接转有序、灵活方便，一次入会、终身受益。要统一口径，将统计结果作为工会系统的法定依据进行运用，并对统计数据进行动态管理。

第三章

基层工会"建家"促进高质量发展

基层工会"建家"工作要以习近平新时代中国特色社会主义思想为指导，坚持走中国特色社会主义工会发展道路，紧紧围绕企业发展战略目标，充分发挥工会组织的桥梁和纽带作用，通过深入开展多种形式的争先创优建功立业活动，以"建功'十四五'奋进新征程"为主题，广泛开展多种形式的劳动和技能竞赛，推动经济高质量发展，在促进企业和谐发展中发挥基层工会组织应有的作用。

第一节　深入推进劳动和技能竞赛活动

劳动和技能竞赛是旨在调动职工积极性，为促进某一生产任务完成而开展的竞赛活动，是社会主义制度下充分发挥劳动者的积极性、主动性和首创精神，进行经济建设的重要方法。开展社会主义劳动和技能竞赛活动，可以创造和推广新的生产技术和操作方法，发挥劳动者的积极性和创造性，对于提高劳动生产率，提高企业经济效益有巨大的推动作用。

一、开展劳动和技能竞赛的基本要求

开展劳动和技能竞赛活动要以习近平新时代中国特色社会主义思想为指导，坚持以职工为中心，进一步调动和激发广大职工的积极性，充分发挥劳动竞赛在推动科学发展、促进经济发展方式转变和实现职工利益、提升职工素质、稳定和谐劳动关系中的作用。

加强劳动和技能竞赛建设要从推动国家发展战略实施、促进区域经济协调发展和大力发展实体经济出发，使劳动和技能竞赛既紧扣时代脉搏，又贴近实际、贴近职工，不断增强竞赛的针对性和有效性。

加强劳动和技能竞赛建设要在坚持正确方向的前提下，按照科学规划、统筹安排、加强指导和认真组织实施的要求，建立和完善竞赛活动、竞赛评估、竞赛激励、劳模选树、竞赛保障等工作机制，以保证劳动竞赛健康发展。

加强劳动和技能竞赛建设要把继承与创新结合起来，在不断总结经验、坚持有效做法、规范竞赛工作的同时，认真研究解决新情况、新问题，创新竞赛方式方法，探索竞赛新路子，推动劳动竞赛蓬勃开展、长盛不衰。

二、劳动和技能竞赛的主要内容

当前劳动和技能竞赛要贯彻落实《新时期产业工人队伍建设改革方案》，建立以企业岗位练兵和技术比武为基础、以国家和行业职业技能竞赛为主体、国内竞赛与国际竞赛项相衔接的劳动和技能竞赛机制。深入推进重大战略、重大工程、重大项目、重点产业劳动和技能竞赛，积极开展各类技能大赛，完善劳动和技能竞赛组织、效能评估及激励机制等。

（一）当前劳动和技能竞赛的工作重点

1. 围绕实施区域协调发展战略，推进全国引领性劳动和技能竞赛

要将竞赛重点聚焦国家战略的实施，结合各自功能定位和发展导向，聚焦重点地区、重点领域和重点项目，细化具体实施方案，不断丰富和完善竞赛活动。进一步规范竞赛的组织领导、活动形式、活动内容、日常管理、考核评估、表彰奖励等内容，致力于推动重大工程劳动和技能竞赛扎实有效开展。

2. 围绕建设美丽中国和可持续发展战略，组织群众性生态文明建设活动

要在贫困地区的交通、水利、电力等基础设施重点项目和民族地区重大基础设施项目、民生工程建设中，组织动员职工群众广泛开展重大工程竞赛、职工技术创新和素质提升活动，促进项目优质高效安全完工，促进贫困地区基础设施进一步完善；加强生态文明宣传教育，动员广大职工开展污染防治竞赛、生态系统保护竞赛，推动形成建设美丽中国的群众基础。

3. 围绕新时代职工安全健康需求，深化"安康杯"竞赛

要开展群众性安全生产活动，发挥工会劳动保护监督检查作用，并加强安全宣传和企业安全文化建设，确保职工生命安全与健康权益。

（二）工会开展劳动和技能竞赛的程序

（1）制订竞赛方案。组织劳动和技能竞赛首先要确定目标、内容、条件、选择竞赛形式，在事先调查研究的基础上制订竞赛方案。

（2）宣传发动群众。要将竞赛方案交职工充分讨论，并利用各种宣传阵地，宣传竞赛的意义、目的和方法，做好思想动员，形成竞赛氛围，确保竞赛方案的顺利实施。

（3）公司本年度的职工代表大会上，通过实施方案，同时由公司行政分别与各班组长签订劳动和技能竞赛协议书。

（4）要充分利用多种场合、手段，广泛深入地宣传劳动和技能竞赛的形式、内容、标准及奖励等情况，使参赛职工在提高认识的基础上，积极投入活动，圆满完成竞赛的各项规定内容。

（5）组织实施竞赛。在组织竞赛的过程中，做好竞赛数据的统计，不弄虚作假，及时公布竞赛的情况和成绩，增加透明度，使参赛者人人目标明确，积极参与。各单位按竞赛条款、有关标准和内容，对竞赛实行巡回指导、动态管理、专项自查，特别是对重要条款强化监督检查。对于上级提出的整改意见，要责成专人负责落实，并反馈相关信息。

（6）竞赛目标达到后，要认真进行总结、评比，推广先进经验，激励后进发展。

（三）工会劳动和技能竞赛工作的新思路

1. 围绕中心抓好策划，进一步夯实劳动和技能竞赛服务经济发展的基石

如何把广大职工的智慧和力量凝聚到企业经济发展这一主题上来，是一个值得探索的问题。抓劳动和技能竞赛活动的开展，紧贴服务经济发展这条主线不能变，但是只停留在过去抓劳动和技能竞赛就是组织几项技能赛事的做法又显得过于陈旧，不能与经济发展要求相适应。随着企业的经济转型，发挥劳动竞赛的活力和生命力，就是要不断拓宽劳动和技能竞赛领域，丰富劳动和技能竞赛内涵。

2. 立足基层抓好引导，进一步提升劳动和技能竞赛服务经济发展的实效

为了使劳动和技能竞赛贴近基层、贴近职工、符合实际，考虑到基层企业数量多，涉及的岗位技能种类多，以及企业间存在发展差异的诸多实际情况，在组织制定劳动和技能竞赛总体方案时，要把"实"字贯穿始

终。一是做好劳动竞赛的横向结合。以强化合理化建议工作为切入点，力求使劳动竞赛与工会日常工作紧密结合，有效发挥合理化建议的节能降耗、生产优化和技术改造与创新等几个方面的作用。二是做好劳动竞赛的纵向结合。以安全劳动竞赛为主线，坚持把完成上级工作任务与企业劳动竞赛相结合，同车间、班组管理相结合，完成各项具体指标。三是做好竞赛的长短结合。以贯穿全年的竞赛活动为依托，开展"百日安全"生产竞赛活动。

3. 注重过程抓好落实，进一步发挥劳动和技能竞赛服务经济发展的作用

劳动和技能竞赛是一项系统工程，整个过程涉及很多环节，在开展劳动和技能竞赛中，要特别注重过程管理，落实好每一个环节。在组织实施中要坚持做到"三到位"，即宣传到位、组织到位、奖励到位。首先要宣传到位。要在社会上营造浓厚的学技能、比技艺的竞赛氛围，引导全社会关注技能人才、尊重技能人才，使广大职工参与竞赛的主动性和自觉性进一步增强。其次要组织到位。要按照"多方配合、共同参与"的原则，联合各行业、部门共同开展劳动和技能竞赛、技能大比武，强化劳动和技能竞赛活动的效果。最后要奖励到位。有效的激励措施是搞好劳动和技能竞赛的最基本保证，也是竞赛的重要环节。在制订每一项竞赛方案时，要将竞赛奖励方式或奖励标准纳入其中，有效激发企业和职工参与竞赛的积极性。

三、建立健全劳动和技能竞赛评估机制

1. 建立竞赛评估制度是检验竞赛成效和推动竞赛发展的有效措施。要制定科学的竞赛评估方法和评估指标体系，量化竞赛评估工作，做到科学化、规范化、制度化。

2. 竞赛评估要着眼于提升劳动和技能竞赛的水平，把竞赛方案制定、竞赛活动开展、竞赛目标任务实现等纳入评估范围，把劳动和技能竞赛在提升职工素质、推动企业技术进步和促进经济发展中所发挥的作用作为评估重点，促进竞赛活动深入扎实发展。

3. 竞赛评估要坚持走群众路线，充分听取职工群众对竞赛活动的意见，并把群众意见作为评估劳动和技能竞赛的重要依据。

4. 定期开展竞赛评估工作，及时通报评估情况，把评估工作的过程作为发现典型、总结经验、查找不足、改进工作的过程。

四、建立健全劳动和技能竞赛激励机制

1. 做好竞赛评比奖励工作，是建立竞赛激励机制的重要方面，对调动职工参赛积极性具有重要作用。要把阶段性评比奖励与全过程评比奖励、单项评比奖励与综合评比奖励、个人评比奖励与集体评比奖励有机结合起来，做到经常化、制度化。

2. 竞赛评比要着眼于激发职工比学赶帮超的热情，把比技术创新、团结协作、质量效益、安全环保和创一流工作、一流业绩、一流团队作为主要内容。

3. 竞赛奖励要坚持精神鼓励与物质奖励相结合的原则，使职工得到的荣誉与取得的业绩、得到的奖励与作出的贡献相适应，让职工分享社会和企业发展成果。

4. 大力表彰竞赛活动中涌现出来的先进集体、模范职工和优秀技术创新成果，把引导职工弘扬工人阶级伟大品格和劳模精神、劳动精神、工匠精神贯穿于竞赛活动的全过程，调动和激发职工创先争优建功立业的积极性。

5. 推动政府（企业）制定和完善劳动和技能竞赛奖励办法，对竞赛中涌现出来的先进集体、先进职工及时予以表彰奖励。

五、建立健全劳动和技能竞赛保障机制

1. 建立健全各级劳动和技能竞赛委员会（领导小组），切实加强对劳动和技能竞赛的组织领导。各级工会要把劳动和技能竞赛摆上重要位置，定期分析研究竞赛工作，建立竞赛情况报送、通报制度，加强竞赛信息交流，认真总结推广竞赛经验，搞好典型指导和分类指导。

2. 加强竞赛理论和相关政策研究，是搞好劳动和技能竞赛的重要基础，也是加强竞赛机制建设的重要方面。要了解经济形势，掌握经济政策，研究竞赛理论，总结竞赛经验，探索竞赛规律，使机制建设在促进劳动和技能竞赛中持久、稳定地发挥作用。

3. 经费保障是组织开展劳动和技能竞赛的重要物质条件。各级工会在为竞赛提供必要经费的同时，要积极争取同级政府（行政）拨出专款用于劳动和技能竞赛。企业工会要督促企业建立劳动和技能竞赛奖励基金。

4. 加强劳动和技能竞赛机制建设对干部素质提出了更高要求。各级工会负责经济技术的干部要进一步增强使命感和责任感，保持良好的精神状态，通过加强学习、深入实践，不断提高思想政策水平和指导工作的能力，以适应新形势下组织开展劳动和技能竞赛的要求。

六、深入持久开展"五小"活动

小发明、小创造、小革新、小设计、小建议活动（以下简称"五小"活动）是分工会的一项传统工作，是"建功'十四五'奋进新征程"主题劳动和技能竞赛的重要内容。要使"五小"活动在新时代展现新的生机和活力，推动劳动和技能竞赛广泛深入持久开展。

1. 总体要求

"五小"活动要以习近平新时代中国特色社会主义思想为指导，深入贯彻落实《新时期产业工人队伍建设改革方案》，按照全总关于广泛深入持久开展劳动和技能竞赛的工作要求，注重岗位创新，注重解决一线问题，注重增强创新能力，扩大覆盖面、提高参与度，使活动落实到基层、深入到一线，长期坚持下去、形成长效机制，进一步组织动员广大职工建功新时代。

2. 大力增强职工岗位创新能力

一是增强职工创新意识。职工是"五小"活动的参与者，是岗位创新的主力军。要引导职工充分认识技术创新的重要性，充分认识"改善改进也是创新"，树立"时时可创新、处处可创新、人人可创新"的理念。通过"工匠论坛""职工创新大讲堂"等形式，推广普及创新方法，激发职工创新潜能，动员职工立足岗位开展技术创新、管理创新和服务创新。

二是提升职工技能素质。要围绕提升职工技能水平和创新能力组织开展群众性、常态化的岗位练兵活动，注重线上线下相结合，引导职工在干中学、学中练。积极协助政府和企业推广现代学徒制和企业新型学徒制，采取"一带一""一带多""多带多"等形式促进师带徒活动创新发展，做好传帮带。广泛开展技能比武、技术培训等活动，强化实战化要求，让先进生产技术和先进操作方法为更多的职工所掌握。

三是营造良好创新氛围。大力弘扬劳模精神、劳动精神、工匠精神，注重从"五小"活动中发现、培养、选树劳动模范和工匠人才，特别是优秀技能人才和一线职工典型，宣传他们的先进事迹，推广他们的劳动技能、创新方法、管理经验，充分发挥其示范带头作用。把职工创新纳入企业创新体系，把"竞赛文化"融入企业文化和职工文化当中，鼓励创新，既要重视结果，也要重视过程，不断增强职工创新勇气，引导职工积极投身"五小"活动。

3. 立足岗位开展"五小"活动

一是重视发现和解决岗位难点问题。要从发现问题入手，组织一线职工、立足一线岗位、解决一线问题。重点围绕提升产品、服务、工程质量和效益，改造落后的技术设备、不合理的工艺和过时的操作方法，推动节能降耗、污染防治、生态环境保护，促进劳动安全和职业健康，提升企业管理水平和服务水平等方面开展活动。

二是把合理化建议摆到突出位置。合理化建议活动是我国工人阶级的一个伟大创举，是职工发扬主人翁精神和发挥聪明才智的有效形式，也是职工参与企业管理、推动技术进步的重要途径。把合理化建议作为"五小"活动最基础最重要的环节，一方面要增强广泛性，提高合理化建议的参与率，组织广大职工积极参与，另一方面要增强实效性，提高合理化建议的质量，促进合理化建议的采纳和实施。

三是完善"五小"活动体系。进一步完善以岗位创新、班组（团队）创新、劳模和工匠人才（职工）创新工作室以及创新工作室联盟等为主要

内容的 "五小" 活动体系,形成基础广泛、人才集聚、成果丰硕的良好局面。发挥职工技协的组织优势、人才优势和阵地优势,开展技术交流、技术协作、技术帮扶等活动,在 "五小" 活动中发挥骨干作用。

四是创新 "五小" 活动方式方法。按照建设 "智慧工会" 的要求,运用 "互联网+"、移动客户端、大数据、云计算等现代化手段组织开展 "五小" 活动,促进活动在策划动员、组织实施、考核评选等各个环节的智能化,增强活动的先进性、便利性和趣味性。在活动中设置形式多样、职工喜闻乐见的比赛项目,设立创新看板等可视化载体,增加活动的 "赛味",更好地激发广大职工的积极性,使活动更具吸引力和感召力。

工会要加强活动过程管理和考核评估,坚持问题导向和成果导向并重,定性与定量相结合,建立科学合理的评估指标体系,全面评价地方和企业活动效果。评估可通过自上而下评估、自查自评或第三方评估的方式进行,注重评估结果反馈和工作改进,并以此作为评先评优、推荐表彰的重要参考。建立健全项目预报、工作台账、督导通报等工作制度,强化活动过程管理、督导和考核。

第二节　开展职工技术创新活动

开展职工技术创新活动,组织动员职工积极参与技术创新实践,是加强职工队伍建设、提高职工创新能力、促进创新型国家和创新型企业建设的重要途径。

一、充分认识加强职工技术创新活动的重要性

1. 提高自主创新能力,建设创新型国家,是国家发展战略的核心,是提高综合国力的关键。职工群众是社会主义现代化建设的主力军,是推动科技进步、建设创新型国家和创新型企业的重要力量。加强职工技术创新工作,充分发挥职工在科技进步与创新中的重要作用,是坚持走中国特色

自主创新道路的具体体现。

2. 加快转变经济发展方式是当前我国经济工作的一项十分艰巨的任务。科技进步与创新是加快转变经济发展方式的重要支撑。加强职工技术创新工作，积极组织和引导职工投身科技进步与创新的伟大实践，是服务科学发展，促进经济发展方式转变的重要举措。

3. 提高职工素质是实现共同理想和宏伟目标的要求，也是发展工人阶级先进性的需要。通过加强职工技术创新工作，增强职工的学习能力、实践能力、创新能力和竞争能力，是实现职工利益、提升职工素质、促进职工全面发展的重要途径。

二、广泛开展职工技术创新活动

1. 职工技术创新活动要积极推动国家技术创新工程的实施，以提高职工技能水平、推动企业技术进步和促进经济发展为目标，积极引导职工投身原始创新、集成创新和引进消化吸收再创新实践，为建设创新型企业、创新型国家贡献智慧和力量。

2. 职工技术创新活动要围绕促进企业安全生产、提高生产效率、提升产品质量和推动节能减排，广泛开展技术攻关、技术革新、发明创造、合理化建议等活动，引导和鼓励职工立足本职岗位进行创新。

3. 职工技术创新活动要把增强职工创新意识、提高职工创新能力作为重要着力点，广泛开展岗位练兵、技术比武、技能比赛、帅徒帮教等活动，把培训、练兵、比武有机结合起来，让先进生产技术和先进操作方法为更多的职工所掌握。

4. 把争创创新型班组作为创先争优建功立业劳动竞赛的重要内容，以创建"工人先锋号""创建学习型组织　争做知识型职工"等活动为载体，不断提升班组创新能力，努力为职工施展聪明才智创造条件，为建设创新型企业奠定坚实基础。

三、开展职工技术创新培训工作

实施创新活动，关键在于对职工现有的科学文化水平、技术素质和创新能力进行提高和培养，职工队伍素质的高低决定着活动的质量和水平。在当下知识经济时代，职工素质是企业核心竞争力的根源。企业发展靠市场，市场竞争靠技术，技术创新靠人才，人才成才靠学习能力持续提高。广大职工的学习能力是推进职工队伍知识化、劳动智能化、知识产业化进程的力量源泉。企业要大力开展创建学习型组织活动，提高广大职工的学习动力、学习毅力和学习能力，使职工不断掌握新知识、储备新技能，为实施群众性经济技术创新活动提供智力支撑和素质保证。企业要把培养有知识、懂管理、会创造的新型劳动者队伍作为群众性经济技术创新活动的目标，请著名专家讲学，培养高级科技人才；传授创造技能技法，请技术状元传技，培养高级技能人才；把岗位练兵、技术比赛中涌现出来的技术状元的绝招特技总结成为先进操作法，通过举办集体拜师、名师带高徒、现场传授技能、选题立项攻关等活动，为企业培养人才队伍。同时，企业要加大资金投入，建立相关培训制度，制定长、中、短期培训计划，形成培训网络化、制度化、长期化，通过多种技能的综合性培训，使每个职工做到"精一门、会两门、学三门"，成为复合型、技能型人才，努力造就一支水平高、观念新、技能精、业绩佳的新型产业大军，造就一批高素质、富有活力的职工队伍。

（一）工会开展技术创新培训的重要意义

技术工人是社会财富的直接创造者，是科技成果转化为现实生产力的关键环节，是国民经济发展的重要基础和经济腾飞的重要保证。当前，技术工人素质问题越来越受到世界各国的普遍关注。技术工人技术素质偏低，不利于提升企业竞争力，也是制约我国经济发展的瓶颈。

"十四五"期间，要不断提高自主创新能力，提升产业技术水平，加快经济增长方式的转变，不仅需要加快建立以企业为主体、市场为导向、产学研相结合的技术创新体系，而且需要建设一支技术过硬的职工队伍；不仅需要一大批科学家、工程师和经营管理人才，而且迫切需要数以千万计的高技能人才和数以亿计的高素质劳动者。

工会开展职工技能培训，既是贯彻国家科教兴国和人才强国战略、培养技能人才、推动经济发展的需要，也是提高职工就业竞争能力、维护职工发展权的需要。因此，开展职工技能培训，是工会贯彻科教兴国战略和人才强国战略的具体措施，在培养高技能人才和提高职工职业技能水平方面具有重要作用。

（二）工会开展技术创新培训的作用

据有关资料介绍，一个大学毕业生所学知识仅占其需要的职业技能知识的1/10左右，大量知识和技能是靠走上工作岗位后的"再教育"完成的。另外，社会经济和科学技术的飞速发展，也会使原来已经获得的一些知识落伍。为了克服这种知识老化问题，通过各种形式进行"再教育"，不断更新和提高人力资源的质量水平，对于推动经济的高质量发展具有重要意义。

技能培训发挥的作用具体表现如下。

1. 提高劳动生产率

通过对员工的在职培训，提高其技能水平，可以推动劳动生产率的提高。亚当·斯密在200年前即指出，一个工人技能的提高，如同一部机器或一种工具的改进一样，可以节约劳动，提高效率。据联合国教科文组织的资料表明，与文盲相比，小学毕业生可提高劳动生产率43%，初中毕业生可提高108%，大学毕业生可提高300%。

2. 提高产品技术含量和竞争力

培训可以使员工的知识不断增加、技能不断增强，其创新能力也会随之提高。经过培训的员工通过参与技术创新或产品创新等方式可以直接提高产品的技术含量，提升产品的质量和竞争力；同时，利用其掌握的先进技能，可以对既定的物质资料进行深度开发和利用，提高资源利用率，从而降低产品成本，提高经济效益。

3. 提高科技成果的转化率

企业员工具有一定的科学知识和技能水平，可以提高其技术熟练程度和技术应用能力，从而使科技成果转化率得到提高，更加充分地发挥科学技术的"第一生产力"作用，促进经济高质量发展。

4. 提高职工的生存和发展能力

职工通过参加技能培训，有的取得技术资格证书，有的成长为一专多能的技工，掌握了新兴的技术技能，提高了就业竞争力。这就为他们未来的发展，奠定了坚实的基础。实践证明，通过技能培训提高职工素质，确实能够在很大程度上促进经济增长。日本的一份研究报告指出：工人教育水平每提高一个等级，技术革新者的比例就平均增长6%。一般工人提出的革新建议约能降低成本5%；经过一定训练的技术人员的建议，约能降低成本10%—15%；而受过良好教育的管理人员创造和推广的现代科学管理技术，则可以降低成本30%以上。

四、工会开展技术创新活动的内容和要求

（一）培训内容与方式

（1）培训内容。企业工会开展的技术创新培训包括基础性培训、技术等级培训和适应性培训。基础性培训内容包括应知培训和应会培训两个方面。应知培训的内容由"三基"知识、专业知识、外延知识三方面组成。"三基"知识指基本原理、基本知识、基本计算。基本原理，是指实现各工序过程原理以及相关信息、仪器、工具检测装置的工作原理（包括基本理论）。基本知识，是指与专业相关的基本知识，包括物性知识、工艺知识、操作知识、安全知识等。基本计算，是指本专业工艺过程（或工作过程）中所需的相关技术和工艺参数的运算、成本分析与计算。专业知识培训是一种综合运用"三基"知识的培训，在培训过程中，可根据技术标准中应会的代表性工作实例，进行专业性技术训练，以提高应对多变条件下的适应能力。外延知识培训，是在完成专业技能培训的基础上，帮助学员掌握与本专业相关学科知识的培训。技术等级培训，是根据国家技术型职业（工种）的职业技能标准而进行的培训。适应性培训，主要是根据企业技术进步和设备更新的需要，随时进行的短期培训，使职工掌握技术进步和新设备所需要的相应技术和技能。

（2）培训方式。在培训的方式上，除了技术等级培训要按照国家有关规定进行外，企业工会开展技术创新培训的方式比较灵活，可以采取轮训或专题培训等多种形式，每年设一个或多个培训专题，有计划、有步骤、

有重点地对职工进行以关键生产工艺和重点专业知识为内容的强化培训。如以应知应会为内容的滚动出题答卷培训，以全员工艺流程比赛、征集事故预想方案、现场单兵教练为内容的系列培训以及模拟特定场景的突发事故、特殊情况演练等专题的强化培训，使职工的理论水平和实际操作技能得到全面提高。

(二)技术创新培训相关要求

(1)要根据企业生产经营的实际需要和科研生产的关键、难点，采取多种形式，最大限度吸引职工参加，并及时调整培训重点，不断更新培训内容，紧紧跟踪和反映企业技术进步的要求，不断改善培训手段和教学方法。实践证明，培训与企业实际需要结合得越紧密，就越受到企业行政和职工群众的欢迎。

(2)要突出技术创新培训的实用性和实效性。根据职工发展的需要，力求使职工掌握多种技能，不断提高广大职工适应职业变化的能力，促使职工向知识技能型、技术技能型、复合技能型方向发展。

(3)要注重有效利用各种培训资源。充分利用工会干校、工人文化宫、职工大学、职工学校、职业技术学校等各种教育培训资源，并与社会力量联合培训，扩大培训规模，提高培训质量。

(4)要充分发挥职工技协的作用，利用技协的组织、人才和阵地优势，在实施国家高技能人才培训工程和技能振兴行动中发挥作用，建立职工技能实训基地，培养高技能人才，并推动培训和职业资格认证一体化。

第三节 建立劳模创新工作室发挥劳模引领作用

2018年4月30日，习近平总书记给中国劳动关系学院劳模本科班学员的回信中强调，社会主义是干出来的，新时代也是干出来的。总书记的回信，充分肯定了广大劳模为党和国家事业作出的贡献，更对激励广大劳动群众争做新时代的奋斗者发出号召。要贯彻落实习近平总书记重要指示精神，将党的二十大描绘的宏伟蓝图变为现实，必须充分激发新时代工人阶级的精气神、彰显新时代主人翁的新作为。《新时期产业工人队伍建设改革方案》也要求推动具备条件的行业企业建立职工创新工作室、劳模创新工作室和技能大师工作室。这一切，都对创建劳模创新工作室提出了新的更高要求。

一、创建劳模创新工作室的目的

开展创建劳模创新工作室活动，旨在为劳模和职工群众搭建一个锐意创新、攻坚克难的阵地，一个发挥作用、展示才能的平台，从而不断提高劳模和职工群众的自主创新能力，不断提升广大职工的技能水平和业务能力，促进科学技术向生产力转化，推动应用技术的发展。进一步弘扬劳模精神，丰富劳模时代内涵，引领广大职工立足本职岗位，不断解决生产经营中的热点、难点问题，推动企业转型发展和创新发展；进一步发挥劳模的示范带头作用，扩大劳模品牌效应，从而培养出更多的先进人才和技术能手，造就一支学习能力强、创新能力强、业务素质高的职工队伍，不断促进劳模和广大职工在推动经济发展和社会进步中发挥工人阶级主力军作用。

二、创建劳模创新工作室的主要任务

1. 大力开展技术攻关、技术改造、技术协作、技术发明、技术革新、科技创新、产品创新、管理创新、服务创新、经营创新、业务创新、难点攻关、科学研究等活动。

2. 努力解决本单位生产、经营、管理、科技、工作实践中遇到的技术开发、产品研发、工艺改造、安全生产、管理体制等方面的难题。

3. 积极协助行政部门开展技术交流和业务培训，为企业和社会培养一批爱岗敬业、精通业务、富于创新精神的知识型、技术型、专家型职工人才。

三、创建劳模创新工作室的意义

(一) 规范劳模创新平台建设,促进企业人才培养

企业工会开展劳模创新工作室建设工作,能够大力弘扬劳模精神、劳动精神、工匠精神,发挥好劳模工匠等先进典型人物的示范作用,激发广大职工劳动热情和创新活力,引导职工立足岗位、立足创新、立足发展,促进职工技术技能进步和综合管理双提升,从而推动企业高质量发展。

为推动劳模创新工作室工作开展,企业工会要进一步加强对工作室的服务与管理,完善相关制度建设和工作机制,促进工作室规范有效运行。

一是统一建设标准。突出工作室"九有"基本条件:有冠名,一般以劳模个人命名,也可根据工作岗位需要以工作性质或其他方式命名;有标识,设置内容明确、体现企业特色、位置醒目的标牌标识;有设施,配备工作开展所需的场地、办公用具、器材工具、专业资料等设施;有团队,明确由劳模牵头负责,每个工作室成员不少于3人,定期接收优秀人才;有制度,建立一套相对完善的活动开展、学习研究、技术攻关、成果转化、奖励激励、内部管理等制度;有经费,所在单位安排劳模工作室开展日常工作的必要经费,每年下拨工作室经费;有台账,日常工作和活动应存有资料记录,有一套管理资料的设施、制度;有成果,每年至少有两项创新创造成果,并展示分享;有奖罚,依据管理办法,企业工会会同相关单位对各工作室实行年度考评奖罚,对团队成员实行动态管理。

二是规范运作。形成"党委领导、行政支持、工会组织、劳模引领、职工参与"的工作机制,具体由工会牵头,有关职能部门密切配合,做好工作室的组建、设备配备、人员安排、资金协调以及创新成果的总结、交流、推广等工作。将工作室创建与班组建设相结合,发挥其在"创建先进班组,争当工人先锋号"活动中的带动作用;与"五小"创新和合理化建议工作相结合,发挥其在群众性创新创效和持续改善实践中的示范作用;与劳动和技能竞赛活动相结合,发挥其在生产经营工作中攻坚克难的突击队作用;与"师徒结对子"传技授艺工作相结合,帮助青年员工快速成才

成长。每年确定的创新项目，由所在单位与劳模工作室签订责任书，组织企业系统各单位之间学习交流，避免选题重叠，降低成本费用。促进创新成果的转化和应用，尊重职工首创精神，合理分配奖励。

三是强化基础管理。结合生产经营实际，确定创新研究课题立项，明确工作室申报的课题、课题实施目标、主要措施以及效益预测。要求工作室定期开展活动，对立项的课题进行深入调研和实践。相关单位及时跟踪了解工作进展，查找不足，修正改进。保证工作室的课题研究质量和工作质量，提升发挥解难题攻难关的实效性。对实用效果好、效益优的创新创效成果给予奖励。

企业工会可以根据"开辟攻坚克难新通道、培养创新意识新形式、拓宽培育人才新途径"三大功能定位，围绕提升核心竞争力、培养创新意识、建设人才队伍等发展方向，开展重点课题攻关、经验成果分享、岗位练兵授艺等活动，在实践中形成效能和实用价值。

（二）锐意进取，靠不断创新示范引领

劳模创新工作室的主要目的就是创新，尤其是原创性和基础性创新。企业通过劳模的示范带动作用，将更多的人才培养方式、专业技术、管理方法转化为生产力，从而提升企业竞争力，促进企业持续健康发展。

劳模创新工作室的创新，是人才培养方式的创新。企业要想在市场竞争中不断发展壮大，加强职工人才培养是基础。劳模创新工作室无论是在人才培养的措施上，还是培养内容和方法上，都要从企业发展目标、工作要求和岗位需要出发，有针对性地进行人才培养方式的探索和创新，这样才能在建设一支高素质职工队伍上收到事半功倍的效果。

劳模创新工作室的创新，是技术的创新。创新是人类文明进步与发展的永恒主题，技术创新是企业核心竞争力的源泉，是企业可持续发展的不竭动力。劳模创新工作室在技术创新、产品创新、工艺创新等方面有核心团队的优势。依靠技术创新、增强企业应变能力是提高企业市场竞争力的核心。因此，劳模创新工作室的技术创新能力越强，其企业产品的技术含量、质量、性能、工艺以及服务水平就会越高，企业的竞争力就会越强。

劳模创新工作室的创新，是企业管理的创新。管理创新是一个集企业管理思想、管理组织、管理方法、管理手段和管理模式于一体的综合创新体系。企业管理创新需要通过技术创新、市场创新和组织创新的集成才能实现。有不少劳模创新工作室的带头人就是本企业的管理者，这让他们有了充分发挥作用的舞台。劳模创新工作室管理创新必须为提高企业效率和效益开辟道路，创造出相应的方法和手段。

（三）时代领跑，靠劳模精神示范引领

劳动模范是中国工人阶级和广大劳动群众的杰出代表，是民族精英、国家栋梁、社会中坚、人民楷模。新形势下，大力弘扬劳模精神，充分发挥劳模示范引领作用，既是保持和发扬工人阶级先进性的需要，也是实现企业发展与进步的需要。对于企业职工来说，劳动模范就是他们心目中的旗帜、航向标，其言行将直接或间接地影响其他职工。

劳模创新工作室对职工有着示范作用。劳动模范身上所表现出来的那种艰苦创业和主人翁精神，那种无私奉献、忘我劳动的情怀，那种爱岗敬业、具有良好职业操守的品德，那种实事求是、开拓进取的意识，对企业职工都有着极其鲜明的示范作用。

劳模创新工作室对职工有着引领作用。劳动模范的引领作用，主要是通过劳动模范的引导，让职工能立足本职，争创先进，展现出工人阶级的崇高品格和时代风貌。劳动模范的行为展示着时代的特征，是职工学习的榜样。劳动模范的引领作用还表现在劳动模范所担任的使命上，指导职工勇于创新，不断进取。

劳模创新工作室对职工有着激励作用。劳动模范的优秀品德和先进思想，是激励全体职工的巨大力量，它鼓励着全体职工不断努力，勇于拼搏，敢于创新。

 【案例1】

劳动和技能竞赛活动方案（范例）

一、劳动和技能竞赛指导思想

以落实公司提出的年度方针目标为根本，以抓好生产经营为主线，以竞赛活动为载体，透过竞赛活动的开展，进一步检验员工队伍的素质，检

新时代工会"建家"工作实务

验各部门的工作质量及业绩，以竞赛促生产、促安全、促管理、促效益、促发展，打造高端品牌，推进企业文化建设，为实现公司年度的奋斗目标奠定坚实的基础。

二、劳动和技能竞赛活动的主题

保稳产、上质量、降消耗，为实现年产1100吨的任务而奋斗。

三、劳动和技能竞赛活动参与对象

公司各部门、各工段及全体员工。

四、劳动和技能竞赛活动的具体办法

（1）对产量、质量、物耗、设备、检验、技术、销售、物资等生产经营指标能够量化的部门，将本部门承担的具体生产任务作为劳动和技能竞赛的主要资料，具体指标数值以计划部下达的月度指标为准。

（2）对工作任务不能量化的部门，将公司总经理办公会下达或总经理布置的重点工作或本部门工作作为劳动竞赛的主要资料，完成时限以总经理办公会确定的时限为准，或者按部门计划安排为准。

（3）将安全环保、物耗、成本作为全公司各部门（工段）共有的劳动和技能竞赛的指标。

（4）本次劳动和技能竞赛指标，重点是突出各部门在完成1100吨生产任务和与完成1100吨任务有紧密关联的重要工作。各部门日常工作不作为劳动竞赛资料。

（5）产量、质量、物耗、成本的竞赛指标由计划发展部制订的月计划作为依据。

（6）各部门（工段）劳动和技能竞赛资料指标。

五、劳动和技能竞赛活动的评比办法

（一）生产经营指标

1. 产量指标。以计划发展部每月下达的指标为准，完成下达计划指标得满分。若实际完成指标低于计划指标10%不得分；低于10%以内的，每低于1%，扣减1分；若实际完成指标高于计划指标，每高于1%，增加1分。

2. 产品质量。设立方向性指标（电子级）和考核性指标（太阳能级）。

（1）多晶硅产品质量合格率 100% 的，相关职责部门该项得满分，另加 10 分；（2）合格率在 90%—99% 之间的，差一个百分点扣 1 分；（3）合格率低于 90% 的，该项分扣完。

3. 单位产品的物耗。由技术中心制定标准，计划发展部发布竞赛标准。

4. 产品成本。由财务部制定成本预算和成本竞赛指标。

（二）重点工作

按时按质完成重点工作，并得满分。若实际完成时间超出规定期限 5 天以上的，不得分；超出时间 5 天以内的，每超出 1 天扣 2 分。若提前 1 天，加 1 分，最多加 5 分。

（三）安全环保指标

安全无小事，职责重于泰山。凡发生重大设备、环保、人身等安全事故的部门（工段）实行一票否决，取消评比资格。发生一般性安全事故的扣 3 分。

（四）劳动和技能竞赛指标完成状况实行月统计、季评比

（五）此次劳动和技能竞赛活动根据部门性质分为两个竞赛区域

生产经营指标能够量化的部门（工段）为一个区域进行劳动竞赛；承担重点工作的其他部门为一个区域进行劳动竞赛。每个区域分别评选前两名，授予"红旗群众""优胜群众"的称号。

六、劳动和技能竞赛活动的奖励办法

（1）获得"红旗群众""优胜群众"称号的部门（工段），将作为以后评选公司"先进群众""先进中层干部"的重要参考依据或者推荐对象。

（2）公司设置劳动和技能竞赛专项奖励基金。奖金来源是由公司自有资金列出专项作为奖励基金。

（3）劳动和技能竞赛中获得"红旗群众"或者"优胜群众"的部门（工段）（完成当季度公司下达的生产经营指标或重点工作任务，且未发生重大人身、环保、设备等事故的），部门人均每季度奖励 2000 元。单位部门负责人、工段长、助理工段长、助理调度，奖励标准为 3000 元、2600 元、2400 元、2200 元。

（4）对劳动和技能竞赛达标部门进行奖金的二次分配。对那些工作认

真、业绩突出的员工要加大奖励力度，体现"多劳多得，奖勤罚懒""奖优罚劣""鼓励先进，激励后进"的原则。

七、劳动和技能竞赛活动的要求

（1）各部门要高度重视此次竞赛活动，部门负责人要把竞赛活动作为树立部门形象、改善部门工作作风、技术练兵、提高员工业务素质和敬业精神的契机来认真抓好抓实。

（2）认真评比，严格考核。以竞赛促生产、促安全、促管理、促效益、促发展，在活动中力争实现保稳产，上质量、降消耗，实现年产1100吨的任务。

（3）真抓实干，不流于形式，不走过场，促进公司顺利完成董事会下达的全年生产经营目标任务。

八、劳动和技能竞赛活动的组织领导机构

公司成立劳动和技能竞赛活动领导小组。

组长：

副组长：

组员：

竞赛活动领导小组下设办公室。

成员：

办公室主任：

办公室工作由公司工会和计划发展部牵头，负责劳动和技能竞赛活动的指标分解、完成状况、检查和名次评比等工作。

九、劳动和技能竞赛的时间

从××××年二季度开始，其中二季度以4月份的生产经营和重点工作作为评比依据，三季度、四季度以当季三个月评分作为评比依据。

公司号召全体员工，要以此次活动为契机，攻坚克难，团结协作，发扬勇为人先、再立新功的拼搏精神，争取保稳产，上质量、降消耗，为实现公司年产1100吨的任务而奋斗，为集团全面完成全年生产经营目标勇挑大梁。

 【案例2】

绵阳市总工会：以劳模创新工作室为驱动，激发职工创新创效活力

2023 年 03 月 20 日　　来源：中国网

绵阳市总工会坚持创新引领，广泛开展劳模和工匠人才创新工作室评选命名活动，引领基层工会累计创建创新工作室 856 家，其中国家级示范创新工作室 7 家。2022 年，全市各级投入创新工作室工作经费 5898.9 万元，开展创新课题、攻关项目 377 项，取得创新成果 222 项，节创经济效益 3.14 亿元，培养人才 5073 人。

树规范，提升创新基础

一是明确标准"建起来"。印发《绵阳市劳模（技能人才）创新工作室标准化建设和管理办法》，明确创新工作室"六有"标准（有劳模领衔、有创新团队、有攻关项目、有创新成果、有场地经费、有创新制度），达到标志明显、场所固定、设施齐备、团队精干、职工参与、制度完善、经费保障、资料完备、成果显著等 9 项基本要求。二是劳模领衔"转起来"。每个创新工作室以一名有专长、工作经验和创新能力的市级以上知名劳模为负责人，由若干名劳模或工匠人才组成，形成知识、年龄结构和技术层级科学合理的创新工作团队。三是创新创效"强起来"。建立完整的活动开展、学习研究、技术攻关、成果转化、奖励激励、内部管理等相关制度，结合生产实践，以实施技术改进、承担技术改造任务、负责技术难题攻关、落实职工合理化建议、审查技术方案、培养后备技术力量等，引导和带领职工开展创新活动。

扬精神，培养工匠人才

一是搭建人才培养平台。组织编写典型故障案例、参编行业教材，充实人才培养的教学资源；开展职工大讲堂、单点授课及案例分析、前沿技术讲座，丰富人才培养形式；建立实操培训提升平台，提高现场应对能力和实操水平。游洪建劳模创新工作室开发出视频、软件、重点讲解课程，用具象化方式传授钳工技艺。二是强化人才集聚效应。创新工作室将勇于创新的技术人才聚集起来，实现跨部门、跨行业、跨工种协作，集中优势

资源，解决企业发展中的难题，有力推动企业创新体系建设。富临精工向明朗劳模创新工作室紧跟新能源汽车发展趋势，聚集汽车、机械、机电、电子及软件专业领域共80余人，攻克了智能热管理系统及关键零部件产品开发中的难关。三是充分发挥头雁作用。孵化不同层级的工作室，形成创新集群效应。在长虹集团何金华劳模创新工作室的示范与带动下，长虹集团陆续在模具加工、电子装接、制冷空调系统安装等工种与领域成立16个创新工作室，形成企业级、市级、省级、国家级4个梯度。

重结合，彰显作用发挥

一是结合劳动竞赛，延伸竞赛舞台。全市企事业单位纷纷以劳模创新工作室为载体，组织开展各项专业劳动竞赛、练兵比武，极大调动和发挥职工的积极性和创造性。绵阳烟厂张宝劳模创新工作室承办、协办、参加市级以上竞赛活动10余场次，推荐工作室成员参与各类竞赛、评审、交流活动60人次，培养高技能后备人才100人。二是结合企业技术创新，破解发展难题。发挥创新工作室在技术创新、技术改造上的资源优势，针对产品质量、安全生产、设备效率的痛点问题组织开展群众性创新活动。紧贴企业生产中的难点，开展群众性技术攻关、技术革新和技术发明活动，解决企业生产中的技术难题，为企业发展提供强大技术支撑。三是结合班组建设，提升管理水平。创新工作室进车间、入班组、到岗位，针对班组成员遇到的技术难题进行深入剖析，提出行之有效的解决办法，班组在实际生产中加以运用，将创新成果落实落细在最小单元。攀钢集团长钢公司覃小东劳模创新工作室依托班组牵头成立两个自主创新管理小组，每年都有1个自主管理创新项目在集团公司获奖，共创效250余万元。（绵阳市总工会供稿）

第四章

基层工会"建家"履行维权职能

在"建家"活动中，着重抓好工会组织的维权职能，是贯彻落实习近平总书记关于工人阶级和工会工作的重要论述的具体体现；是增强党执政的阶级基础和社会基础，促进社会和谐稳定的迫切需要和重要内容；是工会围绕中心、服务大局，全面履行社会职能，突出维护职能，创造性开展工作的广阔平台。

第一节　新形势下维护职工合法权益的重要性和必要性

　　工会是职工群众自己的组织，代表和维护职工的合法权益是工会组织的基本职责。随着社会主义市场经济体制的逐步建立，与经济关系最密切的劳动关系发生了巨大变化，这种变化对工会提出了新的要求，作为党联系职工群众的桥梁和纽带，维护职工合法权益已成为市场经济体制条件下工会工作面临的突出任务和广大职工对工会的基本要求。

一、维护职工合法权益是社会主义市场经济发展对工会提出的必然要求

　　随着社会主义市场经济体制的建立、发展以及对外开放的不断深化，我国所有制结构发生了很大变化，经济关系、劳动关系也发生了深刻的变化。劳动者、经营者，以及企业都有了自主权，相互之间也有了不同利益，冲突时有发生。维护职工的最基本的生存权，即获得劳动报酬和生命安全健康保障权，成为职工的重要需求。工会必须顺应这一发展变化，突出其维护的职能，只有这样，才能有效地组织职工发挥参与和建设的职能，才能有效地对职工进行教育，否则工会的建设、参与和教育职能无从发挥。

　　市场经济条件下的劳动关系要求工会维护职工的合法权益，这主要是基于劳动关系双方有了各自的利益。在市场经济条件下，处于全新的劳动关系调整机制下的职工，无论是来自农村的劳动者，还是城镇原有的固定工，都缺少维护自身合法权益的意识和能力。而在劳动关系中，用人单位处于强者的地位，为了追求经济效益的最大化，不签订劳动合同、拖欠克扣工资、延长工作时间等违法侵权现象时有发生且比较严重。而中国的工人阶级是国家的领导阶级，无论在什么性质单位工作，职工都是国家的主人翁，只有他们

的合法权益得到有效的维护，他们的国家主人翁地位才能得到保障；只有通过工会组织代表和维护职工的合法权益，特别是非公有制企业单位中的职工利益，才能真正保证整个工人阶级国家主人翁地位的实现。

随着社会主义市场经济体制的建立，工会工作也在不断地调整和发展。2001年修改后的《工会法》明确增加了工会组织维护职工合法权益的内容，即"中华全国总工会及其各工会组织代表职工的利益，依法维护职工的合法权益""维护职工合法权益是工会的基本职责。工会在维护全国人民总体利益的同时，代表和维护职工的合法权益"。2021年12月，新修改后的《工会法》再一次明确：维护职工合法权益、竭诚服务职工群众是工会的基本职责。工会在维护全国人民总体利益的同时，代表和维护职工的合法权益。

综上所述，随着经济体制的改革和现代企业制度的建立，政府、企业、职工三者利益关系日益清晰，三方利益格局正在形成。企业成了自负盈亏的生产者和经营者，成了自主经营的独立经济主体和民事主体。在这种情况下，企业为了降低生产成本，追求最大限度的利润，自然会与职工的利益发生矛盾，甚至侵犯职工的合法权益。这时，职工要求工会维护其合法权益的呼声就会越来越强，工会作为职工利益代表者、维护者的身份也就日渐鲜明。

二、维护职工合法权益是工运历史赋予工会的基本职责

从工会发展及工运历史看，维护职工权益是工会产生和发展的客观基础。工会自开始出现时起，就是工人群众为了保护自己的利益不受侵害的组织形式。在市场经济条件下，依法维护职工合法权益不仅是工会本质属性的具体体现，是稳定劳动关系、稳定社会大局的需要，同时也是工会服务于党的中心任务和国家大局的主要手段。

随着社会主义市场经济的发展，劳动和社会保障的法律法规不断发展和完善，要求政府要转换职能，也要求工会要转变活动方式，明确工作任务、范围、职责，以强有力的工作体现自身的性质和地位，维护职工群众的合法权益。无论是地方党委、政府、工会，还是企业党委、行政、工会

都是在不同的角度、以不同的形式维护和体现人民当家作主的权利，体现人民管理国家和社会事务的权利。工会通过代表和维护职工的具体利益，来体现代表和维护职工的合法权益，与党和政府代表和维护包括职工在内的广大人民群众的利益是不矛盾的。事实上，工会代表和维护职工的具体利益，就是帮助政府，行政做好职工的工作，调动职工的积极性，促进经济建设，促进企业效益的提高。习近平总书记2015年在庆祝"五一"国际劳动节暨表彰全国劳动模范和先进工作者大会上发表重要讲话时指出，工会是党联系职工群众的桥梁和纽带，工会工作是党的群团工作、群众工作的重要组成部分，是党治国理政的一项经常性、基础性工作。新形势下，工会工作只能加强，不能削弱；只能改进提高，不能停滞不前。

随着改革开放的不断深入，职工利益受到侵犯的现象有所增加，尤其在一些非公企业中，侵犯职工的劳动权利、休息休假、安全保护及获得劳动报酬权利的现象时有发生，劳动争议问题比较突出，如果在保护职工合法权益，处理劳动争议过程中，劳动争议得不到处理，职工的权利得不到保护，既会影响职工的生活，又会影响职工积极性的发挥。所有这一切都要求工会必须正视职工的具体利益，把维护职工的具体利益作为工作重点，做好工作。

综上所述，维护职工的合法权益是历史赋予工会的职责。因此，各级工会组织必须及时调整工作思路，理顺工作关系，建立健全工会组织维护职工合法权益的有效机制，不断加强工会干部队伍建设，在努力提高维护职工合法权益的能力上下功夫。

第二节　工会维护职工合法权益的主要途径和手段

《工会法》明确规定："维护职工合法权益、竭诚服务职工群众是工会的基本职责。工会在维护全国人民总体利益的同时，代表和维护职工的合法权益。"

一、工会维护职工合法权益的途径和手段分类

工会维护职工合法权益，因途径和手段的不同可以分为宏观维护和微观维护。

宏观维护，是指工会通过参与国家立法和政策的制定，反映职工的意愿和要求，努力使职工的意愿和要求体现在法律条文以及政策之中，使职工的权益上升为合法权益，为工会维护职工合法权益提供法律依据。

微观维护，也就是具体维护，是指工会针对侵犯职工和工会组织合法权益的行为进行协调和参与处理的行为。

从全总和地方各级总工会来说，主要应建立和完善立法参与机制和沟通协调机制，这是宏观维护的主要途径和手段；基层工会则主要是建立和完善以职工代表大会为基本形式的民主管理和民主监督机制，以平等协商和签订集体合同为基本形式的劳动关系协调机制，这是微观维护的主要途径和手段。工会通过平等协商和集体合同制度，协调劳动关系，维护企业职工劳动权益；依照法律规定通过职工代表大会或者其他形式，组织职工参与本单位的民主选举、民主协商、民主决策、民主管理和民主监督等。

二、宏观维护：工会维护职工合法权益应坚持源头参与

作为职工利益的代表者和维护者，工会维护职工合法权益的一个重要方面，就是代表职工参与国家政治、经济、文化和社会事务的管理，从源头上进行维护，新修改的《工会法》对此作出了明确规定，在《工会法》总则第五条规定："工会组织和教育职工依照宪法和法律的规定行使民主权利，发挥国家主人翁的作用，通过各种途径和形式，参与管理国家事务、管理经济和文化事业、管理社会事务；协助人民政府开展工作，维护工人阶级领导的、以工农联盟为基础的人民民主专政的社会主义国家政权。"对工会参与管理国家政治、经济及社会事务的主要形式和途径作出了具体的规定，增加了工会组织的责任，为工会进一步强化源头参与，创造了必要的条件。

根据《工会法》及相关法律法规的规定，工会对国家政治，经济、文化和社会事务的管理进行源头参与主要有以下几个途径：

　　1. 参与国家有关法律法规的制定。新修改的《工会法》第三十四条第一款规定："国家机关在组织起草或者修改直接涉及职工切身利益的法律、法规、规章时，应当听取工会意见。"根据这一规定，中央和地方各级依法享有立法权的国家机关，包括立法机关和行政机关，在制定和修改与职工切身利益密切相关的法律行政法规地方性法规，自治条例和单行条例时，都应该通过各种形式，认真听取工会组织的意见，并把工会的意见作为立法的重要依据之一。

　　2. 参加国民经济和社会发展计划的制定，《工会法》第三十四条第二款明确规定："县级以上各级人民政府制定国民经济和社会发展计划，对涉及职工利益的重大问题，应当听取同级工会的意见。"国民经济和社会发展计划的制定，关系到整个社会的发展，也关系到广大职工群众的根本利益和长远利益。工会理应积极参与国民经济和社会发展计划的制定，反映职工群众的呼声，努力促使国民经济和社会发展计划能充分体现职工群众的利益。

　　3. 参与有关涉及职工切身利益的政策措施的制定，有关就业、工资、劳动安全卫生、社会保险等问题直接涉及职工的经济利益和人身安全，广大职工对这些方面政策和措施的制定和出台都十分关心。《工会法》第三十四条第三款规定："县级以上各级人民政府及其有关部门研究制定劳动就业、工资、劳动安全卫生、社会保险等涉及职工切身利益的政策、措施时，应当吸收同级工会参加研究，听取工会意见。"根据这一规定，各级人民政府及有关部门在修改和制定有关就业、工资、劳动安全卫生、社会保险等方面政策和措施时，应注意会同工会一起进行相关的调查和论证工作，认真听取工会的意见。

　　为保证工会源头参与的落实，《工会法》第三十五条还规定，县级以上地方各级人民政府可以召开会议或者采取适当方式，向同级工会通报政府的重要的工作部署和与工会工作有关的行政措施，研究解决工会反映的职工群众的意见和要求。同时还首次以法律的形式明确了各级人民政府劳动行政部门应当会同同级工会和企业方面代表，建立劳动关系三方协商机制，共同研究解决劳动关系方面的重大问题。这些规定为强化工会的源头参与进一步提供了组织和制度上的保障。

搞好源头参与，是社会主义市场经济条件下工会有效维护职工合法权益的重要途径，也是工会组织的重要职责，各级工会，特别是县以上各级工会领导机关必须高度重视源头参与工作。为此，要加强理论政策、法律的研究，注重深入实际，准确了解、把握广大职工群众的意愿和要求，认真总结推广各地工会参与立法、与政府召开联席会议等方面的成功经验和做法，努力疏通源头参与的渠道，只有这样，我们才能在源头参与中，正确代表并反映职工利益，提高工会参政议政的水平，发挥好工会组织的作用。

三、微观维护：工会维护职工合法权益的重点是维护职工的具体利益

我们通常所讲的维护职工合法权益主要侧重于微观维护，大量涉及的是与广大职工最直接、切身的就业、分配、保障、保护、教育等与劳动关系有关的具体权益。这具体表现为各级工会对侵犯个别职工合法权益行为的协调处理，劳动争议的调解，参加劳动争议案件的仲裁；也包括企业工会参与企业规章制度的制定，进行平等协商和签订集体合同，对企业劳动合同、劳动报酬、劳动场所的劳动卫生条件和劳动保护、民主管理等问题提出意见和建议等。

在现阶段，工会维护职工的具体利益主要是维护好职工的政治权利、经济权利、精神文化权利、发展权利等。

1. 切实维护职工的政治权利

只有维护广大职工的政治权利，才能确保工会工作顺利开展，因而我们在维护职工政治权利时始终将职工作为工人阶级的主体，着力发挥职工在公司建设过程中的职能，参与公司民主管理，使广大职工享有公司各项事务的参与权、知情权和监督权。在维护职工政治权利方面，作为企业工会组织首先应坚持并不断完善职代会制度，从而确保职工的政治权利得到制度上的保障，只要是企业的一切重要变革以及与职工自身利益有关的事

项，必须经过职代会讨论来决定具体的实施方案，从而尽可能地确保企业各项重大决策的有效性以维护职工民主权益。其次，坚持厂务公开制和民主监督制度，将职工所思所想与自身切身利益有关以及容易激发矛盾的热点问题当作厂务公开内容，把企业的运行状态、领导行为以及各项重大事务置于职工的监督之下。最后，还应在日常工作中从空间、时间和形式上不断完善厂务公开制度，充分借助现代网络技术，打造阳光工作，把切实维护广大职工的参与权、知情权和监督权落到实处。

2. 切实维护职工的经济利益

在经济利益方面，首先要建立平等协商、集体合同等机制，并在实践过程中不断完善，以尽可能覆盖全体职工经济利益为宗旨，并充分发挥工会的特殊作用，建立系统完善的职工保险体系。在维护职工权益方面，作为企业的工会组织应规范职工的劳动合同，从源头上杜绝出现劳资纠纷，做到协商平等，结合企业的战略目标和职工需要有针对性地协调和充实并完善劳动合同内容，始终代表职工参与企业的重大决策和重大改革方案的编制，以合理化和科学化的法规政策构筑一道保障职工经济权益的重要防线。在合同签订过程中，既要注重职工所关心的热点和难点问题的解决，又要注重合同条款的落实，并定期对落实情况进行检查，将出现劳资关系纠纷的现象尽可能地扼杀在萌芽状态。其次，要建立畅通的沟通渠道，及时了解职工所思所想，并尽可能地帮助职工解决实际问题，对弱势职工群体，特别是对困难职工的帮扶工作，是工会维权工作的一个重要方面。例如在重大节假日发放慰问金，对困难职工实行帮扶制度，落实广大职工的五险一金等，以培养职工的归属感和忠诚度。要深入了解困难职工和农民工等弱势群体的生活，积极促进下岗职工就业，为大病职工、困难职工申请低保及相关救助。对困难职工和农民工子女上学问题采取有效措施进行扶助，建立困难职工帮扶和维权服务中心，为弱势群体提供常年性的援助和服务，为职工提供法律援助，维护职工合法权益。

3. 切实维护职工的精神文化权益

当前一些企业只注重经济利益而忽视了企业精神文化的建设，职工的精神文化权益被极大地忽视，从而给企业的发展造成重大影响。作为工会组织，必须切实维护职工的精神文化需要，营造和谐的工作环境氛围，结合时代发展特点，充分了解职工的精神文化需求，重新定位基层文化。与此同时，随着全球一体化的时代到来，只有不断提高职工文化技术与素质水平，才能更好地开展工会工作，因而要主动积极配合行政，将自身与职工紧密联系的优势发挥出来，采取多种方式着力提升职工文化技术与素质水平，以尽可能地满足时代发展的需要，开展一系列具有群众性和广泛性特点的经济技术创新活动，调动职工的积极性，从而更好地维护广大职工的长远利益。

4. 切实维护职工的发展权益

随着社会的进步，作为工会组织应引导广大职工充分抓住当前社会背景的大好机会，勤奋学习，努力提高自身综合素质，帮助其全面适应企业发展和技术发展的需要，使职工自身的才能得到充分的发挥和发展，为企业建功立业，同时使自身价值得到体现。职工队伍的素质建设，不仅是企业整体素质的一面镜子，也是工会职工组织最根本的维权内容，同时又是维护职工权益的基础和保障。只有不断提高广大职工自身素质，才能真正维护好职工的劳动权益，才能为最终获得平等发展创造条件。

工会工作任重而道远，作为企业工会组织，只有切实维护职工的合法权益才能体现自身的真正价值，才能提高工会工作质量，成为一道企业与职工之间沟通的桥梁。在日常工会工作中，应加强工会组织的建设，并切实维护职工的政治权利、经济利益和精神文化权益以及发展权益等合法权益，真正发挥工会职能作用，提升工会形象，培养职工对企业的忠诚度和归属感，从而更好地确保企业各项任务顺利、安全、高效地完成，在实现企业战略目标的同时实现企业与职工的和谐发展。

第三节　创新工会工作思路 落实中国特色工会维权观

中国特色社会主义工会维权观强调要坚持维护全国人民总体利益和维护职工合法权益相统一的维权原则，竭诚为职工群众服务的维权宗旨，和谐发展、互利共赢的维权理念，统筹兼顾、突出重点的维权方法，党政主导、工会运作的维权格局，从而明确了工会维权工作的重要原则、根本宗旨、核心理念、途径方式和基本格局，这是对工会维权工作的本质、目的、内涵和要求的总体看法与系统观点的集中反映，全面体现了我们党对工会维权工作的总体要求。

一、"以职工为中心"是工会维权工作的出发点和落脚点

这是以人民为中心的发展思想在工会维权工作中的具体体现，其根本要求就是要坚持工人阶级始终是推动我国先进生产力发展和社会全面进步的根本力量，是社会主义物质、政治、精神、社会、生态文明建设的主力军；就是要以实现职工的全面发展为目标，不断满足广大职工日益增长的美好生活需要，切实保障职工群众的合法权益，让改革发展的成果惠及全体职工；就是要把职工群众的利益作为工会一切工作的出发点和落脚点，一切为了职工，一切依靠职工，一切服务职工。

二、主动、依法、科学维权

主动维权，就是要增强责任意识，有超前的预见和积极的作为，主动了解职工群众的实际困难和问题，反映诉求、化解矛盾，变事后介入的被动维护为提前参与和主动维护，更好地动员和引导广大职工积极支持、参与改革，在改革涉及的利益关系调整中，建立健全维权机制，落实维权措

施，取得维权实效。

依法维权，就是要增强法制观念，善于运用法律手段和途径，通过合法的途径和方式，依法规范维权行为，更好地适应社会经济关系和劳动关系的深刻变化，从源头上积极参与国家和社会事务的管理，参与涉及职工利益的法律法规和政策措施的研究制定，建立和完善维护职工合法权益的有效机制和制度，发展和谐劳动关系，维护职工切身利益。

科学维权，就是要把握工会维权的国情和时代特点，掌握规律性，用科学理论来指导，用科学态度来协调，用科学方法来推进，更好地做到推进改革开放、促进企业发展和实现职工利益相统一，做到职工利益实现与经济和社会发展的水平相适应，把维权工作贯穿于推动改革、促进发展、积极参与、大力帮扶的全过程，使工会维权工作沿着正确的方向不断前进。

坚持中国特色社会主义工会维权观，要进一步做好基层工会"建家"工作。工会是社会经济矛盾的产物。职工要求参加工会的最根本目的就是他们需要有一个自己的组织来保护、维护自身的权益。作为人民团体组织，在协调社会经济矛盾，尤其是协调劳动关系矛盾中，起着政府等机关不可替代的作用。工会要认真研究新问题，协调解决新矛盾，把握工作重点，维护职工的合法权益，才能取得广大职工群众的信任和支持。确切地说，新的形势，为维护和保障职工合法权益提供了良好的机遇和条件；新的方向，将引导工会职工之家建设，按照"履职、维权"的第一职责，以及全面建设"有为、法制、活力、温馨"的要求，把职工之家建设成组织、引导、服务、维护职工合法权益的主要阵地。这一职责要求，赋予了企业职工之家的政治使命。

三、创新工会工作思路，发挥工会组织优势，保障职工合法权益

(一) 抓好工会干部的思想政治教育，同时为职工搭建学习创新平台

在不断深化改革的进程当中，需要增强对工会干部的思想政治素养，将工会干部思想政治教育工作不断端正，才可以实现工会为职工务实事、解难事的保障职工自身利益的目的。工会干部要对自己在日常工作当中出

现的不足进行深刻反思，不断进行创新发展，工作当中坚持思想工作以及实践工作一起抓的工作原则，深入基层，倾听广大职工的声音，将职工普遍反映出来的问题努力解决，积极引导干部群众，发挥带领好干部群众，一同为社会主义现代化建设的事业作出贡献。工会组织中的党员干部在实践摸索的过程中，要深化认识创新，在创新当中谋取发展，从多角度、多方面认识工会思想政治教育的工作。

同时，工会组织要帮助职工实现成才梦，要发挥 "工会大学校" 的作用对职工实施技能培训，让每一名职工都有一份技能，占一席之地。工会组织要重视人才培养，要为职工解决成才方面的各种难题，通过组织职工广泛参与各种活动使职工在活动中学知识、长本领、展才华，引导职工干好本职工作，鼓励职工参与到科技创新中去，在岗位上发挥自己的价值。工会组织要善于外请理论专家到企事业单位讲职业道德、企业文化、文明建设，请技术专家讲安全生产、技术创新、科学成果，不断提升职工的综合素质。组织企事业单位定期开展职工论坛，让职工在讨论交流过程中有新认识、新看法、新观点、新技术、新成果。工会要善于组织技能竞赛，开展个人与岗位有效结合的技能比拼，使职工在技术实战中不断提升技术水平。同时要通过技能比拼不断发现人才。要善于创立职工创新工作室，立项创新课题，让职工刻苦钻研的新技术、新成果得以实施应用到生产当中，不断提升职工的技术水平。

（二）深入群众，贴近职工，善于发挥主观能动性

工会组织要密切与职工群众的联系，切实做到对企事业单位劳动关系、职工生活状况、困难原因、职工需求等情况了如指掌。特别是对困难职工做到 "三个掌握"。

一是掌握职工思想状况。工会党员干部要深入一线，深入家庭，深入职工，通过家访谈心，座谈调研等方式，与职工群众交朋友，耐心倾听他们的意见、愿望、呼声和要求，及时掌握困难职工家庭及个人的思想脉搏，有的放矢地做好思想政治工作。

二是掌握职工需求。工会是职工利益的代表者和维护者，工会应走出来，沉下去，面向基层，面向职工，主动了解与职工权益实现相关的问

题，准确、全面把握职工需求。真正做到了解民情、体察民意、集中民智、凝聚民心，想职工所想，急职工所急，谋职工所需，千方百计为职工多办好事、办实事，解难题，从而赢得职工的充分信赖，更好地表达和维护职工群众的具体利益。

三是掌握困难职工情况。经常深入困难职工家庭，及时了解职工存在的困难，详细掌握第一手资料，建立困难职工档案，做到底数清、情况明。

（三）尊重法律、依法维权是当前工会工作的重要方式

公有制实现形式的多样化发展使得企业内部各种利益冲突不断，而法治社会的不断发展和完善为解决这些冲突提供了保障。新时代，尊重法律、依法维权是当前工会工作的重要方式。新修改的《工会法》以法律形式进一步明确了工会的权利和职责，是工会维护职工合法权益的法律保证。而随着《劳动法》《劳动合同法》《劳动争议调解仲裁法》等劳动法律法规的不断出台，使工会维权有了更多的法律支持和有利条件，推动法律法规的贯彻落实也成为工会维权工作的重中之重。因此，工会在处理各种错综复杂的利益关系和劳动关系的矛盾中，必须结合实际，因地制宜，建立相应的机制，制定切实可行的措施，从程序上、整体上维护职工的合法权益。

要依照《工会法》等法律法规依法维护职工当家作主的政治权利，保证广大职工群众行使管理政治和社会事务的权利，通过大胆创新、努力探索职代会等与企业职工民主管理相适应的方式方法，更好更切实落实法律赋予职工的民主权利；要依照《工会法》《劳动法》等法律法规维护职工的经济利益，通过不断调整劳资关系，建立健全集体合同、劳动合同和平等协调的制度，加强制度的落实和完善，努力提高制度约束力。

（四）要建立健全科学有效的职工维权机制

建立健全职工权益维护的有效的制度，切实履行维护基本职能和加强民主管理、履行民主权利。首先就是要积极推行平等协商和集体合同的制度。它是指由职工中的协商谈判代表在收集职工意见的基础上，特别是有关职工的工资、劳动、生活福利等方面的问题通过协商和企业达成共识的。其次要完善职代会的民主管理制度。职代会制度依照法律享有对企事

业单位的决策进行评审、对行政领导进行监督测评、对职工合法权益给予维护等权利，作为企事业单位制度的有机组成部分，其在企事业单位运行中发挥着积极的不可替代作用。最后要不断完善厂务公开制度。这项制度通过使企事业单位党委、纪委、工会、行政各责任体系联系起来，实行组织领导、行政自我、职工群众、工会把关"四个监督"到位，并要通过各种形式和渠道，将研究的内容向全体职工群众进行传达、公布，征求意见、建议。达到真正确保信息公开、职企互爱互谅的目的。这三项制度的建立与完善是维护企业职工合法权益的重要载体。

（五）要善于选树先进典型，构建和谐企业

职工是企业的主体，构建和谐企业离不开职工的参与，高素质的职工队伍更是和谐企业构建的根本保证。作为职工的代言人，工会有一定的群众基础，能团结一切可团结的力量，有效调动职工的创造性和主动性。要实现企事业单位的发展，工会就要充分发挥自身优势，在企事业单位管理层与职工之间铺设一条"想干事、能干事、干成事、干好事"的通道，让职工在生产经营中发挥所长，为事业发展贡献力量。与此同时，企事业单位还要进行必要的典型宣传，在生产经营中选树先进，鼓舞新风正气，激发职工的荣誉感，催生职工的上进心，把干工作的"内在激情"激发出来。工会要充分利用各种宣传形式，深入各个岗位，对那些有着吃苦奉献精神的先进人物和典型事迹进行重点宣传，并给予适当奖励，营造出当先进、爱先进的浓厚氛围。

总之，基层工会在企事业单位工作思路中的创新，对企事业单位的稳定发展起到了重要作用。在具体实践中，实现企事业单位工会工作思路的创新，对于单位和劳动者的和谐发展具有重大的意义和作用。

 【案例1】

建设职工之家聚人心，维护职工权益促和谐
——××公路站工会创建模范职工之家纪实

××市公路管理站现有职工41人，会员总数41人，职工入会率达100%。工会委员会由5人组成，有5个工会小组，拥有职工健身活动中心

200平方米、职工图书阅览室60平方米、廉政教育课堂30平方米。近年来，该站工会坚持把建设职工之家作为重要抓手，突出职工是"家"的主体地位，坚持"建家"为职工，依靠职工"建家"，坚持常抓不懈，与时俱进，开拓创新，全面履行职能，突出民主管理、全员参与和以人民为中心的工作特色，充分发挥工会桥梁和纽带的作用。该站工会"职工之家"被市总工会表彰为模范职工之家，并推荐申报省模范"职工之家"，有力地促进了各项工作的开展。该站的主要做法如下。

一、加强民主管理，建设"维权之家"

职工是企业的主人，是物质文明和精神文明的创造者和建设者。该站工会坚持将政务公开制度和民主理财制度作为职工民主管理的一项重要内容来抓，专门成立了由站"一把手"任组长、由各股室负责人及职工代表组成的站务公开工作领导小组，充分利用职代会和民主评议等有效载体，发挥工会的监督作用。该站制订了《站务公开实施细则》，对重大决策、干部任免、竞聘上岗、困难补助、福利分配等方面实行公开化，让职工知站情、议站事、求站兴。该站还规定物资采购采取"先申报、后置办"的原则，实行集体采购，阳光操作，所有采购的物资定期进行公示，以公开栏为主，辅之以职工大会、网络等形式发布物资采购价格、数量、金额等所有应该公开的信息，广开言路、集思广益，做到让全体职工知情、议事、监督。

二、提高职工素质，建设"学习之家"

站工会充分发挥职工的积极性、创造性，切实把加强学习作为进一步提高职工综合素质、打造和谐团队的有效载体。2021年年初，工会根据职工的需求，投入资金4万多元，购置了品种丰富齐全的正版图书4000册，包括政治、哲学、社会学、法律、军事、经济、地理、文化、科学、教育、体育、语言、文学、艺术、历史、地理、自然科学、医学卫生、公路交通等19大类，图书内容健康，主题思想正确，有很强的教育性、思想性、知识性、可读性。同时还为图书室购置了电脑、图书借阅软件、阅览桌等，为职工创造了一个良好的学习硬件环境。工会主要从以下三个方面鼓励职工加强学习，提高综合素质。

一是加强理论学习。站工会充分运用图书阅览室、简报、网站等阵地深入学习习近平新时代中国特色社会主义思想，进一步强化职工的政治和责任意识，始终坚持"五个一"学习制度，即"一日一读""一周一学""一月一篇""一季一比""一年一评"，加强理论学习，提高理论水平。

二是加强继续教育、业务培训。工会鼓励职工积极参加形式多样的继续教育、学历教育和业余培训学习。近年来，有9名同志先后取得函授本科学历，有15名同志取得助理以上专业技术职称，有40多人次参加了路政、建设养护、农路管理等各类业务学习，进一步提高了职工的业务技能，为公路事业的持续健康发展提供了坚强的人才保证。

三是开展"我身边的标兵"征文、演讲活动。为了弘扬在公路发展进程中形成的敬业、爱岗、创新、奉献精神，工会开展了"我身边的标兵"征文、演讲活动，得到了市处、市局领导的充分肯定，进一步弘扬了正气，树立了先进，鼓舞了干劲。

三、开展文体活动，建设"文化之家"

用丰富多彩的工会活动增强职工的凝聚力、向心力，建设公路职工文化之家，是公路站工会加强精神文明建设的有效途径。近两年，站工会重点加强了硬件建设，并开展了一系列活动。

一是加强硬件建设。公路站正式搬到新办公楼后，办公环境得到了明显的改善。工会紧紧抓住契机，以规范化建设为切入点，因地制宜，从实际出发，投入近6万元，建设了近200平方米的职工健身房。工会在办公楼西大厅设置了室内羽毛球场地，购买了1张乒乓球桌、1张康乐球桌、1台跑步机、3台健身车、1台综合健身器、1套哑铃等健身器材。还在办公楼后侧建设了1个室外篮球场，在健身房东北侧设置了1间棋牌室，为职工创造了一个良好的健身休闲环境。

二是开展丰富多彩的文体活动。根据职工的意愿，工会充分利用每月一次的工会活动，积极开展文体活动。每逢元旦、"五一"、国庆等重大节日都组织开展职工喜闻乐见、对职工健康有益的文娱、体育活动，丰富了职工业余文化生活，增强了职工的认同感、责任感、使命感、荣誉感。在"五一"前夕，工会开展了迎"五一"文体竞赛活动，比赛项目包括乒乓球、羽毛球、康乐球、扑克。全站有 29 名同志参加了比赛，工会对 12 名获奖的同志进行了颁奖，发放奖品和证书。通过开展各种各样的体育比赛，职工既锻炼了身体，又培养了顽强拼搏的精神，还增强了主人翁意识。

三是开展才艺庆祝活动。在"三八"、"五四"、国庆等重大节日里，工会还结合实际情况组织职工进行才艺展示，如歌咏比赛等。职工在这些活动中身心得到了放松，才艺得到了展示，职工之间的关系也更为和谐了。

四、坚持以职工为中心，建设"和谐之家"

站工会本着以职工为中心的工作理念，强化服务意识，积极为职工营造和谐的工作、生活氛围。工会时刻牢记职工利益无小事，把坚持为职工办好事、办实事作为工会工作的出发点和落脚点，满腔热情地帮助他们解决实际困难，关心他们的疾苦、倾听他们的呼声，采取有效措施，把好事办实，把实事办好，把关心人、理解人、帮助人真正落实到了实处。每当职工过生日，工会总会送上一句温馨的祝福和一个生日蛋糕；为了使职工全身心地投入工作，工会在工作日为每位职工提供午饭，让他们体会到"家"的温暖；工会积极开展"送温暖"活动，对于生病住院的职工，工会做到第一时间知情，第一时间到医院探望，送去职工之家的温暖；职工直系亲属病故，工会也是第一时间送去花篮和工会组织的慰问，并最大限度地帮助职工解决一些实际困难；职工结婚、生小孩，工会也都前去祝贺、探望；工会还每年组织职工进行体检；在春节、重阳节等节日，工会对退休职工送去最真挚的问候，并送去慰问金，帮助他们解决实际困难。

站工会在站党总支和上级工会的正确领导下，紧密依靠广大职工群众，抓住职工之家创建这个重点，全心全意为职工服务，为公路事业发展服务，发挥了工会的桥梁和纽带作用，全面推进了站各项工作的蓬勃开展。我们坚信，通过全站职工的共同努力，××公路站工会将更加充满活力，职工之家将建设得更加和谐、温馨！

【案例2】

××总工会"建会、建制、建家"行动实施方案（范例）

为加强基层工会规范化建设，以强基层、补短板、增活力为主题，以建设职工之家活动为载体，以健全组织、提高质量、增强活力、发挥作用为重点，充分发挥职工之家建设的载体作用，突出工作重点、完善工作机制、提高工作绩效，深入推进"建会、建制、建家"行动。

一、"建会"行动

一是建立组织档案，夯实组织数据。县总工会把夯实组织数据作为今年的一项重点工作，统一制作了"××县基层工会组织建设情况登记表""××县工会会员实名制登记表""××县基层工会干部配备情况登记表""××县基层工会组织建设情况汇总表"，要求各镇（区）工委以县总工会提供的非公企业信息为重点对所辖区域内基层工会组织建设情况进行全面核查，摸清底数，挤掉水分，夯实基础数据。

二是以"组建月"为抓手，有效扩大覆盖面。以开发区（园区）、建筑项目、物业管理、物流（快递）、餐饮住宿、家庭服务、农业专业合作组织等七个领域为重点，创新建会模式，扩大组织和工作覆盖面，探索以多种方式构建纵横交织的网络化组织体系。县总工会将在6月、7月两个月时间里，在全县组织开展"工会组建月"活动。年内新建县以下行业工会3家，力争达到5家。全县各类法人单位建会率、职工入会率动态保持在90%以上。

三是推进"双措并举，二次覆盖"，提升"建会"质量。加强25人以下单位"建会"。创新工会组建模式，通过一条街、一座楼、一个市场，建立联合工会，推动小微企业"建会"。通过建立区域性、行业性工会联合会，对小微企业工会进行"二次覆盖"。各镇（区）工委要培养1—2个"联合基层工会"或"工会联合会"的示范典型。

二、"建制"行动

一是加强规范设置。各级工会要按照"六有"要求，在机构设置、人员编制、主席配置、队伍建设、场地、牌子、印章、工作台账、经费等方面规范建设。各基层工会要确保工会委员会、经费审查委员会和女职工委员会机构健全。对届满的基层工会要及时发放"××县基层工会委员会换届通知单",并按照《中国工会章程》规范换届程序。

二是建立健全工作制度。根据《工会法》和《中国工会章程》的有关规定,紧扣围绕工会维权、建设、参与、教育四大职能,建立一系列的工作制度,推动基层工会普遍建立健全会员(代表)大会制度、职工(代表)大会制度、企务公开制度、会务公开制度、民主选举制度、集体协商制度、经费审查制度、女职工工作制度、会员评家制度、工会组织制度、维权帮扶制度等。

三是加强工会干部培训。坚持分类培训、分层负责的培训工作机制,结合自己的实际情况,制定工作计划,落实工作任务。做好新任职工会主席、非公企业工会干部的普遍轮训工作。

三、"建家"行动

一是强化部门联动,彰显维权服务作为。按照"六有"标准,把"建会、建制、建档、建站、建家"的一体化部署落到实处,全面彰显年度重点工作依法维权、劳动竞赛、民主管理、帮扶救助、提升素质等各项履职效能。在发挥自身优势、恪守各自职责的基础上,改进和完善工会各项工作体制、机制和方式,发挥工会工作的整体功能,做到多方参与、整体联动、合力共建。

二是以建设职工之家为主要载体,切实增强基层工会活力。深入开展职工之家建设,将"建家"活动向各类基层工会拓展,同时将镇(区)工会、村(社区)工会、工会联合会纳入"建家"范围。探索推进行业性、区域性联合职工之家建设。坚持把家建在适应新形势、新任务的基础上,不断创新新形势下的"建家"内容,坚持以会员是否满意为标准,在"建家"的形式、内容、实效等方面取得新的进展。

三是以创建模范职工之家为引领,开展争先创优竞赛。按照"争创模范职工之家,争当优秀工会干部"活动的标准和要求,开展模范职工之家、优秀工会干部的创建申报活动,培树过得硬、叫得响、推得上的新典型。对照"××县基层工会考核验收细则评分表",在自查的基础上,向县总提出书面验收申请,由县总工会组织检查、验收。

第五章

基层工会"建家"提高职工素质

　　随着新一轮科技革命和产业变革深入发展，特别是随着数字经济、共享经济等新业态蓬勃兴起，知识更新更加迅速，学习必将伴随职工的职业生涯。工会要加大职工教育培训的参与管理力度，紧紧围绕"发展"这个第一要务，维护好职工的学习权、发展权，不断创新教育培训活动载体，促进和帮助职工成才。因此，工会"建家"工作的一项重要任务就是帮助职工树立正确的理想信念，推动职工知识化进程，提高职工整体素质，助推企业健康发展。

第一节　职工素质工程的指导思想及目标任务

一、职工素质工程的指导思想

根据全国总工会《关于全面实施职工素质建设工程的意见》和《全国职工素质建设工程五年规划（2021—2025 年）》的部署要求，职工素质建设工程的指导思想是：坚持以习近平新时代中国特色社会主义思想为指导，全面贯彻党的二十大精神，深入贯彻习近平总书记关于工人阶级和工会工作的重要论述，围绕巩固党的执政基础、推进产业工人队伍建设改革，把提高职工队伍整体素质作为一项战略任务抓紧抓好，为劳动者成才创造良好条件，形成推进文化强国、教育强国、人才强国、体育强国、健康中国建设的强大力量，为实现"十四五"规划和二〇三五年远景目标、夺取全面建设社会主义现代化国家新胜利作贡献。

二、职工素质工程的基本任务

到 2025 年，习近平新时代中国特色社会主义思想更加深入人心，广大职工践行社会主义核心价值观的自觉性不断加强，终身学习支撑保障更加有力，技能培训体系更加健全，教育培训效果更加显著，思想道德、科学文化、技术技能、民主法治、健康安全、社会文明素质明显提高，造就一支有理想守信念、懂技术会创新、敢担当讲奉献的宏大产业工人队伍。

——加强思想道德素质建设，增强"四个意识"、坚定"四个自信"、做到"两个维护"。始终把学习贯彻习近平新时代中国特色社会主义思想作为首要政治任务，落实《中国共产党宣传工作条例》《新时代公民道德建设实施纲要》《新时代爱国主义教育实施纲要》，落实加强和改进新时代产业工人队伍思想政治工作要求，打牢广大职工团结奋斗的共同思想基础，引领职工坚定不移听党话、矢志不渝跟党走。

——加强科学文化素质建设，提升职工队伍知识化水平。实施全民科学素质行动，弘扬科学精神，增加职工提升学历层次、科学文化素养和从业能力的机会与途径。引导职工养成善于学习、勤于思考的习惯，实现学以养德、学以增智、学以致用。每年帮助 30 万职工特别是农民工提升学历水平。

——加强技术技能素质建设，促进优秀技术工人脱颖而出。贯彻尊重劳动、尊重知识、尊重人才、尊重创造方针，推动落实《关于推行终身职业技能培训制度的意见》《关于提高技术工人待遇的意见》，激励更多劳动者特别是青年人走技能成才、技能报国之路，培养更多高技能人才和大国工匠。每年帮助 60 万职工提升技能等级。

——加强民主法治素质建设，提高职工守法自觉和维权能力。完善工会维权服务工作体系，加强新就业形态群体权益保障，推动健全保障职工主人翁地位的各项制度安排。提高职工权益保护法律法规知识知晓率。

——加强健康安全素质建设，促进安全生产和体面劳动。传播普及健康理念和传染病防控知识，促进群众性安全生产和职业病防治工作，增强职工安全生产、健康生活以及应对突发公共卫生事件的素养和能力。

——加强社会文明素质建设，培育健康文明、昂扬向上、全员参与的职工文化。落实《关于新时代文明实践志愿服务机制建设的实施方案》，深化群众性精神文明创建活动，推动广大职工形成适应新时代要求的思想观念、精神风貌、文明风尚、行为规范。

第二节　如何实施职工素质工程

一、主要措施

（一）思想道德素质建设方面

1. 强化理论武装。紧密结合职工生产生活实际，运用传播领域新技术新手段，开展多形式、分层次、广覆盖的习近平新时代中国特色社会主义思想学习宣传教育。通过理论宣讲、演讲比赛、知识竞赛等方式，用职工群众听得懂、听得进的语言，把党的创新理论讲透彻、讲鲜活。建立健全企业班组常态化学习制度，用"小故事"讲"大道理"，推动习近平新时代中国特色社会主义思想进基层、进企业、进车间、进头脑。

2. 突出理想信念教育。深化中国特色社会主义和"中国梦·劳动美""网聚职工正能量争做中国好网民"等主题宣传教育活动，壮大网络思政教育力量，推动形势任务、理想信念教育常态化制度化。充分利用重大事件纪念活动、爱国主义教育基地、国家公祭仪式等开展爱国主义、集体主义、社会主义教育，加强对职工思想引领。

3. 加强道德修养。坚持以社会主义核心价值观为引领，结合传统节日、重大节庆，传承勤俭节约、艰苦奋斗等中华民族传统美德，动员职工广泛参与以职业道德建设为重点的"四德"建设，加强家庭、家教、家风建设。开展以劳动创造幸福为主题的宣传教育，选树宣传劳动模范、大国工匠、最美职工，组织"大国工匠进校园""劳模进校园"活动，弘扬劳模精神、劳动精神、工匠精神。

（二）科学文化素质建设方面

1. 传播科学思想。充分利用工会媒体，结合科普日、科技周、健康中国行等活动，发挥职工技协作用，开展形式多样的主题科普活动，宣传科学发展观，宣传创新、协调、绿色、开放、共享的新发展理念，宣传节约资源、保护生态、改善环境等知识和观念。倡导科学方法，提升科学素养，抵制愚昧落后。

2. 践行终身学习理念。推动完善现代职业教育制度，促进学历、非学历教育与职业培训衔接互认。利用现有资源及资源服务平台，搭建职工优质网络学习资源公共服务平台，建立网络课程、视频公开课、微课等多种类型的网络资源开放目录，发展在线教育和远程教育。

3. 鼓励职工提升学历。深化农民工"求学圆梦行动"，资助奖励更多职工实现学历与能力双提升。结合高职院校扩招，引导工会系统职工教育培训阵地积极参与。鼓励教育机构为职工提供网上报名、学习、考试、补贴申领等优质便捷的入学和学习方式。

(三) 技术技能素质建设方面

1. 广泛开展岗位练兵和技能竞赛。围绕"十四五"时期国家重大战略、重大工程、重大项目、重点产业,组织职工广泛深入持久开展各种形式的劳动和技能竞赛。健全完善劳动和技能竞赛机制体系,推动竞赛在促进区域联动、体现产业特色、丰富载体内容、加强机制建设等方面实现新突破,取得新进展。组织职工积极参与"五小"等群众性经济技术创新活动。

2. 落实终身职业技能培训制度。推动各级工会整合培训资源,把学历教育、技能提升、就业培训统一起来,为产业工人提供普惠性、均等化的职业技能培训。实施"互联网+职业技能培训计划",加强工匠学院、线下培训基地建设,丰富培训形式内容,为职工技能鉴定考试、职业生涯规划提供咨询服务。

3. 促进形成尊重技能的社会风尚。推进高技能人才待遇、技能要素参与分配等纳入工资集体协商范围,推动完善和落实技术工人培养、使用、评价、考核机制,支持劳模和工匠人才(职工)创新工作室创建活动,打造大国工匠品牌,在全国劳模、全国五一劳动奖等评选中注重选树高技能产业工人。

(四) 民主法治素质建设方面

1. 加大普法力度。开展"宪法宣传周""法治宣传周"等各种形式的法律宣传活动,重点宣传《宪法》《民法典》《工会法》《劳动法》《劳动合同法》《妇女权益保障法》等法律法规。加强普法宣讲团建设,注重以案释法,坚持送法下基层、进企业。

2. 扩大法律服务覆盖面。贯彻落实总体国家安全观,完善工会维权服务体系,加强对被拖欠工资农民工的法律援助和生活救助。开展"尊法守法·携手筑梦"服务农民工公益法律服务行动,推动建立健全劳动争议协商解决机制、企业劳动争议调解委员会和行业性、区域性调解组织。建设工会法律服务网上平台,组织开展网上法律服务工作。

3. 组织职工参与民主管理和集体协商工作。健全以职工代表大会为基本形式的企业民主管理制度体系，推进厂务公开制度化、规范化，完善职工董事、职工监事制度。围绕就业培训、工资收入、劳动保护、休息休假、考核奖惩、职工福利费和教育经费使用等劳动关系重要问题开展协商协调。开展形式多样的职工代表提案征集活动，丰富职工民主参与形式。

（五）健康安全素质建设方面

1. 开展职业安全健康教育。聚焦重点行业、重点项目、重点人群，加强安全教育培训，围绕安全生产薄弱环节，加大重点行业领域开展"安康杯"竞赛活动力度。

2. 提升健康教育质量。灵活运用各类媒体，通过健康讲堂、讲座等形式，普及传染病防治科学知识，传播公共卫生健康知识，开展增强忧患意识、防范化解重大突发公共卫生风险宣传教育。推广建立企业"心理驿站"，加大对职工的人文关怀，帮助职工缓解心理压力。

3. 推动工会劳动保护工作创新发展。积极参与国家安全生产巡查考核和特别重大生产安全事故调查处理工作。发挥工会劳动保护监督检查员和特聘煤矿群众监督员作用，通过集体协商、职工代表大会等途径，督促用人单位按照《工会法》《安全生产法》《职业病防治法》等法规政策要求，落实劳动保护主体责任。

（六）社会文明素质建设方面

1. 打造职工志愿服务品牌。推进以"农民工平安返乡""关爱困难职工"等为主题的"送温暖"职工志愿服务，拓展职工志愿服务内容，推动岗位学雷锋活动覆盖各行各业。发挥产业工会作用，常态化开展以文明礼仪知识普及、法律宣传、普通话推广、扶贫助困、教育医疗服务等为主要内容的职工志愿服务活动，引导职工积极参与文明企业、文明车间、文明班组等群众性精神文明创建活动。

2. 推进职工文化建设。贯彻落实《关于加强新时代职工文化建设的指导意见》，以"五一"特别节目、"中国梦·劳动美"文化活动等为载体，推动特色鲜明、思想性艺术性俱佳的职工文化品牌和精品不断涌现。发挥各类职工文化体育阵地和职工文艺团体作用，传播传承弘扬中华优秀传统文化、革命文化、社会主义先进文化。开展形式多样的线上线下阅读学习活动和"文化送温暖"活动，发展积极健康的工会网络文化。

二、组织保障

（一）加强组织领导

各级工会要把提升职工素质作为推进产业工人队伍建设改革的重要任务，结合本地区工作实际，制定实施方案。要强化责任担当，突出工作重点，加强调查研究，统筹力量、科学规划，加强规划实施的协调指导，杜绝形式主义。

（二）保障经费投入

建立多元化的经费投入体系。县级以上工会本级经费收支预算中，根据年度任务安排，给予职工素质建设工程经费保障。引导企业履行好自身职责，加大教育培训投入力度，督促企业按规定足额提取并用好职工教育经费。广泛吸纳社会资金，拓宽培训经费筹资渠道。

（三）丰富学习平台

充分发挥工会报刊、网站、职工学校和工人文化宫（俱乐部）、职工教育培训基地、职工书屋等宣传教育阵地作用。积极运用APP、短视频、微信等移动新媒体，推进"互联网+职工素质建设工程"模式，搭建职工在线学习平台，发展在线教育，为职工终身学习提供便利条件。

（四）营造舆论氛围

坚持典型引路，不断完善推进职工素质建设工程的工作机制，推动职工素质提升活动常态化、长效化。充分运用报刊、广播、电视等传统媒体和网站、"两微一端"等新媒体平台作用，组织形式多样的宣传活动，传播知识，讲好故事，营造劳动光荣、技能宝贵、创造伟大的社会氛围。

第三节 工会在提升职工素质工程中的作用

企业要发展，人才是关键，素质是基础。培养和造就高素质职工队伍，不仅关系到职工全面发展，更关系到企业竞争力和综合国力的提升，同时也是保持和发展工人阶级先进性的关键所在。因此，工会要把大力推进职工素质提升工程、努力培养高素质的职工队伍，作为适应新时代新要求的一项长期战略任务。

一、加强对职工的思想引领，提升职工政治素质

坚持以社会主义核心价值观引领职工，深化"中国梦·劳动美"主题宣传教育，大力弘扬伟大民族精神和中华优秀传统文化，加强以职业道德为重点的"四德"建设（职业道德、社会公德、家庭美德、个人品德），教育引导广大职工始终在本职岗位上勤勤恳恳、兢兢业业、任劳任怨，做到"干一行、爱一行，钻一行、精一行"，培育担当民族复兴大任的时代新人。加强宪法学习宣传教育，弘扬宪法精神，维护宪法法律权威。创新思想政治工作方式方法，采取编发教育材料、开展座谈会等多种形式，加强职工思想教育。健全完善青年员工培训长效机制，引导教育职工自觉做到学技术、钻业务，促进职工技能素质的提高。充分运用职工喜欢和熟悉的时尚元素、话语体系，加快工会传统媒体与新媒体融合发展，提高思想引领水平，掌握工会意识形态工作主导权。加强职工文化建设，深化群众性精神文明创建活动，发挥工会报刊、出版社、"职工书屋"、职工文艺舞台等文化阵地作用，多提供思想精深、制作精良的文化产品，形成健康文明、昂扬向上的职工文化。

二、扎实推进产业工人队伍建设改革

各级工会要聚焦政治上保证、制度上落实、素质上提高、权益上维护

总要求，采取有力举措，创新平台手段，加快建设一支知识型、技能型、创新型产业工人队伍，为创新发展、转型发展提供动力源泉。要加强对产业工人的思想政治引领，加大技能培训力度，积极组织开展技能大赛，优化评价激励机制，不断增强产业工人队伍建设改革的针对性、主动性和实效性。推动实施符合技术工人特点的分配制度和长效激励机制，实行多劳者多得、技高者多得，加快职工科技创新成果转化，提升产业工人的政治待遇、经济待遇、社会待遇。大规模开展职业技能培训，提升培训的针对性、有效性。积极履行工会牵头职责，加强统筹协调、分类指导、督促检查，压紧压实改革责任，推进政策衔接和落地。

三、不断创新培训载体，促进和帮助职工成才

随着市场经济的发展和职工队伍、劳动关系的不断变化，对工会工作提出了新的任务与挑战，对工会推进职工素质工程也提出了新的更高的要求。如何应对面临的新情况、新问题？首先，工会要学会积极主动地适应形势任务的变化，增强工作的针对性和实效性；其次，要根据企业不同岗位、不同层次职工需求，切实开展职工素质教育培训、岗位练兵和技术比武等活动；最后，把素质提升工作与企业文化建设紧密结合起来，通过组织开展形式多样的各类文化、体育活动，组织兴趣相同的职工开展专题小组活动等形式，弘扬企业精神，陶冶职工情操，展示广大职工岗位奉献、勇于进取的主人翁风貌，真正把工会职工素质提升工程这个品牌做实、做精。

四、营造劳动光荣的社会风尚和精益求精的敬业风气

加大劳模和工匠人才创新工作室创建力度，深化新时代工匠学院建设。创新劳模培养选树和管理服务工作，推动落实劳模政策，加强劳模教育培训，为劳模成长搭建平台、创造条件，做到政治上信任、工作上支持、生活上关心。弘扬劳模精神，就是要激发广大职工的劳动热情和创造活力，为基层一线广大职工搭建展现聪明才智、实现自我价值、提高工作业绩的广阔舞台。要持续开展学习宣传先进模范和大国工匠系列活动，广

泛宣传劳模和大国工匠先进事迹，厚植工匠文化，大力弘扬劳模精神、劳动精神、工匠精神，让诚实劳动、勤勉工作蔚然成风。中华民族伟大复兴的中国梦，需要靠辛勤的劳动创造，靠奋斗精神引领，要始终崇尚劳动。弘扬劳模精神、劳动精神、工匠精神，就是要脚踏实地，兢兢业业，追求卓越；就是要干一行爱一行，专一行精一行，立足平凡的工作岗位干出不平凡的业绩，用劳动成果展现自我价值，用实干精神为党和人民的事业贡献力量。

五、不断强化源头参与，完善高技能人才队伍发展环境

职工素质提升是一项涉及社会和民生的系统工程，是工会服务职工的职责所在、主业所在，工会要不断强化主业主责意识，主动进位，主动作为，要积极参与党委、政府和有关部门对技能人才培养、使用、管理等相关政策的制定，积极呼吁为技能人才队伍建设提供政策性制度保证；要借助指导企业开展工资集体协商平台，把职工的技能素质提升激励机制以及经费投入和使用等条款写进集体合同，引导企业营造激励技能人才、创新人才成长环境，让职工学习技术有动力、掌握技术有激情、发挥技术有干劲，真切地感到有技术和没技术的区别，大力营造有技术就是光荣、有技术就是财富，当金牌蓝领、技术工人就是"香饽饽"的氛围，真正把职工素质提升工作做出成效，让企业和职工双赢。

【案例1】

酒泉市总工会：提升职工素质　助力经济高质量发展

2022 年 11 月 18 日　　来源：酒泉市总工会

党的二十大报告指出，教育、科技、人才是全面建设社会主义现代化国家的基础性、战略性支撑。必须坚持科技是第一生产力，人才是第一资源，创新是第一动力。近年来，酒泉市总工会坚持以习近平新时代中国特色社会主义思想为指导，以产业工人队伍建设改革为主线，深入推进职工劳动技能竞赛，积极引导职工技术创新，不断提升广大职工的业务技能和综合素质，为全市经济高质量发展提供强有力的人才智力支撑。

强基赋能提素质

大力开展职工技能培训

为激励广大职工不断学习新知识、钻研新技术、掌握新技能，市总工会以提升职工素质能力为抓手，逐步推动技能培训向中小微企业、非公企业、车间班组延伸，向新技术新业态新模式领域拓展。市总工会结合实际，积极协调人社部门、技术院校、龙头企业、行业协会等资源优势，实施职业技能提升行动，加大职业技能培训力度。推进建立了以培养技能人才为主线，以大型企业、职业院校、专业培训机构为依托，以就业技能培训、岗位技能提升培训和创业培训为主要形式的职业技能培训体系，推行终身职业技能培训制度。五年来，市总工会开展职业技能培训3万人次，新型学徒制培训200人次，培训技能型人才6000人次，累计有1.7万名职工通过培训晋升等级。同时，积极搭建培训载体，创新培训方式，充分发挥"互联网+"的作用，激励促进产业工人开展思想交流和网上练兵。

练功比武强技能

深入推进职工技能竞赛

全市各级工会把劳动和技能竞赛作为提高职工素质、推动企业进步、促进经济发展的重要途径。近年来，市总工会紧扣中心大局，聚集现代农业、新能源装备制造、化工等重点产业，组织开展酒湖直流配套工程风电二期项目、酒泉中学高三年级新建项目、酒泉泓坤水利水电工程项目等省、市级劳动竞赛共计5654场次，参与职工近24万人次。市总每年列支50万元作为专项资金，支持全市各行各业开展多种形式的技能竞赛。五年来，在医疗、教育、家政、快递、气象等近32个行业，举办金牌月嫂、快递派送、食品药检、叉车电焊、医疗急救、汽车驾驶等150个工种的职工职业技能比赛，参赛职工达35.3万人次，评选命名"酒泉市技术能手"99名，"酒泉市技术标兵"240名，"酒泉市优秀选手"336名，245名选手被省总命名为"甘肃省技术能手""甘肃省技术标兵""甘肃省服务明星"。

与时俱进搭平台

积极引导职工技术创新

企业是创新的主体，职工是创新的主力军，市总工会发挥密切联系企业和职工的优势，积极打造职工技术创新工作载体，激发职工全员创新潜能。一是深化技术创新活动。广泛开展职工优秀技术创新成果和先进技术操作法评选征集及合理化建议和"五小"活动，2021年评审表彰市级优秀创新成果24项，征集职工优秀成果30余项，向省级推荐申报8项，被表彰奖励成果4项。二是扎实开展劳模和工匠人才创新工作室创建活动。以劳模创新工作室领衔人、首席工人、技术能手等为主体，加大发掘培育力度，让一批爱岗敬业、刻苦钻研、追求卓越的优秀产业工人脱颖而出。截至目前，共创建"劳模（工匠）创新工作室"18个，其中，陇原工匠工作室1个，省级命名创新工作室3个，市级命名创新工作室14个。2019年以来共遴选产生"酒泉工匠"30名，提名"酒泉工匠"20名，"陇原工匠"1名。三是加强技术创新和交流。积极组织优秀职工参加甘肃省"互助保障杯"首届"工人发明家""职工发明之星""优秀创新型团队"推荐宣传活动，连续两年向省职工技术协会推荐本市优秀职工及优秀团队。2020年推荐的职工许开军被命名为"工人发明家"称号。

劳模工匠进企业

加强职工思想政治引领

紧抓政策引领，强化思想政治建设，大力弘扬劳模精神、劳动精神和工匠精神。组织引导新闻媒体深入一线采访报道，运用市总工会官网、微信公众号、最酒泉等新媒体，充分展示新时代劳动者风采。通过大力宣传涌现出的专业工匠和技术能手，吸引更多职工学技术、练本领、比贡献，营造了人人学技术，个个练本领的浓厚学习氛围。收集整理新中国成立以来在酒泉大地上培养产生的672名全国、省级和地市级劳模先进的事迹，引导职工群众听党话、跟党走、感党恩。每年利用"五一""七一"等重要时间节点，开展劳模工匠主题宣讲报告会，将劳模、工匠人才引入机关、企业、学校、社区，获得了良好反响，激发了广大干部职工干事创业的热情。

今后，酒泉市总工会将进一步引导职工群众增强主人翁意识，持续深化产业工人队伍建设改革阶段性成果，努力打造高素质产业工人队伍，激励广大职工为加快建设幸福美好新酒泉作出新贡献、展现新作为。（张莉莉）

第六章

基层工会"建家"服务职工群众

　　《中国工会章程》明确了中国工会的基本职责是维护职工合法权益、竭诚服务职工群众。工会组织因职工而产生，也因职工而发展。如果不为职工服务，工会就失去了存在的意义，工会的发展就成了无源之水、无本之木。心系职工、服务职工，是工会工作永恒的主题，也是"建家"活动永恒的话题。

第一节 充分认识工会服务职工群众的重要性

组织群众、引导群众、服务群众和维护群众合法权益是工会的重要职能，其中特别是要发挥服务群众的作用，要从战略高度上充分认识工会服务群众的意义和重要性。

一、服务职工群众是工会组织积极推动社会和谐的必然选择

职工队伍的稳定、劳动关系的和谐是社会和谐的重要基石。工会必须充分发挥组织优势，通过认真服务职工，促进劳动关系的和谐稳定，最大限度地把广大职工团结动员起来，使他们在促进社会和谐的伟大进程中永葆热情、迸发活力。

构建和谐社会必须以人为本。在构建和谐社会的伟大事业中，工会组织和工会干部要更进一步增强党的群众观念，树立群众利益无小事的思想，叫响"有困难找工会"的口号，以深厚的感情、满腔的热情，深入基层，到最困难的地方去，到群众意见较多的地方去，到工作推不开的地方去，倾听群众呼声、了解群众疾苦，及时掌握哪些是群众最迫切需要解决的问题，广泛听取不同利益群体的不同需求。要建立健全工会组织的利益协调机制、诉求表达机制、矛盾调处机制、权益保障机制，当前主要应在就业帮助、生活救助、医疗互助、法律援助等方面有所作为，切实为职工群众多办好事实事。要以维护稳定保障和谐，努力成为增进团结、促进和谐的模范，使职工群众各尽其能、各得其所、和谐相处、共谋发展。

二、服务职工群众是工会组织履行基本职责的具体体现

《中国工会章程》规定，中国工会的基本职责是维护职工合法权益、竭诚服务职工群众。为职工群众服务，是工会组织的生存之本、工作之

基、力量之源，也是坚持走中国特色社会主义工会发展道路的具体体现。

《中国工会章程》开宗明义指出，中国工会是中国共产党领导的职工自愿结合的工人阶级群众组织，是党联系职工群众的桥梁和纽带，是国家政权的重要社会支柱，是会员和职工利益的代表。这就要求工会必须密切联系群众，维护职工利益，把广大职工群众紧密团结在党的周围。正是有职工群众的需要才有工会组织存在的必要，工会工作只有扎根在职工群众中，尽心竭力为职工群众服务，才能接地气、有底气，始终保持生机和活力。

工会坚持把实现党的主张和反映职工的愿望紧密结合起来，把执行党的政策的坚定性与为职工服务的实效性紧密结合起来，把维护职工群众具体利益同维护全国人民根本利益紧密结合起来，使党的路线方针政策真正变成职工群众的自觉行动，这是工会发挥好桥梁纽带作用的基本着力点。一方面，党的路线方针政策颁布后，工会要积极主动地开展宣传工作，使广大职工群众在思想上、政治上、行动上与党中央保持一致；另一方面，工会要经常了解职工群众的所思、所想、所盼，及时向党的各级组织反映，使党制定的路线方针政策更好地体现广大职工群众的意愿和利益。

工会是国家政权的重要社会支柱。工人阶级是我国的领导阶级。工会是工人阶级的群众组织，直接团结和代表着全国亿万职工群众，是巩固党的阶级基础和群众基础的重要社会力量。《工会法》第五条规定："工会组织和教育职工依照宪法和法律的规定行使民主权利，发挥国家主人翁的作用，通过各种途径和形式，参与管理国家事务、管理经济和文化事业、管理社会事务；协助人民政府开展工作，维护工人阶级领导的、以工农联盟为基础的人民民主专政的社会主义国家政权。"因此，工会必须切实履行承担的社会职能，团结带领广大职工群众积极参与社会管理，使国家政权建立在坚实的群众基础之上。

工会是会员和职工利益的代表。工会是劳动关系矛盾的产物，维护职工合法权益是工会的基本职责。"群众利益无小事"，这就要求工会必须深入职工群众，倾听职工呼声，反映职工疾苦，实现好、维护好、发展好职工群众的根本利益，这样职工群众才会相信工会、加入工会、壮大工会，工会组织才能真正成为职工群众信赖的职工之家。

总之，只有把服务职工群众作为工会工作的出发点和落脚点，才能使广大职工群众切身感受到工会组织的温暖，才能赢得广大职工的理解、支持和信赖。

第二节　工会当前在服务职工群众方面存在的问题及对策

一、工会当前在服务职工群众方面存在的问题

当前，工会在服务职工方面依然是传统的工作模式和工作方法，存在以下弊端。

一是缺乏创新与活力，无论在理论政策研究还是在思维方式上都显得滞后，许多认识仍然固守传统模式，工作习惯于上级布置。

二是工作方式与企业实际和职工需求贴得不紧，缺乏针对性和实效性，工作显得被动，职工希望做的工作没做好，不该做的又穷于应付。

二是在提升员工幸福指数的工作方式上，仍偏重于搞活动，缺乏创新意识和能力。

四是工会干部的服务意识有待进一步提高。当前的工会干部仅掌握工会理论知识已远远不够，专兼职工会干部还远远不能适应企业高质量发展的需要。

二、工会当前在服务职工群众方面的对策

当前形势下，如何把开展服务职工群众活动作为推进工会工作创新发展的力量源泉，是各级工会组织面临的一个实践课题。

（一）坚持融入中心，时刻发挥工会联系职工群众的桥梁纽带作用，在服务职工活动中架起"连心桥"

随着工业化、城镇化进程的不断加快，职工队伍内部结构深刻变化，职工队伍快速增长；不同阶层、不同行业的职工需求呈现多变性趋势；不同的职工利益群体有不同的利益诉求，呈现出经济实体多元化、社会阶层多样化、思想意识多极化和价值观念差异化的复杂局面。这些主客观因素和发展程度使职工群众对工会组织提升服务的期盼更加强烈，给工会工作带来了新的挑战。为此，全国总工会提出开展"面对面、心贴心、实打实服务职工在基层"活动，就是顺应经济社会发展形势和工会事业创新发展的客观要求，也是工会组织密切党与职工群众的血肉联系、改进工作作风的必要之举。开展"服务职工活动"必须坚持融入中心，在思想上要明确工会是党领导下的群众组织，工会必须服从党的领导，工会工作观念的更新、工作目标的制定和建立，都应该主动围绕国家大局和党的中心工作来推进和部署；开展"服务职工活动"要善于把工会工作与党委工作结合起来，把工会服务职工活动同维护职工劳动经济权益、民主政治权利、精神文化权益紧密结合起来，充分发挥党联系职工群众的桥梁纽带作用，在促进改革发展稳定的工作大局中体现工会组织的新作为。

（二）坚持融入职工，时刻落实服务广大职工群众的自觉行为，在服务职工活动中当好"勤务员"

坚持融入职工就是要以职工为中心，在心里装着职工，在行动上想着职工，与职工紧密结合在一起，形成合力，这是我们开展服务职工活动的必然选择和重要前提。职工群众是工会立身之本、发展之基、力量之源，工会融入职工群众中去，首先必须牢牢把握这一工会工作的生命线，把树立群众观念、增进群众感情的要求进一步落实到工会工作实际中，把密切联系职工群众、服务职工群众贯穿到加强工运事业和工会建设各个方面，渗透到广大工会干部的思想和行动中，多从为广大职工谋利益的角度去想问题、办事情，多在密切联系职工群众上动真情、出实招、见实效，不断增强做好职工群众工作的针对性和自觉性。其次，工会融入职工群众中去，必须始终践行为人民服务的宗旨，着力解决职工群众最关心最直接最现实的利益问题。工会是职工群众利益的代表者、维护者，更是职工群众合法权益的第一知情人、第一报告人、第一协调人和第一监督人，要找准服务大局和服务职工群众有效结合的连结点，把服务事业发展与解决职工群众生产生活问题结合起来，把在大局中发挥作用与转变工会干部作风结合起来，自觉做职工群众的办事员、勤务员和"保护神"，以职工群众高兴不高兴、满意不满意、支持不支持作为衡量服务职工活动成效的标准，让广大职工享受到工会组织实实在在的服务，感受到工会组织是名副其实的职工之家，不断推进工会服务职工群众工作向纵深发展。

（三）坚持融入基层，时刻顺应推进工会工作创新发展的良好局面，在服务职工群众活动中当好"推进器"

工会的性质决定工会工作的领域和根基在基层，工会组织的生命力、活力源于基层。因此，开展服务职工群众活动应做到以人民为中心、以服务基层为出发点，把工作重心沉到基层，把工作力量用到基层。一要创新思路，完善与经济社会发展相适应的工作理念。要坚持以发展的眼光研判发展的趋势，以发展的理念建立发展的模式，充分尊重基层和职工群众的首创精神，及时总结和推广基层鲜活经验，发现和培育基层工作亮点、品牌。坚持自下而上的创新思路，让一切有利于增强工会组织创造力、凝聚力、战斗力的创新理念得到尊重、创新措施得到鼓励、创新成果得到彰显，使工会在围绕党政工作大局中更好地体现价值、发挥作用。二要创新机制，完善与市场经济体制相适应的工作方式。要善于研究和把握新的历史时期工会服务职工群众工作的规律和特点，建立科学有效的制度机制和方法手段，探索创新与市场经济体制相适应的工会组建方式、维权方式、履职方式、运行方式等，使工会工作成效更好地体现到服务基层企业、服务基层职工中，以实际行动赢得职工群众的信任和支持。三要创新载体，完善与社会发展、职工群众需求相适应的具体行动。工会组织应将重心下移，建立全覆盖的服务平台和载体，把组织机构延伸到基层，干部队伍配备到基层，信息渠道拓展到基层，把更多的人力、财力、物力投入基层。要把对党负责和对职工负责统一起来，把执行党的政策的坚定性与为职工群众服务的实效性统一起来，使党政所需、职工所盼、工会所能的工作变为具体的行动，寓于有效的活动之中，以创新工作的新成效，努力开创工会工作新局面。

三、工会开展服务职工群众活动应把握的几个问题

工会工作是党的群众工作的重要组成部分，做好新形势下的职工群众工作，是党和政府对工会的殷切希望，也是各级工会面临的重大政治任务和实践课题。工会是工人阶级的群众组织，工会做好群众工作主要是依靠服务职工群众这一有效手段来实现。工会要在服务职工群众方面充分发挥作用、有所作为，应该把握好以下几个问题。

1. 树立服务意识

工会要站在党和国家事业发展的全局高度来深刻认识做好新形势下职工群众工作的重要性，进一步增强政治责任感和紧迫感，推动工会从活动型组织向服务型组织转变。广大工会干部要牢固树立群众观念，进一步转变工作作风，走出机关，带着感情，带着责任，深入基层，融入群众，开展调查研究，深入了解职工群众的生产生活和思想状况，帮助他们解决实际困难，努力做到情为职工所系、心为职工所想、利为职工所谋、急为职工所盼，全心全意地为职工群众服务。

2. 提高服务能力

打铁必须自身硬。工会要服务好职工群众，关键是要不断提高工会组织和工会干部为职工群众说话办事的能力。当前，我国经济社会发展已经进入了一个新的历史阶段，社会利益格局、职工队伍内部结构等都处于复杂而又剧烈的变化之中，这对工会干部的能力素质提出了新的要求。要加强对工会干部业务、经济、管理等方面知识的培训，提高工会干部的学习能力、维权能力、帮扶能力、创新能力，使工会干部在复杂多变的新形势下能为职工群众说话办事、会为职工群众说话办事。各级工会要在增强工会实力上下功夫，要加大工会经费收缴力度，争取同级财政部门的支持，积极培育工会经济新的增长点。同时要切实增强责任意识，学会用市场经济的理念经营和运作工会资产，加强对工会资产的有效管理，不断增强工

会经济实力，努力把工会做大做强，夯实服务职工群众的物质基础。

3. 拓宽服务领域

工会要以职工服务中心为依托，在服务对象上实现由困难职工向全体职工转变，在服务内容上实现由生活救助向就医、工资、情感等全方位服务转变，在服务手段上实现由单靠工会向外借力量并整合各方社会资源转变，为职工群众提供就业、生活、医疗救助、法律援助、子女助学等服务，有力地推动解决职工群众最关心、最直接、最现实的利益问题。当前，劳动关系矛盾越来越成为我国社会矛盾的主要表现形式，协调劳动关系是工会服务职工群众的重要途径。工会要抓住协调劳动关系这个重点，大力推进企业普遍开展工资集体协商，既要坚持过去依靠单个企业工会单独开展协商的模式，又要推进区域性、行业性工资集体协商的模式；进一步深化创建劳动关系和谐企业活动，推动创建活动在领域上由国有企业向非公小企业延伸，推动建立公正合理、互利共赢、和谐稳定的劳动关系，以劳动关系和谐促进社会和谐。

4. 建立服务机制

制度管全局、管根本、管长远。只有建立健全服务职工群众的长效机制，才能从制度上保证服务职工群众工作落到实处。一要建立健全深入基层联系职工群众机制。要建立下基层调研制度，根据工作需要，建立调研基地和服务职工联系点，使深入基层开展调研常态化，强化工会干部的服务意识和能力。二要建立健全为职工群众办实事机制。要健全工会职工服务网络，构建覆盖所有单位和职工的服务体系。要建立职工创业培训基地，有针对性地搞好订单式培训，进一步健全完善困难职工创业扶持体系。三要建立健全工会服务职工监督考核机制。建立职工群众评议考核制度。工会要把广大职工群众是否满意作为检验工会服务职工群众成效的重要依据，自觉接受职工群众的监督和评价。建立工会内部监督考核制度。要将服务职工群众的工作任务量化分解，责任到人，定期进行考核，加强督促检查，真正把工作落到实处。

第三节　做好提升职工生活品质工作

党的二十大报告对扎实推进共同富裕、增进民生福祉、提高人民生活品质作出重要部署。在推进中国式现代化的新征程上，提高职工生活品质，让职工的获得感、幸福感、安全感更加充实有保障是新征程上各级工会组织必须做好的一项重要任务。

一、提升职工生活品质工作的主要内容

（一）职工服务中心赋能增效打造服务职工综合体

职工服务综合体单位要综合考虑覆盖面、示范引领作用、辐射功能等因素，重点关注中心城市、工业园区和新就业形态劳动者集中区域。主要功能如下。

1. 实现服务职工功能一体化。依托现有职工服务中心，聚焦职工多样化需求，把工会服务职工、服务基层相关业务统一起来，逐步实现一站式服务。

2. 推动服务职工项目标准化。健全服务对象、程序、标准和监督管理、考核评价等制度，优化办事流程和标准，推行工会服务职工工作项目清单制度、首问责任制、限时办结制和服务承诺制等，推动服务职工工作标准化、程序化。

3. 建设服务职工融合枢纽型平台。以职工服务中心为载体，整合聚集多方资源，建成服务职工枢纽平台，促进社会资源和职工需求供需对接，引导社会组织为职工提供文体活动、健康管理、旅游休闲、婚恋交友、心理疏导等专业化服务，设立职工活动中心、工会驿站、爱心托班、心理咨询室、企业文化中心、职工书屋等实体项目。

4. 建立线上线下融合服务职工机制。加大互联网技术的应用创新，充

分发挥工会网络平台作用，健全职工满意度评价机制，运用大数据技术掌握职工生活状况和需求，努力为职工提供更具个性化、精准化服务。

（二）提升职工生活品质塑造幸福生活环境企业（工业园区）

结合产业工人队伍建设改革试点任务，提升职工生活品质塑造幸福生活环境企业（工业园区）应符合生产经营健康有序、劳动用工合法规范、工会组织健全、具有职工广泛认可的服务项目、创新做法具有典型的推广价值和示范意义等要求，优先遴选工会工作基础好、积极性高的和谐劳动关系示范性企业以及在提高职工就业质量、对劳动者权益维护和帮扶服务等方面起示范作用的企业。主要功能如下。

1. 改善职工生产生活条件。以打造"职工食堂"为重点，全力推进职工生产生活配套设施建设，改善职工工作条件和后勤生活待遇。

2. 健全职工困难帮扶机制。健全结对帮扶困难职工制度，完善困难帮扶、常态化送温暖、医疗互助、助学救助、法律援助等为主要内容的帮扶体系，在职工遇到困难、发生重大疾病和重要节假日等时点及时开展帮扶解困送温暖活动。

3. 保障职工群众福利待遇。按照基层工会经费开支有关规定，建立节日慰问、生日关怀、生病探望、婚丧嫁娶关怀等慰问制度。落实加班补贴、职工带薪年休假和职工疗休养制度，建立健全异地工作、两地分居职工关爱机制等。

4. 丰富职工生活资源供给。鼓励企业自行设立寒暑期、课后子女托管班，或通过联合社会资源，开设家政服务、养老托育、商品优惠，积极开发生活、学习等方面的服务项目，解决职工后顾之忧。

5. 建立职工健康服务体系。定期组织职工开展免费健康体检，制定职工年度健康检查计划，建立职工健康档案，组织开展适合不同工作场所或工作特点的健身活动，定期组织开展职工文体活动，做好女职工特殊时期的劳动保护和关爱服务。

6. 促进和谐稳定劳动关系。围绕职业成长、人际沟通、婚恋家庭等主题，定期举办心理健康讲座、文化沙龙、教育培训等形式多样的主题活动，推动企业文化建设，从而促进劳动关系和谐稳定。

(三)"关爱职工公益伙伴纽带计划"试点任务

通过孵化培育、项目合作、专业运营、购买服务等方式，引导专业智库、公益慈善、爱心企业、志愿服务等各类社会力量，开展理论研究和业务设计，搭建服务职工平台，实施关爱服务职工项目。主要功能如下。

1. 组织在社会救助、公益慈善等领域有较强的理论水平、实践经验的专家学者开展服务职工理论研究。

2. 带动关注帮扶服务职工领域的公益组织、慈善机构，对接职工多样化需求，开展帮扶服务职工项目。

3. 联络关注服务职工、关注工会工作的新闻媒体，扩大服务职工工作社会影响力。

4. 孵化旨在解决职工困难的健康管理、养老托幼、家教培训、旅游休闲、婚恋交友、心理疏导和文化体育等方面的项目。

各级工会在开展"关爱职工公益伙伴纽带计划"工作中，要注重质量把控，探索建立公益伙伴质量管控指标体系和考核制度、进入退出机制。

(四)新就业形态劳动者温暖行动

1. 建设服务阵地。充分利用工会自有资源和社会资源，加强工会驿站、司机之家、职工之家等服务阵地建设，推动平台企业在提升职工生活品质方面发挥积极作用，建立新就业形态劳动者服务综合体。

2. 优化服务项目。围绕新就业形态劳动者多样化需求，在统筹做好职工疗休养、农民工免费体检、工会就业服务等实事项目的同时，将服务职工实事项目向新就业形态劳动者群体拓展，设计一批精准对接新就业形态劳动者需求的服务项目。

3. 健全服务体系。建立"全面覆盖、分级负责、上下联动、区域协作"协同工作机制，完善工会常态化送温暖机制，在新就业形态劳动者遇到困难、发生重大疾病和重要节点时，及时开展送温暖活动。充分发挥职工发展专项基金作用，帮助解决新就业形态劳动者多样化需求。

二、工作要求

(一)加强组织领导。建立健全主要领导亲自抓、分管领导具体抓、职能部门合力抓的工作机制，细化工作方案、明确工作责任，不断丰富提升职工生活品质内涵，持续提升精准化优质化服务，满足各行各业职工不同层次的需求，确保工作落到实处。各级工会要加强对基层工会的指导力度，形成分级负责、上下联动、左右协同的工作格局。

（二）加强资金保障。各级工会要积极争取地方政府、企业行政对提高职工生活品质试点工作的经费支持，争取将有关支出列入财政和企业预算。各级工会要统筹整合服务职工类经费，持续加大经费投入，充分撬动社会资源，切实保障提升职工生活品质试点工作开支。有关工作开展情况纳入省总对各市（县、区）年度工作考核。

（三）加强调查研究。提升职工生活品质、加强职工服务阵地建设是一项系统工程，各级工会要认真学习领会全总有关文件精神，加强调查研究，跟踪掌握工作进展情况，针对存在的问题，及时完善相关政策措施。可通过召开工作交流会、督查调研等方式，深入一线广泛征求职工意见、积极回应基层关切，完善工作、补齐短板。

（四）加强整合资源。要发挥大企业阵地、场地的资源优势，推动上下游企业、周边企业共享阵地设施。充分借助开发区、园区和中心镇党群服务中心等资源优势，推动园区企业共建共享。各级工会要主动加强协调，发挥阵地的枢纽节点作用，更好地推进活动工作。在组织职工文体、交友、学习活动时，充分考虑所辖区域和范围内单位职工的特性类别，探索活动共建共享，促进企业和职工之间的交流。

（五）加强总结推广。各级工会要注意总结推广各地各单位典型经验和做法，通过现场观摩、在线交流等形式加强宣传推介。对于试点工作中表现突出、成效显著的单位，要在评先评优、一线职工疗休养名额等方面予以适当倾斜。要进一步加强舆论引导，发挥工会报刊、职工书屋、互联网平台等宣传阵地作用，广泛开展提升职工生活品质工作宣传，营造全社会关心支持提升职工生活品质的浓厚氛围。

【案例1】

做好服务职工工作是做好工会工作的根本

2016 年 02 月 05 日　　来源：中工网

某法院工会结合本单位实际，围绕大局、服务中心、服务职工，创新工作思路和工作方法，做实"关爱、关心、关怀"职工三大工作，充分调动职工工作积极性，有效地推动了工会工作的创新发展。

一、做实关爱职工工作

为树立正气，营造廉洁奉公、秉公办事氛围，该院工会把职工思想政治教育工作放在工会工作的首要位置，采取形式多样的教育方法。

一是用先进思想引导职工。做到"四个坚持"，坚持每年春节假后职工第一天上班开展集中学习，由院领导轮流给干警上廉政党课制，坚持每年一次邀请大学专家学者授课制，坚持每年一次组织职工给革命烈士献花篮制，坚持每年一次组织党员到纪念碑前重温入党誓词制。同时，请全国英模报告团做报告等形式进行职工思想政治教育，打牢反腐倡廉的思想基础。

二是抓好职工廉政教育。大力开展"规范司法行为"年活动，用法官职业道德严格要求干警，一是要求全体干警要妥善安排好八小时以外的活动，引导干警算好政治账、经济账，筑牢全体干警拒腐防变的思想防线。二是开展党的纪律处分条例和人民法院工作人员纪律处分条例的学习讨论活动，进行党纪政纪法纪条规知识的书面测试，积极开展坚决禁止"说情打招呼""泄露审判秘密"专项教育活动，做到防微杜渐。

三是组织职工学习最高人民法院编写的《人民法院警示教育案例选编》、在干警大会上通报违法违纪案例、组织参观监狱、观看警示教育影片等活动，加强警示教育，教育干警从违法违纪事件中吸取教训，自觉加强自身修养，约束业外活动，构筑廉政防线，做到勤提醒、常体检、早治疗，抓早抓小，关口前移，警钟长鸣，努力把职工之家建设成为秉公执法的"放心"之家。近年来，该院未发生因违法违纪而受到党纪政纪处分的事件。

二、做实关心职工工作

为了做好做实服务职工工作，该法院工会切实抓好"三大服务建设"工作。

一是抓好职工之家硬件设施建设工作。该法院想方设法为职工办实事、做好事，建成棋牌室、球类室、健身房、舞蹈室、封闭球场等文体活动中心，添置了室内外健身器材。

二是抓好职工生活建设工作。为使外出办案干警回来有口热饭热汤，该院办起了职工食堂，工作日提供工作餐，方便干警就餐。

三是抓好提升职工素质工程建设工作。为鼓励年轻干警报考在职学历教育，对考取研究生者给予报销70%的学习费用。通过司法考试者给予一定的经费补助。此外，该院还成立了青少年合议庭、维护妇女儿童老人合法权益合议庭、维护军人军属合法权益合议庭等，对特殊群体给予关爱。组建志愿者服务队，到挂点乡镇敬老院、中心小学，给孤寡老人洗头洗衣、送文具书包给留守小学生，开展志愿者服务活动。组织无偿献血队，集中统一到县城献血站献血并补助营养费，有一名职工还因献血成绩突出而获得全省金奖。今年6月该县遭受特大洪灾，当天全院职工义无反顾地捐款一万余元，成为第一个组织捐款的单位。工会用看得见、摸得着实实在在的工作，努力把工会建设成为职工释惑解困的"爱心"之家。

三、做实关怀职工工作

为了给干警创造一个良好的学习、工作、生活环境，工会像一个家一样的温暖，该院党组和院工会从细微处入手，从微小的事情做起。

一是在职工下班前十五分钟播放轻音乐曲，使紧张劳累的职工神经得到松弛。

二是在遇干警或干警家属生病住院时，院领导班子、工会干部集体探望。

三是在活动室健身房旁增设洗浴室，使锻炼后出了一身汗的干警能冲个澡。

四是外聘教员对参加兴趣小组的职工进行技能传授。

五是每年为职工进行一次健康检查，给每位职工（含离退休职工）在县人民医院、县中医院建立健康档案。

六是开通法院微信 QQ 群，院领导经常与干警在线交谈，及时了解掌握干警的思想、工作状态。

该法院工会用细微、微小的事情来关心、关爱、关怀服务职工，赢得了职工的心，赢得了职工对工会工作的支持，赢得了工会组织的吸引力、凝聚力和号召力。（廖和生　刘伟光）

【案例 2】

上海工会：充分发挥桥梁纽带作用　不断激发基层创新活力

2023 年 11 月 10 日　　来源：中工网

习近平总书记在同中华全国总工会新一届领导班子成员集体谈话并发表重要讲话中强调，要继续深化工会改革和建设，牢固树立大抓基层的鲜明导向，夯实基层基础，激发基层活力，不断增强基层工会的引领力、组织力、服务力。要健全已有的组织基础，扩大工会组织覆盖面。要创新工作方式，努力为职工群众提供精准、贴心的服务。工会干部要践行党的群众路线，深入调查研究，及时了解职工所思所想所盼，不断增强服务职工本领，真心实意为职工说话办事。中国工会十八大报告也提出，"深化工会改革和建设，有效发挥党联系职工群众的桥梁纽带作用。"连日来，本市各级工会在深入学习后表示，将进一步推动工会改革实践，持续完善工会组织体系，加快工会系统数字化建设，让职工群众真正感受到工会是职工之家。

顶层布局系统谋划，改革创新在路上

持续深化工会机关改革。进一步加强系统谋划、顶层设计，优化资源配置，深入查找在思想观念、体制机制、能力素质、作风建设等方面的问题，完善创新工作体系、工作内容和工作方式，充分发挥机关部门和干部的能动性、创造性，努力把各级工会组织都建设成为名副其实的职工之家，使所有工会干部都成为职工群众信赖的娘家人、贴心人。

时代在发展，事业在创新；工会工作也要发展，也要创新。普陀区总工会表示，将围绕中国工会十八大报告提出的五年目标，运用改革精神谋划推进工会工作。探索新服务，全领域集成劳模工匠和职工"服务包"、创新探索劳模工匠"星光包"、建立服务职工的"赋能包";拓展新内涵,在"七彩秀带,普陀来赛"系列劳动竞赛中,彰显劳模工匠创新工作室示范引领作用;突破新技术,持续开展"劳模工匠耀苏河——技术服务月月行"等项目。

国网上海市电力公司工会召开的第十一次代表大会提出,要继续加强自身建设,以工会片区联建为抓手,深化片区联盟工作开展,推动工会改革和创新工作走深走实。特别是加快推进智慧工会建设,以"智慧+管理""智慧+服务"为重点,拓宽"互联网+工会"服务领域、丰富服务内容、健全工作机制,完善线上线下服务资源,强化线上线下融合,倍增服务能力和效果。

上海电力建设工会主席告诉记者,为贯彻落实中国工会十八大精神,公司工会正结合上半年开展的"中国梦　劳动美"工会工作大调研成果,开展新一轮工会工作创新:创新基层工会激励机制,探索建立工会干部对口联系基层工会制度;优化创新基层工会考核激励机制,针对不同规模的工会组织,制定定制化的考核标准,以提高基层工会组织工作的积极性。

构建高效矩阵网络,劳动者在哪"家"就在哪

健全完善工会组织体系。构建全总、产业工会、地方工会、基层工会之间高质高效的矩阵网络系统。加强领导、压实责任,确保必要资源,加快建立健全基层组织体系。广泛运用现代先进理念、先进工具和先进方式,大幅提高组织效能、个人能力。

当下,青浦区总工会正全面布局工会矩阵建设,通过深入开展"八大群体"职工建会集中行动、"百日建会"三年行动计划、"扫码入会"行动,现已新建工会组织1218家,新增会员15.3万名。加强"小三级"工会组织建设,以区域为基础、行业为特色建立覆盖全域的工会联合会,练塘镇家政行业工会联合会覆盖长护险等七大群体服务人员,朱家角镇、夏阳街道分别成立文旅行业工会联合会,盈浦街道组建吾悦、万达广场工会联合会。下一步,青浦区总工会将探索创新基层工会组织设置和运行机制,不断扩大工会组织、工会工作、工会服务的有效覆盖。

近年来,奉贤区总工会持续推进"百强民营企业、著名外资企业、区域重点企业重点建会""推动行业组织建会""以扫码入会等方式兜底吸纳职工入会"三大方向，不断健全完善工会组织体系。积极探索具有奉贤特色的产业（行业）工会建设路径，突出产业工人队伍建设的重点，奉贤区总工会通过"行业建"进一步扩大工会组织覆盖和工作覆盖。今年4月，区安徽商会工会成立，覆盖企业数101家、职工5000人；6月，庄行镇文化创意产业行业工会联合会成立，960名职工入会实现全覆盖。下一步，奉贤区总工会将继续加强与行业协会的合作，积极推进包括区家政行业工会在内的建会工作。

巧打"组合拳"，管好服务职工的"钱袋子"

健全完善资金资产管理体系。创新工会财务管理和监督检查机制，深化工会经费收缴管理改革，实施全面预算绩效管理，加强工会财务信息一体化建设。加强工会资产管理和监督检查，推进工会资产标准化规范化建设，确保工会资产安全完整、保值增值和有效利用。严格工会经费审查审计监督，推进工会常态化经审监督体系建设，推进审查审计全覆盖。完善对机关干部和直属单位的综合考核，强化上级工会在财务、资产、经审领域对下一级工会的监督检查。

坚决守牢服务职工群众的"钱袋子"，宝山区顾村镇总工会强化"依法管会"理念，提升预算编制和预算执行管理，规范财务核算工作，提高经费收缴率；加强基层工会干部的履职能力，监督、服务和指导基层工会依法、依规合理使用工会经费，并定期开展督查。

近期，顾村镇总工会将结合主题教育调研走访，贯彻落实中国工会十八大精神，深入掌握职工会员和新就业形态劳动者群体的真实需求，将工会经费用在刀刃上，深化预算管理，优化支出结构，强化经费的规范收缴、使用和管理，整合更多的服务和资源向一线职工倾斜；继续投入专项资金，用于新就业形态劳动者群体建会入会，组织以新就业形态劳动者为重点的普惠服务项目，不断增强工会组织的引领力、组织力和服务力。

加快工会数字化建设，倍增服务能力和效果

全面加快工会系统数字化建设。创建直达亿万职工群众、集成工会全部服务内容的服务终端，让亿万职工群众享受"一键入会""一网全通"，

以及高效、实时、精准的"一终端全维服务"。完善线上线下服务资源，加快创建线上工会、云上课堂、线上援助、数字展馆等一系列线上、云上产品和服务，强化线上线下融合，倍增服务能力和效果。

上海航天局工会致力于不断提升职工服务体验，在日前举行的中国工会十八大精神宣贯会上正式发布"护航工社"APP3.0版。经过近半年的策划、框架建设、调试等，"护航工社"APP3.0版本具备了更强大实用的功能，会员能体验到崭新的视觉界面、更多样的工会活动、更加便捷的操作体验和升级的服务质量。

无独有偶。记者了解到，今年上海市机电工会正在加速推进数字工会建设，已经上线的数字工会小程序平台，集合了包括咨询建议、云上展厅、服务阵地、法律服务、兴趣社团等多项功能，推动工会工作上网、服务上网、活动上网。平台也集成了学习和服务资源，如虚拟展厅和微视频，展示服务设施信息，可为职工提供"不打烊"的便捷服务。下一步，机电工会还计划将数字工会平台扩展至下属所有基层企业，逐步建成高质量、高效率、互融互通的上海电气数字工会平台，将数字化功能转化为工会普惠服务的扎实成效。

中国宝武智慧工会平台已上线近两年，平台覆盖37家一级子公司、20余万员工，累计访问高达2446.3万人次。依托智慧工会平台，宝武工会以服务职工为中心，着力实现"纵向贯通、横向联通、内外融通"的互联网服务模式。通过智慧平台，宝武工会提升职工服务品质和内部效率，引入移动端审核、自定义学习和工作评价系统等以简化操作流程。下一步，宝武工会还计划增强首页服务功能和用户体验，做实数据分析以优化服务，开发在线工作工具和专属直播平台以提高效率和职工参与度。（劳动报首席记者　李嘉宝　庄从周　劳动报记者　王海雯　张锐杰　陈恒杨　梁嘉蕾）

第七章

基层工会"建家"加强自身建设

　　习近平总书记在同中华全国总工会新一届领导班子成员集体谈话时指出，要继续深化工会改革和建设，牢固树立大抓基层的鲜明导向，夯实基层基础，激发基层活力，不断增强基层工会的引领力、组织力、服务力。当前，中国工会必须与时俱进、改革创新，以"六有"为目标，进一步加强自身建设，努力使工会组织真正成为广大职工信赖的职工之家。

第一节 新形势对加强工会自身改革和建设的要求

一、新形势下加强工会自身建设的重要意义

中国工会是党领导的职工自愿结合的工人阶级群众组织。长期以来，工会紧紧围绕党在不同历史时期的中心任务，从自身的性质、特点和优势出发，不断加强和改进自身建设，积极应对各种挑战和考验，推动工作创新发展，团结动员广大职工为实现党领导的伟大事业作出了重要贡献。

当前，工会自身建设的状况总体上同担负的任务是相适应的。同时，也存在不少不适应新形势新任务新要求的问题：一些工会干部忽视理论学习，思想不够解放，履行基本职责意识不强，缺乏用创新理论解决新情况新问题的能力；一些工会组织贯彻民主集中制不力，有的对会员和职工民主权利保障不到位，有的对上级工会决策部署执行不够有力；一些基层工会特别是非公有制企业工会组建难、基础工作不扎实、发挥作用不明显；一些工会组织存在机关化、行政化现象，有些工会干部作风不够深入扎实，服务大局、服务职工的能力和水平还不够高；等等。这些问题不同程度地削弱了工会履行基本职责的能力，削弱了工会的凝聚力，影响了工会与职工群众的紧密联系，必须引起高度重视，下大气力加以解决。各级工会必须认真分析和把握工会自身建设面临的新形势新任务，继续以改革创新精神推进工会的政治建设、思想建设、组织建设、作风建设、纪律建设，把制度建设贯穿其中，不断提高工会自身建设科学化水平，在中国特色社会主义工会发展道路上迈出新步伐。

二、新形势下加强工会自身建设的总体要求

新形势下加强基层工会建设，要高举中国特色社会主义伟大旗帜，坚

持以马克思列宁主义、毛泽东思想、邓小平理论、"三个代表"重要思想、科学发展观、习近平新时代中国特色社会主义思想为指导，坚持走中国特色社会主义工会发展道路，牢牢把握为实现中华民族伟大复兴的中国梦而奋斗这个我国工人运动的时代主题，坚持依法建会、依法管会、依法履职、依法维权，以组织建设为基础，以作用发挥为关键，以健全机制为保障，以职工满意为标准，突出服务职工、突出问题导向、突出改革创新，着力加强基层服务型工会建设，扩大覆盖面、增强凝聚力，努力把基层工会建设成为职工群众信赖的职工之家，把广大基层工会干部锤炼成为听党话、跟党走、职工群众信赖的"娘家人"。

新形势下加强基层工会建设，要坚持从工会组织的性质和特点出发，努力建设"六有"工会：一是有依法选举的工会主席，建设心系职工、善于维权、开拓进取的骨干队伍；二是有独立健全的组织机构，完善工会委员会、经费审查委员会、女职工委员会等组织；三是有服务职工的活动载体，满足职工的多样化需求；四是有健全完善的制度机制，实现工会工作的群众化、民主化、制度化、法治化；五是有自主管理的工会经费，真正用于服务职工和工会活动；六是有会员满意的工作绩效，切实让职工群众感受到工会是职工之家。

三、基层工会自身建设的主要任务

1. 教育引导职工。培育和践行社会主义核心价值观，提高职工的道德素养，激发职工奋发向上、崇德向善的正能量。大力弘扬劳动精神、劳模精神、工匠精神，深入开展"中国梦·劳动美"主题教育，倡导辛勤劳动、诚实劳动、科学劳动。加强职工思想政治工作，注重对职工的人文关怀、心理疏导和情绪引导，突出做好农民工、青年职工和知识分子等职工群体的思想工作。加强职工文化建设，广泛开展职工文化体育活动，丰富职工精神文化生活。加强普法宣传教育，提高职工法律意识。

2. 推动改革发展。引导职工群众拥护支持改革、参与推动改革，夯实全面深化改革的群众基础。深入开展多种形式的劳动竞赛活动，深化合理化建议、技术攻关、技术革新、发明创造等群众性技术创新活动。加强班组建设，广泛开展"工人先锋号"创建活动。深入实施职工素质建设工程，加大职工职业技能培训力度，建立健全技术工人培养、评价、使用、激励机制，培养造就知识型、技术型、创新型的高素质职工队伍。

3. 履行维权职责。认真履行维护职工合法权益的基本职责，坚持以职工为本，主动依法科学维权。紧紧围绕职工最关心最直接最现实的利益问题、最困难最操心最忧虑的实际问题，以一线职工、农民工、困难职工等为重点群体，以劳动就业、技能培训、收入分配、社会保障、安全卫生等为重点领域，切实维护好广大职工的各项合法权益。坚持维权与维稳相统一，引导职工依法理性表达利益诉求，维护职工队伍和社会和谐稳定。

4. 协调劳动关系。建立健全科学有效的利益协调机制、诉求表达机制、矛盾调处机制、权益保障机制，推动形成规范有序、公正合理、互利共赢、和谐稳定的社会主义新型劳动关系。引导企业开展创建和谐劳动关系活动，依法推动企业普遍开展工资集体协商，促进基础扎实、条件成熟的行业建立集体协商制度。建立健全以职代会为基本形式的企事业单位民主管理制度、厂务公开制度和职工董事职工监事制度。加强劳动争议特别是集体劳动争议调处工作。深入开展"安康杯"竞赛活动，改善劳动安全卫生条件，保障职工群众生命安全和健康权益。

5. 服务职工群众。坚持全心全意为职工服务的宗旨，以服务增强工会组织的吸引力和凝聚力，以服务增强职工群众对工会组织的归属感和认同感。深化"面对面、心贴心、实打实服务职工在基层"活动长效机制，积极为职工办实事、做好事、解难事。加快构建服务职工工作体系，按照"会、站、家"一体化的思路，把组建工会、创办职工帮扶服务中心、建设职工之家统一起来，着力打造基层服务型工会。大力推行会员普惠制，加大投入、创新方式、完善机制，使全体会员都能享受到工会组织提供的实实在在的服务。探索向职工服务类社会组织购买服务，推进项目制、订单式、社会化服务方式。

第二节　加强工会自身建设的路径和方法

一、建设学习型工会组织，努力提高政策理论水平和依法维权能力

（一）加强思想理论建设，牢牢把握工会工作的正确方向

要组织广大工会干部深入学习领会党中央关于工人阶级和工会工作的一系列重要指示精神，准确把握中国特色社会主义工会发展道路形成的时代背景、实践基础，深刻理解其科学内涵、精神实质和基本要求，进一步增强走中国特色社会主义工会发展道路的自觉性和坚定性。要坚持理论联系实际，努力把学习的成果、积累的经验、研究的成效转化为驾驭工作全局的能力；要坚持继承与创新相结合，不断深化对新形势和发展规律的认识，坚持以理论创新推动工会工作创新；要大力弘扬工人阶级的伟大品格，为促进社会和谐提供强大动力。

（二）确立科学学习理念，营造浓厚的学习氛围

各级工会要确立"终身教育、团队学习"的先进学习理念，通过加强学习型工会建设，努力实现四个转变：学习观念从一纸文凭定终身的传统观念，向终身学习的全新理念转变；学习内容从掌握单一的书本知识，向提升能力、全方位获取新知识、新技能的转变；学习目标从"缺什么、补什么"的岗位技能培训，向适应转岗、换岗和竞岗的需要，提升综合素质的转变；学习方式从个人自学，向有组织、有目标、有要求、有成效、互动式团队学习方式的转变，从而不断提高工会干部的学习能力和学习效果。

（三）建立团队学习体系，提升各级工会组织的执行力

各级工会组织要从自身的职责和特点出发，突出学习重点，有针对性

地建设学习型工会。工会领导机关，要以提高思想政策水平和源头参与、宏观决策、调查研究、分类指导能力为重点，进一步增强效率、搞好服务、转变作风；产业（系统）工会，要切合本产业、行业特点，以提高政策水平和参与决策能力为重点，进一步加强调查研究、协商协调、组织引导和分类指导；各类开发区和工业集中区、乡镇（街道）、村（社区）工会，要以提高依法建会、依法协调、依法维权能力为重点，切实承担起维权和维稳任务；各类企事业单位工会，要以增强协调劳动关系和利益矛盾、维护职工合法权益能力为重点，调动职工群众的积极性、创造性，共谋促进企事业单位发展大计。

二、创新工会组织体制、运行机制和活动方式

在长期实践中，中国工会逐步确立起产业和地方相结合的组织领导原则，坚持民主集中制，坚持全国建立统一的中华全国总工会。在新的历史条件下，不断健全和完善我国工会这种组织领导体制，努力巩固工人阶级队伍的团结和工会组织的统一，是工会自身建设的重要内容。要理顺国有改制企业、企业集团公司、国资委监管企业工会的领导关系，进一步明确地方工会、产业工会、企业集团公司工会的职责，坚持行业工会建立在县级以下，跨地区、跨行业的大型、特大型国有企业按属地化管理原则分别成立工会，不成立管辖全系统企业的工会。

（一）创新工会组织体制

制度带有根本性、全局性、稳定性、长期性的特点。要始终坚持民主集中制，坚持会员个人服从组织，少数服从多数，下级组织服从上级组织；建立充分体现群众化、民主化要求的领导机构和工作制度；坚持和完善会员（代表）大会制度，以及工会委员会向会员（代表）大会报告工作制度，积极探索县（市、区）级工会代表大会代表常任制，强化基层对领导机关、会员群众对领导干部的民主评议和监督。要重视加强基层工会制度建设，努力使基层工会更好地反映职工群众意愿，更好地为基层职工服务。

新时代工会"建家"工作实务

（二）工会必须使自己的活动方式符合群众组织的性质和特点

工会开展工作不能靠行政命令，要深入职工、深入基层、深入实际，面对面地与职工沟通交流，深入了解职工的生产生活和思想状况，心贴心地做职工思想工作，增进与职工群众的感情，实打实地为职工说话办事，增强工会组织的吸引力和凝聚力。努力实现职工队伍状况在一线掌握、工会维权帮扶在一线实施、构建和谐劳动关系在一线推进、工会工作任务在一线落实、"创先争优"活动在一线开展，把职工群众工作做得更深更细更实，把广大职工更加紧密地团结在党的周围。

（三）产业工会是中国工会的重要组成部分

加强产业工会自身建设，是开展产业工会各项工作、开创产业工会工作新局面的组织基础和重要保证。在新的形势下，要充分认识产业工会的重要地位和作用，加强产业工会自身建设，合理界定地方工会和产业工会的职能和职责边界，在政策制定、重点工作、资源配置等方面，积极构建相互配合、协调推进的工作制度和机制。要牢牢把握产业工会工作发展的正确方向，发挥产业工会的独特优势，不断提高产业工会工作整体水平。

（四）女职工工作是中国工会工作的重要组成部分

做好女职工工作不仅是工会组织自身发展的迫切需要，也是推动我国经济社会发展和文明进步的必然要求。要深入实施女职工提升素质建功立业工程，强化工会女职工组织和维护女职工权益机制的建设，不断深化女职工"关爱行动"，依法维护女职工的合法权益和特殊利益。

（五）工会经费和资产是工会联系职工、服务职工、凝聚职工必不可少的物质基础

要收好、管好、用好工会经费，加强工会财务会计管理规范化建设；加强工会企事业单位资产管理和发展改革，建立健全工会资产监管体制机制，提高工会企事业单位的整体实力和服务职工能力；健全工会经审制度体系，加强工会经费收支预决算审查审计监督，提高工会经费使用效益。

三、努力培养和造就一支高素质专业化的工会干部队伍

加强工会干部队伍建设，是工会自身建设的重要内容，是完成工会工

作目标任务、开创工会工作新局面的组织保证，也是全面履行工会各项职能、在党和国家工作大局中发挥作用的客观需要。

（一）要加强工会干部的队伍建设

工会干部队伍建设事关工会事业的发展大计。各级工会一是要把那些忠于职守、勤奋工作、廉洁奉公、顾全大局、维护团结、坚持原则、不谋私利、作风民主、联系群众，会干事、能干事、干成事，有开拓创新精神的干部选入工会领导班子中来。二是要把热心为职工说话办事，敢于维护职工合法权益，有事业心的干部、职工选入工会队伍中来。建立一支政治立场坚定、业务能力过硬、群众观念牢固、工作作风严谨的高素质的工会干部队伍，工会组织才能有战斗力。

（二）要加强工会干部的思想政治建设

工会干部的思想政治建设事关工会工作的政治方向。一是要加强党的路线、方针、政策学习，使工会干部有正确的工作方向，在工作中不偏离党的路线、方针、政策。二是要加强爱党爱国教育，树立工会干部爱党、爱国、爱集体、爱岗敬业的思想，才能在工作上有动力。三是要加强纪律教育，树立工会干部清正廉洁的思想。四是要加强开展向英雄、劳动模范、先进人物学习活动，树立工会干部一身正气、奋发向上、开拓创新的精神。

（三）要加强工会干部的作风建设

工会干部的作风建设事关工会组织的形象。工会作为党联系职工的桥梁和纽带、职工利益的代表者和维护者，各级工会一是要加强调查研究。工会干部要经常深入企业、深入车间、深入班组、深入职工家门，了解掌握职工情、职工忧、职工愿，做到职工队伍状况在一线掌握，工会维权帮扶在一线实施，构建和谐劳动关系在一线推进，工会重点工作在一线落实，创先争优活动在一线开展。二是要加强服务职工工作。工会干部要心为职工所操、情为职工所系、话为职工所说、路为职工所跑、事为职工所办、利为职工所谋，做职工的贴心人、暖心人，使职工满意、党政满意、社会满意。

（四）要加强工会干部的能力建设

当前，工会干部的学习和培训应着重抓好四个方面：一是要抓好工会干部的政治、时事学习，不断提高工会干部的政治素质；二是要抓好工会干部平时的学习和业务培训，不断提高工会干部的文化、业务素质；三是要抓好工会干部的法律知识的学习和培训，不断提高工会干部的法律意识和知识；四是要抓好工会干部的社会管理知识的学习和培训，不断提高工会干部的社会管理知识和管理能力。建立一支政治素质过硬、精通业务、懂法律、会管理的工会干部队伍。

四、加强工会自身建设应把握的几个问题

新时代对工会自身的改革和发展赋予了新的内涵，提出了新的更高的要求。一方面，工会组织只有不断深化改革，推进工会持续健康发展，才能更好地发挥"上为企业分忧、下为职工解愁"的职能，创造良好的企业环境、社会环境、发展环境；另一方面，只有加快体制和机制创新，破除制约工会事业发展的一些体制性障碍，才能使工会工作在企业管理和为职工服务方面的职能充分发挥作用。

（一）树立一种意识

牢固树立大局意识。要牢牢把握经济发展、企业和谐两大主题，围绕经济发展为中心开展工作，在工作定位上自觉服从全局，在工作目标上自觉贴近全局，在工作思路上自觉融入全局，把促进企业和谐作为工会组织的重要任务。

（二）深化两种理念

一是深化服务理念。把竭诚为职工群众服务作为工会工作的出发点和落脚点，自觉为职工服务，把关爱职工作为工会工作者的基本职业道德，把利于职工作为工会工作的职责和义务，深化宗旨观念、服务意识，关注职工生产生活、民主政治和权利利益，做到亲近职工、关爱职工、利于职工，为职工谋福利、为群众办实事。二是深化发展理念。发展是促进企业全面发展的坚实基础，是最广大职工根本利益的可靠保障。作为企业工

会，要贯彻落实习近平新时代中国特色社会主义思想，坚持以发展为第一要务，充分发挥企业工会的职能，积极渗透到企业的生产、经营、管理的全过程，积极渗透到提高企业职工素质的需求中，最大限度地调动广大职工在改革发展中的积极性和创造性，增强企业的凝聚力，提高企业的竞争实力，促进企业和员工的"双赢"和协调发展。

（三）强化三项机制

第一，强化为职工办实事的落实机制。要让人民群众得实惠，就一定要在落实上下功夫，切实解决职工生活中的重点、难点和焦点问题，坚持群众利益无小事，实实在在为职工办实事。目前，制约工会工作发展的主要矛盾不是法规政策缺位的问题，而是落实不到位的问题。要诚心诚意为职工办实事，当务之急就是把党和国家对工会工作对象、对困难职工的有益政策措施落实好，把赤诚的爱奉献给职工，扑下身子为职工办实事。第二，强化目标管理考核机制。公司工会考核体系运行以来，在不断完善的同时发挥了很好的效能，起到了激励、鞭策的作用，但是，随着形势的发展，必须进一步加大工作力度，强化公司对各基层单位工会组织的目标管理考核机制，完善相应的配套措施，以目标管理绩效考核为切入点，推动工会工作的全面发展。第三，强化加快发展的创新机制。当前，工会工作中的新情况、新矛盾、新问题层出不穷，应积极应对，在解决困难的过程中实现新的突破。同时，必须与时俱进，在变化中求发展，在发展中抓创新，在创新中出成效，在成效中树形象。保持一种不断进取的精神状态和与时俱进的思维方式，强化工作创新机制的思想基础。

（四）营造四个环境

一是大力营造职工为企业作贡献、企业为职工增效益的工作环境。主动将工会工作融入经济发展的这个大局，根据工会工作的立足点和着眼点，紧紧抓住工会工作的发展机遇，优化工会工作运行机制，形成发展合力。积极争取党委、行政部门对工会工作的重视和支持，争取有关部门的协调配合，动员广大职工或会员的支持参与，进一步扩大工会工作影响面，提升工会工作地位。二是大力营造工会事业开拓创新的发展环境。坚持用新思路、新观念、新办法来研究工会工作，增强以创新求突破、以改革促发展的能力和自觉性，力求"突出重点、攻克难点、创出亮点"。三是大力营造履行企业管理和为职工服务职能的法治环境。强化依法维权、依法服务意识，完善落实工会政策法规，切实履行好企业管理和为职工服务职能。进一步强化维权意识，加大对违权行为的执法查处力度，优化执法环境。四是大力营求真务实、真抓实干的实效环境。真正把职工，尤其是困难职工的呼声作为第一信号，把职工利益作为第一需要，把群众满意作为检验工会工作的第一标准，做到定实策、出实招、办实事、求实效。

总之，加强基层工会自身建设，增强基层工会活力，事关工会工作的全局。要始终重视加强基层工会自身建设，既要推进基层工会组织的建设，又要加强对基层工会工作的指导和服务，推进基层工会作用的发挥；既要推进公有制企业、事业单位和机关工会工作的创新和发展，又要推进非公有制经济组织、社会组织工会工作的规范和提高。深入开展建设"职工之家"活动，最充分地把基层工会的活力激发出来，努力把基层工会建设成为组织健全、维权到位、工作活跃、作用明显、职工信赖的"职工之家"。

第三节　保持和增强工会组织政治性先进性群众性

习近平总书记在中央党的群团工作会议上指出，要切实保持和增强党的群团工作和群团组织的政治性、先进性、群众性。只有紧紧围绕保持和增强工会政治性、先进性、群众性这条主线，勇于担当、直面问题、自我革新，积极推进工会工作全面创新发展，才能把工会组织建设得更加充满活力、更加坚强有力。

一、政治性先进性群众性的本质特征

党的群团工作是党通过群团组织开展的群众工作，是党组织动员广大

人民群众为完成党的中心任务而奋斗的重要工作。这是我们党的一大创举，也是我们党的一大优势。在革命、建设、改革各个历史时期，在党的领导下，工会、共青团、妇联等群团组织积极发挥作用，组织动员广大人民群众坚定不移跟党走，为党和人民事业发展作出了重大贡献。事实充分说明，新形势下，党的群团工作只能加强、不能削弱，只能改进提高、不能停滞不前。我们必须根据形势和任务发展变化，加强和改进党的群团工作，把工人阶级主力军、青年生力军、妇女半边天作用和人才第一资源作用充分发挥出来，把人民的积极性充分调动起来。我们必须从巩固党执政的阶级基础和群众基础的政治高度，抓好党的群团工作，保证党始终同广大人民群众同呼吸、共命运、心连心。我们必须把群团组织建设得更加充满活力、更加坚强有力，使之成为推进国家治理体系和治理能力现代化的重要力量。

1. 要切实保持和增强党的群团工作的政治性。政治性是群团组织的灵魂，是第一位的。群团组织要始终把自己置于党的领导之下，在思想上政治上行动上始终同党中央保持高度一致，自觉维护党中央权威，坚决贯彻党的意志和主张，严守政治纪律和政治规矩，经得住各种风浪考验，承担起引导群众听党话、跟党走的政治任务，把自己联系的群众最广泛最紧密地团结在党的周围。

中国特色社会主义群团发展道路，是中国特色社会主义道路在群团工作领域的具体展开。这条道路是在党探索中国特色社会主义工会发展道路、中国特色社会主义青年运动方向、中国特色社会主义妇女发展道路的长期实践中形成和发展起来的，符合我国国情和历史发展趋势。要坚持党对群团工作的统一领导，坚持发挥桥梁和纽带作用，坚持围绕中心、服务大局，坚持服务群众的工作生命线，坚持与时俱进、改革创新，坚持依法依章程独立自主开展工作。党组织要鼓励和引导群团组织充分发挥作用，群团组织要积极作为、敢于作为。

2. 要切实保持和增强群团组织的先进性。工会、共青团、妇联等群团组织是党直接领导的群众组织，承担着组织动员广大人民群众为完成党的中心任务而共同奋斗的重大责任，必须把保持和增强先进性作为重要着力点。要牢牢把握为实现中华民族伟大复兴中国梦而奋斗的时代主题，紧紧围绕党和国家工作大局，组织动员广大人民群众走在时代前列，在改革发展稳定第一线建功立业。要以先进引领后进，以文明进步代替蒙昧落后，以真善美抑制假恶丑，教育引导广大人民群众不断提高思想觉悟和道德水平，坚定走中国特色社会主义道路，自觉践行社会主义核心价值观，真正成为党执政的坚实依靠力量、强大支持力量、深厚社会基础。

群团组织必须始终站在党和人民的立场上，坚持为党分忧、为民谋利，把思想政治工作贯穿所开展的各种活动，多做组织群众、宣传群众、教育群众、引导群众的工作，多做统一思想、凝聚人心、化解矛盾、增进感情、激发动力的工作。

3. 要切实保持和增强群团组织的群众性。群众性是群团组织的根本特点。群团组织开展工作和活动要以群众为中心，让群众当主角，而不能让群众当配角、当观众。要更多关注、关心、关爱普通群众，进万家门、访万家情、结万家亲，经常同群众进行面对面、手拉手、心贴心的零距离接触，增进对群众的真挚感情。要大力健全组织特别是基层组织，加快新领域新阶层组织建设。群团组织和群团干部特别是领导机关干部要深入基层、深入群众，争当全心全意为人民服务宗旨的忠实践行者、党的群众路线的坚定执行者、党的群众工作的行家里手。

要坚持眼睛向下、面向基层，改革和改进机关机构设置、管理模式、运行机制，坚持力量配备、服务资源向基层倾斜。要积极联系和引导相关社会组织。要高度注意群众的广泛性和代表性问题，更多把普通群众中的优秀人物纳入组织，明显提高基层一线人员比例。

群团组织要着眼党和国家工作大局，在大局下思考，在大局下行动，同时立足职责定位、立足所联系的群众，寻找工作结合点和着力点，推动群团组织职能与时俱进。群团组织要强化服务意识，提升服务能力，挖掘服务资源，坚持从群众需要出发开展工作，更多把注意力放在困难群众身上，努力为群众排忧解难，成为群众信得过、靠得住、离不开的知心人、贴心人。

二、政治性先进性群众性对工会工作的要求

1. 坚持党的全面领导，进一步增强工会组织的政治性

党的二十大报告强调，坚决维护党中央权威和集中统一领导，把党的领导落实到党和国家事业各领域各方面各环节。政治性是群团组织的灵魂，是第一位的。实践证明，只有加强政治建设、把牢政治方向，工运事业才能找到"主心骨"，工会工作才能更具生命力。

一要增强政治坚定性。工会干部要牢记"国之大者"，胸怀"两个大局"，自觉同党的基本理论、基本路线、基本方略对标对表，深刻领悟"两个确立"的决定性意义，增强"四个意识"、坚定"四个自信"、做到"两个维护"，始终在思想上政治上行动上同以习近平同志为核心的党中央保持高度一致。要以昂扬的精神状态、务实的工作作风贯彻落实党的二十大精神，始终坚持党的领导不动摇，引领工会工作始终沿着正确航向前进，确保党中央的决策部署在各级工会落地生根。

二要增强政治敏锐性。当前，在社会领域、民生领域出现了一些新矛盾新问题，这些都对工会做好新时代群众工作提出了挑战。工会干部要不断增强政治敏锐性和政治鉴别力，高度重视劳动领域政治安全工作，认真落实意识形态责任制，尤其要强化互联网思维，守好舆论阵地，走好网上群众路线。

三要增强政治引领性。工会要适应新形势新任务，加强和改进职工思想政治引领工作。要把学懂弄通习近平新时代中国特色社会主义思想，与学习贯彻党的二十大精神紧密结合起来，与学习贯彻习近平总书记关于工人阶级和工会工作的重要论述紧密结合起来，多做组织群众、宣传群众、教育群众、引导群众的工作，多做统一思想、凝聚人心、化解矛盾、增进感情、激发动力的工作，引领职工群众坚定不移地听党话、感党恩、跟党走。

2. 坚持围绕中心大局，进一步增强工会组织的先进性

党的二十大报告指出，未来五年是全面建设社会主义现代化国家开局

起步的关键时期。工会要自觉在大局下思考、在全局中行动,找准融入中心工作的结合点、发挥作用的着力点,推动工会工作始终与时代同步,与发展同行,不断提高工会工作对经济社会发展的贡献度。

一要持续推进"产改"工作。党的二十大报告强调,要深入实施人才强国战略,"坚持尊重劳动、尊重知识、尊重人才、尊重创造"。这为工会做好新时代"产改"工作指明了方向。各级工会要发挥好牵头抓总作用,持续深化产才融合、产教融合、产创融合,着力构建劳动技能竞赛体系和培训体系,加快造就一支高素质产业工人队伍。

二要切实维护职工合法权益。党的二十大报告强调,全心全意依靠工人阶级,健全以职工代表大会为基本形式的企事业单位民主管理制度,维护职工合法权益。始终把维护好、发展好最广大职工根本利益作为工作的出发点和落脚点,全力维护好广大职工劳动就业、收入分配、社会保障等方面权益诉求,扎实做好困难职工帮扶救助,大处着眼、小处着手、点滴做起,切实把党委政府的关怀、工会组织的关心送到广大职工群众的心坎上。

三要凝聚强大精神力量。党的二十大报告指出,在全社会弘扬劳动精神、奋斗精神、奉献精神、创造精神、勤俭节约精神,培育时代新风新貌。劳模精神、劳动精神、工匠精神是我国工人阶级先进性的生动体现,是我们的宝贵财富,是激励全国各族人民团结奋斗、勇往直前的强大精神力量。工会要通过广泛宣传劳动模范和其他典型的先进事迹,引导职工群众树立辛勤劳动、诚实劳动、创造性劳动的理念,在全社会营造劳动最光荣、劳动最崇高、劳动最伟大、劳动最美丽的浓厚氛围,不断激发职工群众立足本职岗位、创造一流业绩,为全面建成社会主义现代化强国而奋斗的责任感和使命感。

3. 坚持深化改革创新,进一步增强工会组织的群众性

全面深化改革是我们党守初心、担使命的重要体现。工会干部只有在实干上下功夫、在实效中求突破,才能真正把工会建设成为组织靠得住、企业离不开、职工信得过的职工之家。

一要推进工会组织覆盖。要推动资源向基层倾斜、力量向一线配置,

确保每一个基层工会都成为坚强的组织堡垒。要加大对新技术、新业态、新模式领域建会入会工作的研究，最大限度地把中小微企业职工、新就业劳动者群体和农民工等广大职工组织到工会中来，不断扩大组织覆盖，增强组织活力，持续巩固党的群众基础和执政基础。

二要密切联系职工群众。习近平总书记指出，群众路线是党的生命线和根本工作路线。工会必须牢记党的重托、不忘工会职责，增强对职工群众的感情，密切同职工群众的联系，为他们排忧解难，始终同职工群众心连心。要通过深入企业、走近职工，广接地气，面对面、心贴心、实打实做好职工群众工作，使工会组织和职工群众始终保持"零距离"。

三要加强干部队伍建设。要持续深入"学习强会"行动，不断提高工会干部的学习能力、专业能力、服务职工能力、改革创新能力和组织动员能力等，大力创新组织体制、运行机制、活动方式、工作方法，增强工会干部做群众工作的能力和担当作为的底气，更加用心、周到、细致地做好服务工作，把工会组织建设得更加充满活力、更加坚强有力。

党的二十大报告指出，深化工会、共青团、妇联等群团组织改革和建设，有效发挥桥梁纽带作用。这不仅赋予工会组织新时代历史使命，也为做好党的群众工作提供了根本保证。工会是党领导的工人阶级群众组织，深化工会改革和建设，就是要持续不断增强政治性先进性群众性，紧紧围绕发展大局，认真履行职责，锐意改革创新，奋力开创新时代党的工运事业和工会工作新篇章，在现代化建设新征程上多作工会贡献。

 【案例1】

龙陵县总工会："四步法"推进职工之家规范化建设

2023 年 08 月 18 日　　来源：龙陵县总工会

为充分发挥工会组织职能，维护职工合法权益、竭诚服务职工群众。近年来，龙陵县总工会不断规范职工之家建设，着力将"有形"的阵地和"无形"的服务相结合，努力提升职工幸福指数。

定标准，确定建家规范。成立领导小组，指导和统筹全县"职工之家"服务阵地建设工作，制发《龙陵县总工会关于加强工会职工服务阵地建设的意见》，从服务对象、建设标准、申报程序、资金保障等方面进行详细规定，做到统一标准、统一管理，解决了基层工会"为什么建、建什么、怎么建"的问题，确保职工之家成为党的政策宣传阵地、劳动者的温馨港湾、职工的暖心家园。

强指导，确保建家实效。采取上级工会挂钩、一对多、多对一联系指导等方式，围绕坚持建家方向、促进科学发展、履行维护职责、提高职工素质、服务职工群众、加强自身建设、坚持会员评家7个方面，实施精准化、规范化指导和服务，推动基层工会完善建家内容和规范场所布局。坚持共建共用共享原则，将职工之家阵地建设有机融入辖区党群服务中心、党员教育基地等基层党建阵地建设，实现基层党建和工建"三个协同"（阵地协同、机制协同、工作协同），确保建家取得实效。

重服务，激发建家活力。依托职工之家阵地，以建设职工维权服务站、技能提升培训室、职工活动中心等为载体，为职工提供组织入会、思想政治引领、困难帮扶、医疗互助、技能培训、法律援助、文体活动等服务，使职工之家成为集"休闲+补给+赋能"于一体的综合性服务平台。依托村（社区）联合工会建设"农民工之家"，通过开展给农民工写一封信活动、慰问探望农民工、技能竞赛、农民工子女假期托管等服务，探索建立组织、爱心、信息、服务、保障"五位一体"的农民工服务体系，广大职工安全感、幸福感、获得感不断提升。

树典型，打造建家样板。按照"规范化建设、制度化管理、多元化使用"的原则，分级分类培育选树特色鲜明、带动力强、示范作用突出的职工服务阵地建设先进典型，以典型引领促提升，着力将职工之家服务阵地建设成为广大职工看得见、进得来、留得住、用得好的工会家园。目前，共选树命名各级各类职工之家（小家）25个。其中，全国级模范职工之家（小家）3个；省级模范职工之家（小家）2个；省级乡镇职工之家示范点1个；市级先进职工之家5个；县级先进职工之家（小家）5个、模范职工之家9个。（甘冬艳）

【案例2】

建设"五家"工会品牌　打造新时代职工之家

2020年12月11日　　来源:《菏泽日报》

今年以来,为大力实施"基层工会建设攻坚突破年"行动,进一步深化基层工会改革,激发基层工会活力,发挥基层工会作用,菏泽市市总工会开展全市工会干部"走千企、访万家、稳就业、促发展"活动,深入推进新时代职工之家"五家"文化品牌建设,给予职工更多"精准化、精细化、定制化、人文化"服务和关怀,叫响"五家"品牌,强力打造让全市职工"有家、信家、想家、爱家、恋家"的新时代职工之家。

"晴雨表"工作制让职工享受家的温馨

据了解,"晴雨表"工作机制通过在企业车间、班组制作职工心情展板,并划分"很快乐""还可以""有点烦"三个状态栏,让职工每天上班前可根据个人情绪将本人照片放在相应位置,班组长再参照职工填写的晴雨表状况作出相应处理。对于放置在"有点烦"栏里的职工开展谈话谈心,帮助职工化解烦恼情绪,避免安排高危岗位工作。有特殊情况的上报单位工会帮助解决,及时让职工"阴雨转晴",确保他们以最佳状态开展工作。

该机制是市总工会深入推进"五家"工会建设,打造新时代职工之家的重要举措,也是全市"五家"工会建设中的一个缩影,不但为职工排忧解难,保障职工生产安全和生活幸福,而且让职工在工作中享受到家的温馨。

"职工服务驿站"畅通职工诉求渠道

在服务职工方面,市总工会通过畅通职工诉求渠道,在职工餐厅、车间通道、楼道大厅等职工聚集地设立"职工服务驿站",每周设定"职工接待日",包企工会干部、企业工会干部轮流值班,接受职工来访,了解职工诉求,征集合理化意见建议,将工会干部工作重心下移、服务关口前移,让工会干部接地气、聚人气。

郓城诚信医院"职工服务驿站"开设第一个月,就深受职工欢迎。职工反映的车棚充电插座太少、职工停车难、办公电脑老化、多开展文娱活动、厕所卫生比较差等一系列焦点、热点问题和职工诉求，都很快得到了解决。

"'职工服务驿站'不但连通了职工感情，畅通了职工诉求，还发挥了为职工办实事、解难事的作用，真正让职工感受到了家的温暖！"职工曹凤莲说。

"五家"工会建设结硕果

在深入推进"五家"工会建设中，全市工会强化党建统领，不断深化党建、工建"一盘棋"意识。以党建带工建、工建促党建，协同建设党组织和工会组织，促进更多企业建会，职工和农民入会，通过建好组织让职工"有家"，切实维权让职工"信家"，丰富活动让职工"想家"，普惠服务让职工"爱家"，人文关怀让职工"恋家"。健全工会各项规章制度，实现维权服务关口前移，畅通产业工人发展通道，丰富了职工的文化生活，维护了职工的合法权益，完善职工困难常态帮扶制度，创新了服务职工新经验、新做法，激发了基层工会活力，发挥了基层工会作用，叫响了工会"五家"。(记者　时苏建)

第八章

基层工会干部如何提高综合素质和能力

"建家"工作的基础、先决条件和有力保证就是建立一支高素质、专业化的工会干部队伍。基层工会干部的整体水平和素养直接影响着工会各项工作的开展。只有把工会干部队伍建设作为基层工会"建家"工作的首要任务和关键环节，切实提高基层工会干部队伍的综合素质，才能为做好基层工会"建家"工作、推进工会各项事业持续良好发展打下坚实的基础。

第一节　新时代提升工会干部素质的重要性和紧迫性

一、新时代提升工会干部素质的重要性和紧迫性

（一）建设高素质、专业化的工会干部队伍是贯彻落实习近平总书记关于工人阶级和工会工作的重要论述的内在要求

2023 年 10 月 23 日，习近平总书记在同中华全国总工会新一届领导班子成员集体谈话时强调，各级党委要加强对工会和工会工作的领导，选好配强工会领导班子，热情关心和严格要求工会干部，重视培养和使用工会干部。工会干部要践行党的群众路线，深入调查研究，及时了解职工所思所想所盼，不断增强服务职工本领，真心实意为职工说话办事。这一重要论述，对工会干部队伍建设提出明确要求，深刻揭示了新时代加强工会干部队伍建设的重大意义和实践要求。为新时代加强工会干部队伍建设指明了前进方向、提供了根本遵循。

习近平总书记关于工会干部队伍建设的重要论述，把我们党对加强群团干部队伍建设的规律性认识提升到新的高度，具有深邃的理论性、根本的指导性、鲜明的导向性。建设高素质专业化工会干部队伍，就要深入学习习近平新时代中国特色社会主义思想和党的二十大精神，贯彻落实新时代党的组织路线，紧密结合工会干部队伍建设实际，在深刻理解把握习近平总书记对工会干部队伍建设提出的明确要求中，提高政治站位，强化政治责任，深入推进高素质专业化工会干部队伍建设，为开创新时代工会工作新局面奠定坚实的组织基础。

（二）建设高素质的工会干部队伍是全面推进工会工作上新水平的现实需要

近年来，为适应改革发展的形势，各级工会在实践中积极探索并提出

了一系列工作思路、工作重点和工作目标。这些工作思路、工作重点和工作目标体现了习近平新时代中国特色社会主义思想对工会工作的要求，找准了新形势下工会工作的突破口与切入点。而要把正确的工作思路和措施化为具体的行动，实现工会工作的突破，需要一支高素质专业化的工会干部队伍来贯彻和落实。

（三）建设高素质的工会干部队伍是加强工会自身建设的迫切需要

形势的发展变化既使我们面临难得的机遇，也使我们面临着一些从未遇到的困难和问题，这对工会干部的思想素质、政策水平和工作能力都提出了新的更高要求。然而，现有工会干部队伍中存在的年龄偏大、文化偏低、专业单一、状态不佳等诸多问题，使当前工会干部队伍整体素质与新形势新任务的要求不相适应，加快推进工会干部素质建设，建设一支高素质的工会干部队伍，成为当前新形势下加强工会自身建设的迫切需要。

二、新时代对工会干部的能力素质提出了新要求

党的二十大担负起全党的重托和人民的期待，从战略全局深刻阐述了新时代坚持和发展中国特色社会主义的一系列重大理论和实践问题，科学谋划了未来一个时期党和国家事业发展的目标任务和大政方针，同时也对新时代工会等群团工作提出了新使命，面临新任务新使命，各级党组织和广大职工群众对如何发挥好工会的积极作用有着新期待，同时也对各级工会干部的素质能力提出新要求新挑战，因此，提高工会干部素质能力，塑造工会干部新形象既是提升工会组织能力水平的内在要求，又是党组织和职工群众的外在要求。

（一）明确目标，把握好新时代工会干部履职尽责的新任务

习近平总书记在党的二十大报告中指出，"深化工会、共青团、妇联等群团组织改革和建设，有效发挥桥梁纽带作用""全心全意依靠工人阶级，健全以职工代表大会为基本形式的企事业单位民主管理制度，维护职工合法权益""在全社会弘扬劳动精神、奋斗精神、奉献精神、创造精神、勤俭节约精神，培育时代新风新貌"。这些论述极具针对性、战略性和思

想性，为新时代工会干部履职尽责提供了根本遵循，为新时代工会工作指明了方向。

(二) 找准定位，落实好新时代工会工作稳步提升的新要求

中共中央《关于加强和改进党的群团工作的意见》明确了做好党的群团工作"三个统一"的基本特征和"六个坚持"的基本要求，《中华全国总工会关于新形势下加强基层工会建设的意见》明确了基层工会建设的"六有目标""五项主要任务"。新形势下，加强和改进工会工作，必须以习近平新时代中国特色社会主义思想和党的二十大精神为指引，以中央有关加强和改进党的群团工作的要求为基本遵循；必须始终坚持中国特色社会主义群团发展道路，紧紧围绕党的群团组织和工会定位开展工作；必须立足单位自身，结合基层实际，主动担当作为，努力开创工会工作新局面。

(三) 发现症结，反思好新时代工会干部干事创业的新问题

一是部分领导干部和工会干部对新形势下工会工作的重要意义认识不到位，主要表现在政治理论学习不够，对工会工作定位和如何更有效开展工作缺乏清晰认识，对重点难点问题缺乏系统思考；二是基层工会活力不强，主要表现为部分基层工会组织建设和人员素质比较薄弱，工会干部联系群众服务群众的意识和本领有待加快提升；三是部分基层工会和工会干部改革创新意识不强，主要表现为不能主动适应新形势，在工作内容和方法上缺乏创新，工会作用发挥受到影响。

(四) 提升素质，开创好新时代工会干部开拓创新的新局面

一是加强学习，团结群众听党话跟党走。各级工会干部要加强理论武装，把学习贯彻习近平新时代中国特色社会主义思想和党的二十大精神作为当前和今后一个时期的首要政治任务，把学习实践与工会工作的实际紧密结合起来，学懂、弄通、做实。

二是努力钻研，提高认识出思路定方略。要按照党组织和上级工会部署，紧紧围绕企业中心工作，明确工作目标任务，以"建功'十四五'奋进新征程"为主题，创新工作思路举措，全面落实"六有工会"要求，发挥好基层工会的各项职能，为促进事业持续健康发展提供坚强的保障。

三是增强本领，树立信心履好职当行家。工会干部要不断提升专业、组织能力、协调能力、服务能力、创新能力，坚持以职工为本，深入实施关爱工程，积极为职工办实事，做好事，解难事，提高工会组织的信任度和满意度。要更新观念，适应变化，创新群众工作的方式方法，深入推进智慧工会建设，不断提升工会的工作成效，促进工会工作在新形势下更好地融入中心、服务大局。

四是不忘初心，服务职工敢作为善作为。增强服务意识，树立服务理念，要坚持以人民为中心的发展思想，把职工对美好生活的向往作为工作的出发点和落脚点，深入企业生产经营一线，了解群众所思所想，诚心诚意办实事，尽心尽力解难事，不断提高为群众服务的水平。加强作风建设，提升服务水平。深入基层

深入群众，突出服务大局，服务职工群众、服务企业的职能，坚持问题导向，不搞形式主义，切切实实为职工群众办实事、解难事。

第二节　正确把握当前形势下工会干部所必备的素质

工会干部素质是工会干部开展工会工作所应具备的内在基本条件，是工会干部先天本质和后天修养、生理条件与心理因素化为德、才、学、识诸方面的水平与特征的体现。按照高素质、专业化的要求，打造与时俱进的工会干部素质，是新形势对工会干部队伍素质的要求。

一、政治素质

新形势下，工会干部必须强化自身的政治意识，提高政治素质。要从讲政治的高度，坚持用习近平新时代中国特色社会主义思想武装头脑，坚持正确的政治方向，增强"四个意识"、坚定"四个自信"、做到"两个维护"，自觉在思想上政治上行动上同党中央保持高度一致；要在同一切

危害国家统一、民族团结、国家安全和社会政治稳定的斗争行动中，增强政治敏锐性和鉴别是非的能力。

二、知识素质

21 世纪是知识经济时代，知识素质是工会干部素质的基础，一个合格的工会干部至少应具备五方面的知识：一是理论知识，通过理论知识的学习把握，指导工作的开展，提高分析问题、解决问题的能力；二是专业知识，必须熟悉和掌握工会工作的有关知识、规定、政策及工作方法；三是与专业相关的知识，具有较为丰富的经济、科技、管理、法律等方面的知识；四是文化知识，具有人文精神和文化品位；五是应用技术知识，如外语、计算机等方面的知识技能。

三、能力素质

能力素质是从事具体工作、实现工作目标的本领，是知识、智慧和经验的综合体现。当前形势下，工会干部没有一定的能力不行，只有一种能力也不行，必须具备多种较强的能力，才能适应工作的需要。当前工会干部更应注重以下五种能力素质的提升。一是创新能力。当前工会工作面临较多新情况、新问题，仅凭过去的经验是难以应付的，必须用创新的思维去解决问题。二是决策能力。要在掌握实际工作现状的基础上，通过科学的理论指导，运用科学的方法作出符合客观实际及规律的行为选择。三是协调能力。工会的桥梁纽带作用决定了工会干部协调能力的重要性，要通过良好的沟通协调，取得共识，形成合力，推进发展。四是调研能力。通过调查研究，掌握第一手资料，增强工作的针对性，提高分析问题的能力及文字表达能力。五是学习能力。提高工会干部素质一种有效的途径就是加强自身学习，不仅要勤于学习，更要善于学习，通过学习能力的提高保证学习的效果。

四、品德素质

品德素质在工会干部素质中占有重要地位，工会干部应突出以下几方面品德素质的修炼。一要正直。就是工会干部要有良好的工作作风、思想作风、生活作风，为人忠诚老实。二要诚信。就是要求工会干部要言而有信，"言必信，行必果"，这是工会干部应具有的最基本的素质。工会干部的信用度不仅反映其个人的素质，同时也直接影响到广大职工群众对工会组织的信用度。三要负责。就是要求工会干部能够勇于承担责任。优秀的工会干部应该是能够承担责任的人。四要守法。依法治国是我国的基本国策，作为工会干部，必须强化法治意识，要在掌握基本的法律、法规的基础上，依法工作，依法治会。五要正气。工会干部要有坚持真理的勇气，要有一身正气，在任何时候、任何风浪面前都必须坚定立场、坚持原则，无私无畏地追求真理，旗帜鲜明地捍卫真理，为实现真理而斗争。

五、心理素质

随着工会工作的推进，工会干部面临着更多的挑战，承受着更大的心理压力，这就要求工会干部必须有健全的心理素质，才能时刻保持高度的果断与冷静。良好的心理素质包括以下几方面的内容。一要有自信心。作为自我激励的一种形式，拥有适当的自信会不断激励自己去进取。二要有自知力。自知力是指个体真实了解自己的能力。作为一个合格的工会干部，应该清醒地知道自己的长处、短处及优势、劣势领域，知道别人对自己的看法，从而取长补短，优势互补，更好地开展工会工作。三要有自我激励意识。工会干部要热衷于正在进行的目标，并对所从事的工作有着较高的激情。四要有自控力。无数实践证明，工会干部的自控力对工会工作成败的影响往往是很大的，有时还真实和客观地反映着工会干部的成熟程度。

第三节 新形势下提高工会干部素质的途径和方法

一、在党管干部的原则下，推进工会干部人事制度改革，优化工会干部队伍结构

要针对当前工会干部队伍结构中存在的问题，积极推进工会干部人事制度改革，进一步优化工会干部队伍结构，确保工会干部整体的基本素质。

（一）要加快工会干部的培养

要把工会干部培养列入企业干部培养的序列，要特别重视年轻工会干部的培养，既要为工会干部的深造创造条件，又要鼓励和安排年轻干部在实践中经受锻炼和考验。要根据形势、任务要求，有计划培养一大批熟悉经济管理、社会保障、法律事务等方面知识的专门人才，以改变目前工会干部队伍中事务型、活动型人才多，专业型、研究型人才少的结构失衡状况。

（二）要拓宽工会干部的选拔渠道

要按照公开、公平、竞争、择优的原则，全面推行工会干部竞聘上岗，扩大工会选拔的渠道，解决工会干部后继无人的问题。要把坚持党管干部、工会协管干部的原则同干部工作走群众路线结合起来，逐步推行工会主席直选制，将大批有真才实学、受职工拥护、胜任工会工作的人才选拔到工会工作领导岗位上。

（三）要推进工会干部交流

要通过大胆提拔使用素质高、政绩突出的工会干部，向党委或行政等关键岗位推荐优秀工会干部等途径，推动工会优秀人才的输出，使工会干部队伍不断有"新鲜血液"输入，以增强整个工会干部队伍的活力。要改进工会干部管理办法，要加大上级工会协管的力度，积极探索用人与治事相结合的干部管理办法，要在工会干部提拔任用、工作考核、经济分配等

方面增强垂直管理的主动性。要进一步坚持和完善工会领导干部的述职评议制，把群众的满意度作为对工会领导干部考核的主要依据。

二、加强教育培训，倡导终身学习，建设学习型工会干部队伍

（一）要加强工会干部的思想教育

要坚持用习近平新时代中国特色社会主义思想和党的二十大精神武装工会干部头脑，使其成为广大工会干部的精神支柱和行动指南；要通过爱国主义、集体主义、社会主义和民主法治教育，引导广大工会干部树立正确的世界观、人生观、价值观，增强对建设中国特色社会主义的信念及对改革开放和现代化建设的信心；要进一步强化工会干部的政治意识、大局意识、核心意识、看齐意识，自觉维护安定团结的社会政治局面。

（二）要加强工会干部的业务培训

提高素质，离不开工会干部的个人努力，也离不开组织上的系统培养。要从时代要求出发，立足工会工作实践及工会干部自身的发展，制订科学的工会干部培训计划；要积极探索工会干部培训的新手段、新方法，提高培训的针对性、实效性；要进一步完善工会干部培训的激励和约束机制，提高工会干部参加培训的主动性、自觉性。

（三）要加强工会干部的有效学习

重视学习、善于学习，是提高工会干部素质的关键。要进一步倡导工会干部终身学习的观念，营造工会干部刻苦学习、勤奋学习的良好氛围，以学习型工会干部建设学习型工会干部队伍。要以我们正在做的事情为中心，着眼于马克思主义理论在工会工作中的应用，着眼于对工会工作实际问题的理论思考，着眼于推动工会工作新的实践和新的发展，不断提高学习的实效性。工会领导干部要成为学习的典范，带头学习，为推动工作创新、创造性地完成工作任务，提供基本的素质保障。要努力为工会干部的学习创造条件、提供便利，对学有所成、学有所用的工会干部要给予一定的激励。

三、完善考核监督机制，加大对工会干部的激励力度，激发工会干部的工作激情

良好的精神状态既是工会干部的素质体现，也是工会干部队伍的活力所在。我们要从建立完善工会干部的激励、约束机制着手，激发工会干部的工作激情和创造力。

（一）要建立科学的工会工作评价体系

对工会工作是否客观、科学地评价，影响着对工会干部的评价。科学的评价体系，既要有定性的要求，更要有量化的指标；既要有阶段的工作成果，更要有持续的长期效应；既要有上级工会、同级党组织的肯定，更要有广大职工的认同，从而使工会工作的评价体系真正能够"透视"一个工会组织的工作，反映工会干部的整体工作水平。

（二）要推行责任目标考核

要把工作目标的完成情况及其过程中体现出的政策业务水平、创新能力、工作责任心有机结合起来，加强对工会干部的考核。在考核中要坚持看主流、看发展、看变化、看成果，以职工群众的满意程度作为考核的重要依据，把考核结果与工会干部的选拔任用、经济分配挂起钩来，从而克服干好干坏一个样的弊端。

（三）要进一步建立和完善工会干部的激励机制

要在提拔、任用、奖金、福利、培训深造上给予与其他管理干部同等待遇，以留住高素质人才、吸引高素质人才、激励高素质人才，稳定工会干部队伍。

四、加强工会的作风建设，强化群众观念，培育工会干部的人格力量

（一）要牢固树立群众观念

对职工群众怀有深厚的感情，这是工会干部必备的基本素质，也是工会干部做好群众工作的重要先决条件。工会是职工自愿结合的工人阶级的

群众组织，为职工服务、替职工说话办事，代表和维护职工利益，是工会干部的职责。工会干部只有心中装着职工，对职工群众怀有深厚的感情，才能动真情、心贴心，想职工所想、急职工所急。因此，要把群众满意不满意作为工会工作的出发点和落脚点，进一步增强为广大职工服务的意识，努力克服行政化倾向，把工会工作建立在广泛的群众基础上。

（二）要努力改进工作作风

工会干部要遵循党的群众路线教育的要求，反对形式主义、官僚主义、享乐主义和奢靡之风，努力转变思想作风、工作作风、生活作风。要坚持深入基层，深入群众，听取群众意见，反映职工意愿，为广大职工办好事办实事。要以求真务实的态度推进工作开展，不搞花架子，力戒形式主义，努力提高工作的实效。

（三）要加强自身修养

工会干部要不断加强思想道德修养，着力人格形象的塑造，通过工会干部的人格力量提高工会干部的威信与感召力。

总之，全面提高工会干部队伍的整体素质是一项艰巨复杂的系统工程，需要各级工会上下的共同努力，在思想观念、方法手段、工作要求和机制制度上有新的突破。各级工会要以高度的政治责任感和历史使命感，把按照习近平新时代中国特色社会主义思想和党的二十大精神的要求提高工会干部整体素质作为一项战略任务来抓，牢固树立"事业兴衰，关键在人"的思想，明确工作目标，落实保证措施，为加快提高工会干部队伍的整体素质，提供强有力的组织保证，建设一支自觉贯彻党的路线方针政策、热爱工会事业、密切联系职工群众、敢于为职工群众说话办事、受到职工群众信赖、政治上可靠、业务上精湛、结构上合理、德才兼备、走在时代前列的高素质专业化的工会干部队伍。

【案例1】

××市总工会注重"四项机制"建设
着力提升工会干部队伍素质

为进一步提升工会干部队伍的整体素质，近年来，××市总工会以"创先争优"活动为契机,以"双亮"工程为载体,探索建立了规范化用人、高效能运行、多渠道培训、全方位服务等四项机制,塑造出了一支素质较高、能力较强的工会干部队伍,促进了全市工会工作的全面提升。

一、抓队伍,建设规范化用人机制

积极争取党委的重视和支持,不断规范乡镇、市直部门、企业工会主席配备制度,狠抓工会领导班子和干部队伍建设。以市委名义印发了《关于进一步加强乡镇、部门工会组织建设的通知》,明确要求:乡镇工会主席由乡镇分管组织工作的党委委员兼任,市直部门工会主席由分管办公室的副职兼任,村工会主席由支部书记兼任,企业工会主席依法选举产生,形成了规范的用人机制。这几年,市乡镇、村、企业三级工会组织健全,工会干部队伍始终保持了不缺职、不断层、高水平的稳定局面。

专职工会干部队伍作为基层工会的主要工作力量之一,体现着基层工会工作的水平和形象。为此,市总工会积极探索了专职工会干部队伍建设机制,制定了《专职工会干部管理办法》,建立健全了四项制度。一是年度聘任制。把热心群众工作、有一定基层工作经验的机关、企业退休干部作为重点选用对象,一年一聘。通过量指标,亮待遇,明奖惩,签协议,细化管理。二是工作例会制。每月初召开一次工作例会,汇报上月工作完成情况,安排部署本月工作任务。三是工作月报制。每月25日前,专职工会干部将当月的工作情况书面上报市总工会,无故逾期不报者给予警告。四是绩效挂钩制。量化任务指标,年终考核后一次性兑现工资,考核不足总分值80%的不再续聘,保证了专职工会干部队伍素质。四项制度的实行,最大限度激发了专职工会干部工作的积极性、主动性、创造性。

二、重管理,建设高效能运行机制

以建设高效能运行机制为抓手,以培养知识型、执行型、进取型、实绩型工作团队为重点,着力提高干部队伍的综合素质。一是抓学习,培养知识型团队。在管理上,完善了学习制度,制定了激励措施;在内容上,坚持实际、实用、实效原则;在形式上,实行集中辅导与个人自学、书本学习与网络浏览相结合;在时间上,确保每天自学一小时和每周五的集中学习。购置电子学习屏幕,开展了"业务知识人人讲"活动。二是抓制度，培养执行型团队。坚定的执行力是工会干部工作能战、战之能胜的"法宝"。我们坚持以制度管人，做到奖励有标准，惩罚有依据，强化了工会干部的执行力。先后健全了首问负责、限时办结、绩效考核等 21 项制度。遇事循制度、办事讲原则已成为工会干部的行为准则。三是抓对标，培养进取型团队。该市总工会开展了一系列"对标竞赛"活动。单位对标，与省内先进县级工会结对子，邀请其工会主席来传经送宝；部室对标，与对标单位对应部室结对子，相互交流、取长补短；个人对标，与身边同事结对子，相互促进、共同提高。创先争优，对标进位的同时，市总工会积极创新，主动作为，面对日趋复杂的劳动关系，成立劳动关系部，突出了重点，强化了职责。为引导职工合法表达利益诉求，与市第×律师事务所联合成立了"职工法律援助中心"，采取事务所减一点、工会补一点、本人负担一点的优惠措施服务职工，对在档的特困职工则实行免费服务。四是抓考核，培养实绩型团队。实行百分考核制度，考核内容分岗位目标、创新工作、重点工作和团结协作四部分。对岗位目标的考核，年底召开述职会，一人说，大家听，一人讲，大家评，当场打分，当场公布成绩；对创新工作的考核，加大奖励力度，所承担的工作凡在市总工会、省总工会、全国总工会得到推广的，逐级加倍得分；对重点工作的考核，按工作实效计算得分；对团结协作的考核，实行领导班子成员和部室互评，干部职工互评，每月进行一次。考核总分作为年底兑现奖惩的主要依据。高效能的管理运行机制，激发了大家创先争优、唯旗誓夺的精神，多项工作在工会系统名列前茅，连续五年被市委评定为实绩突出单位。

三、拓思路，建设多渠道培训机制

培训是提高工会干部业务素质有效的途径。市总工会通过转变培训理念、丰富培训内容、打造培训渠道，强化对工会干部的教育。一是组织中层以上干部授课。市总班子成员和部长自编讲义，亲自讲课，每年两次对全市工会干部进行指导性培训。组织编写了《工会业务知识 100 问》《工会干部法律知识指南》《女职工专项合同四字歌》《工资集体协商程序》等教材。二是聘请专家授课。依托市委党校成立工会干部培训学校，请市委党校教师讲党史、经济形势、群众工作理论；请省劳动关系职业学院教授讲工会组建、维护职工权益、工会干部素养等课程；请有关专家讲劳动法律和劳动保护知识。并评选优秀学员，将优秀学员纳入工会人才库管理，退职后优先聘为专职工会干部。三是外出参观考察学习。为了开阔视野、创新工作，全面提高基层工会干部队伍的综合素质，该市总工会每年组织各乡镇、重点企业的工会主席到外地学习考察，激发了活力。

四、转作风，建设全方位服务机制

良好的工作作风是对工会干部素质的基本要求，服务水平的高低是对工会干部素质的评价尺度。××市实行了市总工会干部"包乡镇包企业"、乡镇工会干部"包村子包企业"、企业工会干部"包车间包班组"责任制，通过亮身份、亮职责，使人人有任务、个个有压力，改原来"坐、等、靠、要"的不良习惯为主动跑乡镇、下企业、入车间、访职工，讲政策、解疑惑、抓维权、搞服务。开展了"千名工会干部进企业、下基层"活动，要求全市各级工会干部全部走下去，每人分包一家企业，企业的工会干部每人分包1—2个车间或班组，每周至少抽出一天时间与职工同吃、同学、同工作，真正倾听群众呼声，帮助职工群众解决生产生活中遇到的实际问题，并结合全总提出的"面心实"活动，规范了具体动作。市总工会还开展了"工会干部与职工交朋友"活动，领导班子带头，机关所有干部每人常年联系5名一线职工。通过入户、见面或者电话交流等方式，每月至少与职工联系一次，掌握所联系职工的生产、生活情况及思想动态。

四项机制的建立，使全市工会干部队伍整体素质实现大幅提升，工作主动性明显增强，服务水平显著提高。

第九章

基层工会建立会员评家制度

组织会员评议职工之家是全国总工会推进基层工会群众化、民主化建设，保障会员的知情权、参与权和监督权落实的重要举措。通过会员评家，能够进一步激发基层工会活力，切实增强工会组织的凝聚力和吸引力，从而提高基层工会工作整体水平。

第一节 会员评家活动的主要内容

会员评家是加强基层工会民主建设的重要内容。进一步开展会员评家的活动，有利于加强基层工会民主建设，发扬民主，保障会员知情权、参与权、监督权的落实。

一、开展会员评家活动的意义

1. 开展会员评家活动是落实《中国工运事业和工会工作"十四五"发展规划》的需要

《中国工运事业和工会工作"十四五"发展规划》明确要求，健全完善会员代表大会评议职工之家制度，深入开展会员评家工作，到2025年底实现基层工会普遍开展会员评家，以评家促进建家。

2. 开展会员评家活动是密切工会与会员群众联系的客观需要

当前，基层工会工作与党中央的新要求、职工群众的新期待还有一定距离。一些基层工会存在民主制度不健全、会员主体作用发挥不充分等问题。在会员评家中加强民主制度建设，有利于坚持完善会员（代表）大会制度，实行会务公开，推进基层工会决策的民主化和科学化。

3. 会员评家是推进建设职工之家深入发展的有效机制

会员满意度是衡量基层工会工作和建设职工之家成效的根本标准。广泛开展会员评家活动，有利于创新建设职工之家工作机制，充分调动会员群众参与工会活动的热情，使基层工会工作更加富有生机和活力。

二、会员评家的基本内容

依据建设职工之家的基本要求，会员评家的基本内容如下。

1. 健全组织体系

基层工会委员会、经费审查委员会、女职工委员会等组织健全，单独设置工会工作机构，依法独立自主开展工作；工会主席（副主席）的产生符合有关规定，工会委员会按期换届选举；依法进行工会法人资格或工会法人代表变更登记；有单独工会财务账号，独立使用工会经费；加强专兼职工会干部、积极分子队伍建设；加强会员会籍管理，职工入会率达到85%以上。

2. 促进科学发展

以创建"工人先锋号"为主要载体，深入开展劳动和技能竞赛，推动企事业单位发展；广泛开展合理化建议技术革新、技术协作和发明创造等群众性经济技术创新活动，激发干部职工的创新活力；加强劳动模范（先进工作者）的培养、评选、表彰、宣传和管理，激励职工立足岗位、建功立业。

3. 履行维权职责

建立平等协商和签订集体合同制度，开展共同约定行动，协商解决涉及职工切身利益的重大问题；指导和帮助职工签订劳动合同，依法妥善处理劳动争议纠纷，提供法律援助，构建和谐劳动关系；坚持和完善以职工代表大会为基本形式的民主管理制度，推行厂务公开，落实职工代表大会各项职权；公司制企业依照有关规定选举职工代表参加董事会和监事会，参与企业管理；协助和督促行政部门落实国家各项涉及职工权益的法律法规。

4. 实施素质工程

发挥工会"大学校"作用，积极开展各项主题教育，以社会主义核心价值体系引领职工；深入开展"创建学习型组织、争做知识型职工"活动，加强职工教育培训，提高职工整体素质；开展群众性精神文明创建和文化体育活动，推动职工文化和企业文化建设。

5. 服务职工群众

关心职工疾苦，倾听职工呼声，积极反映职工的意愿和要求；热心服务职工群众，努力为职工做好事、办实事、解难事；开展"送温暖"活动，履行帮扶特困职工"第一知情人""第一报告人""第一协调人"的职责。

6. 加强自身建设

工会领导成员坚持民主集中制，密切联系群众，廉洁自律，管好用好工会经费和资产；健全各项组织制度、工作制度，基础资料齐全；坚持会员（代表）大会制度，完善会员代表常任制，实行会务公开，接受会员群众民主评议和监督；深入开展建设职工之家"双爱双评"活动，按照会员群众意愿开展活动，提升工会工作水平。

第二节　会员评家的方式方法

在同级党组织领导和上级工会指导下，会员评家通过召开会员（代表）大会进行，每年至少评议一次。

一、会员评家活动的程序

会员评家主要评议基层工会开展工作、建设职工之家情况，评议工会主席（副主席）履行职责情况。

1. 会员评家前应将评议内容、评议标准告知会员，做好组织发动和准备工作，并向上级工会报告。

2. 工会主席（副主席）在会员（代表）大会上报告工会工作及建设职工之家情况，并就个人履行职责情况进行汇报。会员（代表）对工会工作、建设职工之家情况和工会主席（副主席）在进行民主评议的基础上，以无记名投票方式进行测评。测评可分为满意、基本满意和不满意三个等次，当场公开民主测评结果。

3. 会员评家的结果应报同级党组织和上一级工会，并作为考核基层工会工作和工会主席（副主席）的重要依据。对会员群众民主评议、民主测评反映的突出问题，该基层工会应向会员（代表）群众反馈整改措施。

二、会员评家的激励机制

1. 应把会员民主测评满意等次作为评价基层工会工作和评选先进的依据。获得"满意"等次的基层工会和工会主席（副主席），可作为推荐申报本级或上级各类先进集体、先进个人的依据；对连续三年以上获得"满意"等次的模范职工之家的基层工会和工会主席（副主席），可作为推荐申报本地或上级"五一劳动奖状""五一劳动奖章"的依据；对获得满意等次的基层工会和工会主席（副主席），上级工会和本单位可以给予适当奖励。

2. 对会员民主测评不满意的基层工会，限期一年内进行整改；会员仍不满意的，对已获得合格、先进、模范职工之家称号的，上级工会可撤销其称号。对会员测评不满意的工会主席（副主席），所在单位党组织和上级工会应在核实的基础上对其进行诫勉谈话；连续两年会员仍不满意的，应按照工会章程和有关规定程序对工会主席（副主席）进行调整。

3. 基层单位及其党政负责人拟推荐申报工会系统评选表彰的各类先进，会员评家必须达到满意等次。

三、会员评家的具体措施

1. 重视组织领导

各级工会组织要切实把会员评家作为全面推进职工之家建设、加强基层工会工作的一项重要制度和措施，摆上议事日程，加强组织领导。要结合本地、本系统、本单位实际，研究制定具体的实施细则，健全完善制度，扎扎实实地开展会员评家活动。

2. 加强宣传培训

各级工会要加强宣传，采取多形式的学习和培训活动，让会员了解掌握会员评家的内容、方法，引导会员积极参与到会员评家活动中来，保证

会员评家工作健康发展。

3. 规范操作程序

按照《工会法》《中国工会章程》和《基层工会会员代表大会条例》等规定，建立完善规范的会员（代表）大会制度，落实会员（代表）大会的职权，让会员评家活动如期顺利进行。

4. 增强责任意识

各级工会要把会员评家作为会员（代表）大会的重要内容，认真抓好落实。对没有开展会员评家的基层工会，上一级工会应督促其改进，并取消该工会组织、工会主席（副主席）参加当年工会系统评先的资格。

5. 加强督查指导

加强对会员评家工作的督促检查，形成长效机制，定期组织进行自查、互查、抽查，适时进行通报，确保会员评家取得实效。加强分类指导，针对不同类型基层工会的实际，研究解决工作中遇到的新情况、新问题，总结经验，推广典型。

总之，基层工会必须建立健全会员评家机制，以职工群众是否认可和满意作为考核"建家"成效的重要标准。建立会员评家机制是新形势下基层深入开展建设职工之家活动的创新举措，是推进基层工会群众化、民主化进程的重要环节。要以评家为主要抓手，不断提高广大会员参与基层工会建设的能力和水平，从而增强工会组织的吸引力、凝聚力和生命力。

第三节　职工小家建设工作创新

新形势下，要巩固和发展"建家"成果，要深入持久地"建家"，必须抓班组、抓会员，从工会最基层组织抓起，开创基层工会工作新局面、新领域。工会小组是工会的前沿阵地，是落实工会工作的重要载体，工会的作用最终要通过工会小组来体现。工会小组是工会组织的细胞，只有所有的细胞都具备活力，整个工会组织才能充满生机。只有建好"小家"，才能履行好工会职责，真正形成上下互动的全面"建家"格局，才能增强企业吸引力。

把"职工小家"建设好，应从以下几个方面努力探索。

一、突出维权重点，全面履行工会职责

维护职工合法权益、竭诚服务职工群众是工会的基本职责，是工会工作的永恒主题，也是工会赖以生存的基础。建"小家"要注重突出维护职工合法权益这个核心，在完善"小家"功能上做文章。

（一）要在围绕中心工作、维护职工长远利益上下功夫，建设"效益小家"

坚持"建家"就是建企业，就是发展企业的指导思想，努力营造让职工能够尽显个性、施展才华、体现人生价值的企业环境，使个人价值与企业价值相统一，开展竞赛立功、岗位练兵、技术攻关等活动，形成节能、降耗、增效的良好氛围，实现创效增收，企业与职工双赢，从根本上维护职工长远利益。

（二）要在加强劳动保护监督、维护职工切身利益上下功夫，建设"安全小家"

安全是和谐的基础，是家庭幸福的保障。在小家建设中，树立安全建"小家"，安全保效益，安全促发展的意识，以人为本，增强职工劳动保护意识；强化培训，提高职工的劳动保护技能；技术创新，加大职工防范风险的能力；狠抓落实，建立群防群治的劳动保护网络。坚持"安全第一、预防为主、综合治理"的方针，定期开展"安康杯"竞赛活动，定期开展劳动保护监督活动，对危险源点进行经常性检查，从根本上维护职工切身利益。

（三）要在完善民主管理制度、维护职工民主权利上下功夫，建设"民主之家"

在"小家"建设中，要做到哪里有权力，哪里就有民主管理；哪里有

利益关系，哪里就有公开。全面推行厂务公开，实行民主管理制度化、科学化、规范化、经常化，凡涉及职工切身利益的重大问题，不经职工讨论通过不能实施，实现"事后纠正向事前预防转移，实现被动监督向源头参与的转移"，从而达到超前维护的目的，增强工会维护的实效性，从源头上维护职工利益。

(四) 要在提高职工队伍素质、维护职工根本利益上下功夫，建设"学习小家"

围绕提高职工素质，增强企业核心竞争力，要深入开展读书活动，培育创建学习型工会小组、知识型职工队伍、创新型工会小组长，开展爱国、爱局、爱岗教育活动，提高职工的政治素质、业务能力、技能水平，增强企业竞争力，从根本上维护职工利益。

(五) 要在尽力排忧解难、维护职工直接利益上下功夫，建设"和谐小家"

按照以人为本的方针，努力做到尊重人、关心人、理解人、帮助人、团结人，在建"小家"竞赛活动中，建立职工联系代表制度，及时准确地掌握职工思想脉搏，理顺职工情绪，化解矛盾，使职工保持良好的精神状态。贯彻落实"六必访"，以解决职工最关心、最直接、最现实的利益问题为重点，注意从家庭生活等方面给予足够的关心，使职工对"小家"真正有可依可靠的归属感，人人都把"小家"看作家庭之外的又一温馨和谐的"小家"，做到"人人献出一份爱"，让"小家"充满温暖。

二、党政工形成共识与合力，优化班组"建家"活动条件

(一) 统一认识，列入企业目标管理

班组开展建"职工小家"活动是企业的一项整体工程，涉及面广，工作量大，仅靠工会一家是不够的，必须取得党政领导的支持，才能保证建设"职工小家"活动的顺利开展，形成党委领导、行政支持、工会实施、职工参加的格局。同时，要把小家建设的目标管理，作为精神文明建设的考核内容，分解到有关车间和科室，作为思想政治工作和企业管理工作的

考核内容之一。再次，把小家建设活动与创建先进班组活动结合起来，并把建设"职工小家"的达标要求列入企业工会工作的责任制中，从而为班组建设"职工小家"活动的顺利开展奠定基础。

(二) 认真选配工会小组长，确保"建家"有称职的带头人

建小家，工会小组长是主角。班组建家的成功与否，很大程度上取决于工会小组长的自身素质。因此，在选配工会小组长时应坚持两个原则，一是注意选配政治素质好、业务能力和组织能力强、热心于群众工作的同志；二是必须经全组会员民主选举。企业工会还要加强对工会小组长的业务知识培训，帮助他们提高组织活动能力。同时，建立和完善对工会小组长的考核制度，落实工会小组长的权利，增强工会小组长的责任感，努力使"建家"有一个称职的带头人。

(三) 确定建设"职工小家"的宗旨，扎实抓好基础工作

建设"职工小家"起步伊始的第一项工作，就是要确定"建家"宗旨，以此来指导整个建设"职工小家"活动的方向。要结合企业实际情况，抓好"建家"基础工作，其基础工作主要为两个方面。一要抓好试点。以点带面，先从点上取得经验，再推动全面。围绕"建家"宗旨，由工会小组长直接抓，车间分工会主席重点抓，公司工会专职干部分点配合抓，"三管"齐下。各试点小组都要拿出自己的成果来。二要给工会小组长放"六权"。即按规定使用下拨经费的支配权；对本组工作计划的制订实施权；文体活动的组织开展权；对本组职工申请生活困难补助和病、伤职工营养补助的预审权；开展劳动竞赛、操作比武的组织权；发展新会员的推荐权。权力的下放，既增添了班组"建家"的活力，又调动了他们的积极性、主动性和创造性。

(四) 抓好"职工小家"活动室的建设

班组建设"职工小家"在注重实质内容的同时，还要根据各自单位的实际情况，因地制宜，创造条件，实实在在为班组职工建好活动室，使班组职工在工作之余能有一个自我教育的阵地。

三、引入激励机制，增强"小家"活力

没有竞争就没有动力，要引入激励机制，努力营造"争先创优"的氛围。要调动各分工会建"小家"的积极性，就应对"小家"建设实行按层次管理，动态运作的竞赛活动方式进行。

（一）开展职工小家竞赛活动，建立激励约束机制

把工会工作内容纳入建"小家"竞赛活动中，在工会小组开展三级（合格、先进、模范）台阶竞赛，激励分会重视"小家"建设。

（二）完善考评机制，保证"小家"建设质量

抓制度建设，制订完善建"小家"竞赛活动实施办法，通过建立和完善自检自查，考核验收制度，引导基层工会抓住"小家"建设的重点，保证"小家"建设的质量。

（三）引入奖励机制，激发小家活力

要把考核验收命名为先进、模范的职工小家，按荣誉称号的层次，给予一次奖励和增拨活动经费，增强"小家"能动力。

四、努力创造条件，保证建"小家"健康发展

建"小家"要在创新、务实、搞活上下功夫，注重加大正面引导，激发工会小组建"小家"的内在动力。

（一）加强分类指导，创新"小家"建设方式方法

一方面，要多层次、宽领域、全方位去思考和安排建"小家"工作，坚持实事求是的方法，把握"协调、服务、指导"的原则，实现"建家"目标；另一方面要不断充实新内容、创造新形式，适应新形势发展的需要。在借鉴过去的经验的基础上，根据工会小组实际，抓住特色工作，大胆创新，推广新鲜经验，发挥典型示范作用。工会通过丰富职工文化生活、生日送祝福等活动，使职工感到"建家"的好处，增强建"小家"的吸引力，激发"小家"活力。

（二）引导职工岗位成才，提高职工队伍素质

"建家"就是建队伍，打造能打硬仗的职工队伍。工会要结合"建队育人提素质，争创一流促发展"主题教育，组织职工学政治、学法律、学技术、学管理，引导职工从"干什么、学什么、缺什么、补什么"过渡到灵活自如、得心应手的快乐学习中，要求每一名职工学一门新技术，掌握一门新工艺，提高业务技能和整体素质。

要建成党政靠得住、企业离不开、职工信得过的职工小家，还需要下功夫认真审视"建家"工作的重要性、长期性、全局性，实事求是，与时俱进，形成"建家"的活力，常抓不懈，常建常新。

当前，许多地方的工会在开展建设"职工小家"的活动中，创造了很多新鲜的经验。如有的单位开展了"五有"（有场地、有设施、有活动、有效益、有人心），"七上墙"（工会工作任务上墙、工作职责上墙、组织网络上墙、工会活动上墙、年度计划总结上墙、工会文件上墙、先进人物上墙），"四个规范"（组织建设规范、工会制度规范、经费管理规范、档案管理规范）为基础，全面推进"五个机制"（职工维权机制、职工民主管理机制、和谐劳动关系机制、职工教育机制、职工和企业"双赢"机制）建设为内容的创建"职工小家"活动，不但增强了基层工会的活力，还融洽了职工和企业的关系，调动了职工的积极性。

 【**案例 1**】

基层工会创建模范职工之家考核验收细则（范例）

一、组织健全（15分）

1. 工会组织依法规范建立，职工（含劳务派遣工等各种用工形式的职工）入会率达到90%（2分）；

2. 工会委员会到期按时换届，工会委员会、主席、副主席按照《工会章程》规范民主选举产生（2分）；

3. 符合条件的依法取得工会社团法人资格（1分）；

4. 工会委员会建立时，同步建立经费审查委员会和女职工委员会（女职工不满10人的设立女职工委员）（2分）；

5. 企业和企业化管理的事业单位要建立健全劳动争议调解委员会、工会劳动法律监督委员会、工会劳动保护监督检查委员会等工作机构（2分）；

6. 在企事业单位班组中设立工会小组劳动保护检查员（2分）；

7. 职工200人以上的企业依法配备专职工会主席并落实相关待遇（1分）；

8. 经审会主任、女职委主任和工会专职工作人员按规定配备（3分）。

二、维权到位（28分）

1. 企业民主管理制度健全，职代会每年至少召开一次（2分）；

2. 企业集体协商、集体合同制度健全。每年开展工资协商，经协商确定的职工工资调整幅度与企业劳动生产率、经济效益相适应（2分）；

3. 企业动态开展和谐劳动关系创建活动，对照《劳动关系和谐企业评价规范》自评分达80分（2分）；

4. 厂务公开渠道畅通、内容全面、实施及时，其他民主管理形式多样、有效（2分）；

5. 及时了解掌握本单位困难职工生产、生活状况（2分）；

6. 正常开展生活、医疗、子女上学帮扶和法律援助、人文关怀等帮扶服务活动，项目不少于5项（3分）；

7. "两节"送温暖活动实现全覆盖（2分）；

8. 推行"1+3"安全监控工作体系（2分）；

9. 开展"安康杯"竞赛和职业安全卫生知识普及教育等群众性劳动保护活动（2分）；

10. 签订实施劳动安全卫生专项集体合同（1分）；

11. 建立完善女职工权益专项集体合同制度，开展女职工劳动保护法规执行情况督查（2分）；

12. 深化拓展女职工关爱行动，重点做好困难女职工帮扶、单亲女职工家庭子女助学和女职工心理关怀等工作（2分）；

13. 经常性开展劳动法律监督活动，全年开展监督检查活动不少于2次（2分）；

14. 劳动争议纠纷及时调解处理，化解率95%（1分）；

15. 企业劳动合同签订率100%，并依法及时履行（1分）。

三、工作规范（24分）

1. 工会组织有专人负责、有印章、有牌子、有办公场所、有职工活动阵地、有工会活动经费（工会社团法人的应有单独经费账号）、有工作台账（4分）；

2. 建立职工服务中心（站、点），有牌子、有场地、有人员，建立救助办法、工作流程等帮扶服务工作制度（2分）；

3. 建立工会工作信息报送制度，按要求做好工会统计年报工作（2分）；

4. 建立工会干部培训制度，工会主席参加上级工会组织的上岗培训和适应性培训（2分）；

5. 积极开展企事业单位工会劳动保护工作规范化建设，达到劳动保护工作合格工会以上标准（1分）；

6. 建立劳动法律法规宣传教育制度，每年至少组织一至两次普法宣传活动（1分）；

7. 建立劳资双方沟通协商、重大劳动争议纠纷上报制度（1分）；

8. 公司制企业依法建立职工董事、监事制度（1分）；

9. 基层工会60%部分留成经费及时足额收缴到位（3分）；

10. 独立开设银行账户，经费独立核算独立管理（1分）；

11. 经费使用和开支范围严格执行《基层工会经费收支管理办法》的规定（2分）；

12. 每年审查审计本级工会经费收支及资产管理情况（2分）；

13. 每年向会员（代表）大会报告经审工作（2分）。

四、作用明显（23分）

1. 广泛开展职工素质提升活动，职工读书有阵地、有活动，职工文体工作有计划、有队伍、有活动，职工教育培训有载体，培训经费的提取使用规范到位（4分）；

2. 深入开展"争当文明职工"等精神文明创建活动（2分）；

3. 工会工作有影响，工会新闻宣传有典型、有窗口（2分）；

4. 深入开展女职工"双争"（争当五一巾帼标兵、争创五一巾帼标兵岗）活动，引领女职工争先创优、岗位建功（1分）；

5. 建立完善女职工学习培训制度，为全面提升女职工综合素质和技能水平搭建平台（1分）；

6. 服务企业发展有成效，劳动竞赛有组织、有计划、有目标、有措施、有奖励、有经费，竞赛氛围浓厚，台账资料齐全（3分）；

7. 注重选树宣传先进典型，发挥劳模先进作用。开展劳模创新工作室创建和师徒结对等活动，推广劳模创新成果。关心关爱劳模，及时帮扶困难劳模（2分）；

8. 推动企业技术创新，职工技术革新、技术攻关、技术协作、技术交流、技术服务和"六小"活动成效显著，职工科技成果推广运用成绩突出（2分）；

9. 建立劳动竞赛和创新成果表彰奖励机制；企业设立职工节能减排义务监督员（2分）；

10. 党政支持工会工作，工会主席、副主席和工会干部按规定配备（2分）；

11. 坚持党工共建、"三公开四统筹"各项活动制度（2分）。

五、职工信赖（10分）

1. 建立会员评家、会务公开、会员代表常任制等制度，职工会员的"知情、参与、选举、监督"等权利得到有效落实（4分）；

2. 会员（代表）对"建家"活动、工会主席、副主席民主测评满意率达85%以上（6分）。

【案例2】

关于规范先进职工之家建设的实施意见（范例）

为进一步加强基层工会建设，通过建设先进职工之家，使工会活力不断提升，工会组织的凝聚力、吸引力不断增强，工会工作的整体水平不断提高。特制定集团先进职工之家实施意见（以下简称"建家"实施意见）。

一、"建家"活动的指导思想、原则和目标

（一）"建家"活动的指导思想

深入开展"建家"活动的指导思想：以马克思列宁主义、毛泽东思想、邓小平理论、"三个代表"重要思想、科学发展观、习近平新时代中国特色社会主义思想为指导，紧密围绕企业中心任务，依法规范工会组织建设，切实履行工会维护职工合法权益的基本职责，着力加强调整劳动关系机制建设，大力推进基层工会的群众化、民主化、法治化，不断增强工会组织的凝聚力和吸引力，努力提高工会工作的整体水平，有效促进集团的改革、发展和稳定，为推动集团发展再上新台阶、实现新跨越的宏伟目标作贡献。

（二）"建家"活动的工作原则

1. 充分依靠职工的原则。把广大职工的智慧和力量凝聚到为企业发展作贡献上来。突出职工在"建家"活动中的主体地位，充分依靠职工开展"建家"活动，把职工和会员是否满意作为衡量"建家"活动成效的主要标准。

2. 齐抓共建、创新发展的原则。努力形成党组织统一领导、行政积极支持、工会具体实施、职工热情参与的"建家"工作格局。尊重基层实践，不断赋予新内容、拓宽新领域、注入新活力，使之富于创造性。

（三）开展"建家"活动的目标

高标准、严要求，把"建家"的目标锁定到"思想建设的阵地、文化活动的乐园、技术进步的课堂、提高职工素质的学校、安全生产的前哨、当家作主的阵地、职工权益的依靠、团结互助的保障、稳定职工队伍的基地"的高标准上，不断丰富"建家"的新内涵。

二、"建家"活动的主要内容

（一）深入开展经济技术创新活动，落实节能减排争效的"效益之家"

继续深入开展群众性经济技术创新活动，多种形式的劳动竞赛、合理化建议活动；组织职工开展技术创新、岗位练兵、技能业务比赛等活动，不断提高职工的劳动技能；以推动企业技术进步为目的，围绕"优化指标、成本控制、工艺设备"组织生产技术难题攻关。

（二）实施以人民为中心的民心工程，建设"民主之家"

建立健全以职工代表大会为基本形式的各项民主制度，落实职工代表大会的各项职权，作为职工之家建设的重要内容，实行五公开、三上墙制度，凡是涉及职工切实利益的重大问题应该向职工及时通报，自觉接受职工的监督。

（三）实施维护职工合法权益的爱心工程，建设"温暖之家"

依法建立完善平等协商和集体合同制度，帮助和指导职工与企业签订劳动合同。实施"送温暖"工程，促进"送温暖"活动经常化、制度化、社会化，及时掌握职工的思想动态，了解广大职工在想什么，盼什么，关心哪些热点、难点问题。坚持"五必访、五必谈"的思想工作机制，切实为职工办实事、做好事、解难事。结合实际，把"建家"与农民工"五同"管理相结合，增强农民工参与"建家"的主动性和积极性。

（四）广泛开展满意在企业、满意在工会、满意在职工的"文明之家"创建活动

开展健康向上的各种形式的文体活动，满足职工的精神文化需求；创建学习型组织，争当知识型职工，建设"四有"职工队伍，建设整洁优美的工作和生活环境，具备一定的硬件设施。项目小家能积极参加集团公司"双争"竞赛活动。农民工业余学校要不断上档次，有制度、有计划、有安排、有总结，资料档案齐全。

（五）实施安全第一的安康工程，建设"安全之家"

通过"安康杯"竞赛活动，在项目推行"1342"工程，即一个责任（强化群众监督员在安全生产中的监督检查责任），把好三个关口（群众监督员把好自身安全生产关、把好现场监督检查关、把好制度落实关），发挥四个作用（群众监督员的安全卫士作用、质量把关作用、遵章作业的带头作用和标准示范作用），强化现场监督检查。做好劳动保护、劳动安全卫生工作，女职工特殊保护工作。确保企业安全生产和单位和谐稳定。

（六）加强自身建设，工会组织体系健全

职工入会率高；工会干部配备到位、待遇落实；工会工作机构、制度健全，按时进行换届选举；创新性开展工会活动；"建家"活动形成齐抓共建的良好格局，基础档案完整、规范，硬件设施较为完备。

三、"建家"活动的否决条件和主要方法

（一）"建家"活动的否决条件

1. 有严重违反国家有关法律、法规的。

2. 严重损害单位声誉形象的。

3. 发生重大安全责任事故或造成重大经济损失的。

4. 不依法参加社会保险或不足额缴纳职工保险费用的。

5. 未完成"建家"活动的其他主要考核标准的。

（二）"建家"活动的主要方法

1. 建立完善、规范的工作体系。各企业工会要根据新的形势和新的要求，制订"建家"工作计划，不断创新"建家"工作格局和运行机制。积极鼓励和提倡在"建家"过程中的创新和探索。在兼顾全面工作中突出重点，每年或每个阶段都要有新的重点、亮点。

2. 形成党政工齐抓共建格局。基层工会要主动争取党组织的领导，积极争取行政支持，为开展"建家"工作创造条件，使"建家"成为党政工工作的一个结合点。工会要制定创建活动工作目标，牢固树立"建家"就是建单位、建班组、建队伍、聚人心，就是促进劳动关系和谐发展，就是提高工会工作整体水平的思想。

3. 建立会员评家机制。建立健全会员评家机制，依靠会员"建家"、评家、管家，不断提高广大会员参与工会建设的能力和水平，增强工会组织的凝聚力和吸引力。会员评家主要通过会员大会或会员代表大会进行，由工会主席报告开展工会工作及"建家"活动情况，由会员或会员代表对"建家"情况进行评议，对获得职工之家荣誉称号是否认可作出表决。

四、"建家"活动的评选、推荐程序

（一）各分公司根据项目部职工之家的创建情况，年初向集团工会申报。

（二）公司每年进行一次先进职工之家的评选。经综合考评，对符合条件的项目进行先进职工之家命名授牌。对在急难险重新任务中有特殊贡献需及时表彰的优秀集体，可按程序临时命名。

（三）集团工会在创建职工之家成绩突出、成效明显的项目部中择优逐级向市总工会、全国总工会推荐申报先进职工之家。

五、"建家"活动的自检自查制度

基层工会在"建家"活动中，必须建立健全自检自查制度。主要包括:"建家"的规划、计划提交会员(代表)大会审议;按照《集团职工之家考核标准》(附件1)自查评分;进行会员(职工)信任(满意)率投票;认真填写《先进职工之家申报表》,签署会员(代表)大会审议结果和党政领导意见。

六、"建家"活动的考核验收制度

(一)考核验收制度

集团工会组织考核验收集团工会表彰的先进职工之家。考核验收主要是采取听(汇报)、看(活动阵地、形象氛围)、查(资料)、议(征求各方面意见)、评(对照考核标准评比)的方式进行。

(二)考核验收程序

考核验收程序包括:1. 听取基层工会主席对考核期内"建家"情况的汇报;2. 听取基层职工对"建家"的看法;3. 听取党政领导对"建家"工作的评价;4. 查验小家设施和"建家"的原始资料、档案;5. 考核验收小组进行评议和考核意见;6. 基层工会主席对考核意见表态;7. 有关领导讲话。

七、"建家"活动的管理

(一)先进职工之家实行动态管理,获得先进职工之家的项目部,要在工作现场悬挂先进职工之家牌匾,接受社会、职工群众监督。

(二)集团工会要定期或不定期检查考核,并配合上级工会抽查。对符合条件的继续保留荣誉称号;对不符合条件,经限期整改仍达不到要求的,取消先进职工之家称号,收回牌匾。

(三)对先进职工之家的先进事迹应广泛地宣传,引导广大职工以先进典型为榜样,扎实工作,创先争优。对创建工作中好的经验和做法,应及时总结、宣传、推广,促进创建工作的整体推进,创建水平不断提升。

八、"建家"活动的表彰

(一)对先进职工之家实行以精神奖励为主、物质奖励为辅。

(二)集团命名的先进职工之家,奖励标准为500元;建工集团命名的先进职工之家,奖励标准为1000元;交通建设工会命名的先进职工之家，奖励标准为 2000 元；市总工会命名的先进职工之家，奖励标准为 3000 元；国家级的先进职工之家，奖励标准为 5000 元。

（三）对荣获先进职工之家的集体，各分公司应按照奖励标准给予奖励，对其负责人或骨干在职级晋升、学习培训时予以优先考虑。

（四）本意见自下发之日起执行。

第十章

机关事业单位工会如何创建职工之家

　　机关和事业单位工会开展"建家"活动，要结合本行业、本系统的具体特点，着力推进基层民主政治建设，组织职工参与本单位的民主管理和民主监督，开展院（所、校）务和机关内部事务公开，积极反映职工的愿望和要求，协助有关方面提高职工思想道德和业务素质，以调动职工的主动性、积极性和创造性。

第一节　机关事业单位工会建设职工之家的标准

一、工会组织健全，工作制度完善

1. 工会组织健全。工会委员会经会员民主选举产生，按期进行换届选举。按规定取得社会团体法人资格证。按要求成立工会经费审查委员会（或设立工会经审委员）、工会女职工委员会（或设立工会女工委员）。工会干部按规定配备、待遇落实，工会主席参加规范化岗位培训，持证上岗。

2. 职工入会率达95%以上，工会小组健全，有一支占会员总数25%以上的工会积极分子队伍。职工之家建设工作扎实、规范。

3. 坚持每年召开一次会员代表大会或会员大会，建立工会工作计划、重大活动和经费收支情况"三公开"制度，接受会员的监督。

4. 按规定收好、管好、用好工会经费，按时足额拨交工会经费。会费收缴率达100%，并自觉接受经审组织的审查。

5. 基础工作规范。有活动阵地、有上墙资料、有工作制度；工会组织档案、工作记录、上级文件及资料、本级文件及资料、工会各项工作活动统计表、工作计划及总结、集体合同等档案资料健全。

6. 会议、活动制度规范。工会负责人按时参加上级工会的工作会议或联席会议；工会委员每个季度至少召开一次会议，工会重大问题由工会委员会集体讨论决定；每半年至少组织一次全体会员参加的活动。

7. 坚持在党组织领导下，依法独立自主地开展工会工作，重大问题向党组织请示汇报。

二、努力提高广大职工的政治业务素质和工作效率

1. 组织广大职工学习贯彻习近平新时代中国特色社会主义思想和党的二十大精神，有针对性地开展具有工会特色的宣传教育活动；重视提高职工科学文化技术素质，积极开展"创建学习型组织，争做知识型职工"活动，鼓励职工岗位成才；建立职工思想反馈渠道，定期了解职工的思想状态。

2. 结合本单位实际，因地制宜地抓好职工活动阵地建设，建立多种兴趣小组或文体活动团队，积极开展职工文化体育活动。

3. 做好先进人物和先进集体的培养、选拔和教育管理工作，宣传推广他们的先进事迹和经验。

4. 结合本单位实际，组织职工开展创建文明行业活动取得实效。

三、发挥工会在机关事业单位建设中的民主管理和民主监督作用

1. 结合本机关（事业）单位特点，着力推进基层民主政治建设，推行事务（所务、校务、院务、站务）公开工作。坚持和完善以职工代表大会为基本形式的职工民主管理制度，探索加强职工民主管理的新途径。

2. 参加有关涉及职工劳动工资、奖金、货币住房、社会保障等切身利益的重大问题的会议，参与机关（事业）单位生活福利方面的决策，参与单位内务管理。

3. 开展群众性的合理化建议活动，改进工作作风，推进机关（事业）单位建设。

四、关心职工生活，维护职工合法权益

1. 积极协同有关部门，创造条件，不断改善职工集体福利设施，帮助解决职工的生活困难；每年为职工办几件实事好事。实行职工聘任的事业单位工会指导职工签订聘用合同；企业化管理的事业单位建立健全集体合同制度。

2. 认真听取职工群众的意见、要求和建议，做好职工的来信来访工作，重要问题及时向有关方面反映并提出解决问题的建议。

3. 做好本单位困难职工的帮扶工作。

第二节　机关事业单位工会"建家" 要注意的几个问题

一、把"家"建在围绕单位中心工作、促进机关事业单位发展上

工会工作的重点应放在服务机关事业单位中心任务、促进各机关事业单位发展上。各机关事业单位工会应采取多种形式，动员和带领广大职工为促进机关事业单位中心任务的完成建功立业。应以增效益、谋福利、求发展为主题，并结合实际开展各项活动来激发广大职工的积极性和创造性。还要坚持以增强机关事业单位科技开发能力、创业竞争能力为主攻方向，有计划、有重点地开展科技发明和合理化建议活动。积极组织开展岗位技术练兵活动，以促进各机关事业单位发展，还要对第一线职工进行现场慰问，为他们鼓劲加油，鼓励职工继续树立标兵、典型，大力弘扬劳模精神、劳动精神和工匠精神，为"十四五"作出新的贡献。

二、把满足职工需要作为"建家"活动的着力点

在活动中，要始终从与职工切身利益相关的最直接、最具体、最基本的方面抓起，还要对他们的子女上学就业等问题特别关注，坚持把好事办定、把实事办好。要注重满足职工精神文化需要，要争取行政上的大力支持，确定职工活动室、文化室、办公区外有活动场地。适时开展职工喜闻乐见的文体活动，要把8小时以外的时间充分利用起来，使全民健身活动

多样化、经常化，使职工以强健的体魄投入完成"十四五"规划中去，为机关事业单位的发展作贡献。

三、把"家"建在维护职工切身利益上

坚持政务公开，给职工一个透明的"家"，凡涉及职工切身利益的事，工会都要召开职工代表大会或会员代表会议，广泛征求和听取他们的意见，给行政提出合理化建议。如奖金、考核、上岗补贴发放、住房分配、人与财物管理等做到公开透明，才能保障职工的利益。给职工一个信任的"家"，经常进行"送温暖"活动，深入较困难职工群体中，做深入细致的思想工作，解决他们的实际困难。要特别关心女职工的身体健康，及时督促行政合理安排女职工进行身体检查。

【案例】

××市机关事业单位工会建设职工之家考评表（范例）

一、有一个健全的领导班子（20分）

（一）组织健全（11分）

1. 工会委员会、经审会、女职工委员会组织健全，按期同步换届（3分）。

2. 工会主席按同级党政副职配备，工会主席是党员的按程序进入党委（党组），参加企业领导办公会议（1分）。

3. 按照规定配备工会专职干部（1分）。

4. 职工入会率98%以上（4分）。

5. 有会员名册、会员登记表，发放会员证（2分）

（二）基础规范（9分）

1. 工会办理社团法人登记证书（3分）。

2. 工会主席到任一年内参加上岗培训（2分）。

3. 工会委员会每季度召开一次会议（2分）。

4. 工作制度完善，各项活动有记录，及时收集整理各项工作资料、文件，台账齐全（2分）

二、有一条畅通的民主渠道（18分）

（一）建立"两会"制度（9分）

1. 每年至少召开一次职工、会员代表大会（5分）。

2. 制定职代会工作细则（章程），职权落实，程序规范，坚持职代会会前会后报告制度（2分）。

3. 实行会员代表常任制，会员代表大会职权落实（2分）

（二）政务公开（4分）

1. 严格按照程序公开机关事业单位工作制度规定的公开内容，充分保护职工的知情权、参与权和监督权（2分）。

2. 政务公开有组织、有活动、有活动栏、有实质性公开内容（2分）

（三）民主评议（5分）

1. 坚持民主评议和会员评家制度。职代会按照规定每年对机关事业单位领导干部进行一次民主评议（2分）。

2. 会员代表大会要按照"双评"工作要求组织会员对工会工作和工会干部进行民主评议（3分）

三、有一套基本的维权机制（29分）

（一）依法维权（5分）

1. 执行政策法规，维护好职工的合法权益和具体利益（2分）。

2. 做到有方案、有措施、有考核、有奖励和有效果（3分）

（二）办好实事（8分）

1. 积极协助有关部门，创造条件，不断改善职工集体福利设施，帮助解决职工的生活困难（4分）。

2. 每年为职工办几件实事好事（4分）

（三）落实待遇（4分）

按照有关规定，落实女职工和特殊岗位人员的特殊待遇（4分）

（四）扶贫解困（12分）

1. 建立职工生活保障和扶贫帮困救助机制，开展困难职工生活扶助、医疗救助、子女就学和职工互助互济等工作（4分）。

2. 建立困难职工档案并实行动态管理（4分）。

3. 正常开展"送温暖"活动（4分）

四、有一个丰富的活动平台（15分）

（一）服务大局（8分）

1. 围绕中心工作和本单位的工作任务，配合党政，对职工进行经常性的教育，了解、掌握职工的思想状况，参与协调各种内部矛盾，稳定职工队伍，完成各项任务（5分）。

2. 做到有方案、有措施、有考核、有奖励和有效果（3分）

（二）提升素质（5分）

积极开展"创建学习型组织，争做知识型职工"和"创建五一文明示范班组（岗），争当文明职工"活动，提升职工队伍素质（5分）

（三）阵地落实（2分）

职工之家活动有阵地、有书籍、有工人报刊、有文体活动器械、有活动、有管理制度（2分）

五、有一个独立的银行账户（18分）

（一）经费保障（14分）

1. 工会经费行政拨解到位，上缴足额（5分）。

2. 工会经费单独建账开户（3分）。

3. 核算规范，建立经费预算、决算和经费审查监督制度（2分）。

4. 按规定收好、管好、用好工会经费，并自觉接受经费审查委员会的检查监督（2分）。

5. 坚持工会主席一支笔审批（2分）

（二）经审到位（4分）

1. 正常经审工作制度（2分）。

2. 每年向工会会员代表大会报告经审工作（2分）

六、得分标准

1. 检查得分90分以上为模范职工之家。

2. 检查得分80分以上为合格职工之家。

第十一章

国有企业工会如何创建职工之家

　　国有企业工会"建家"活动历史悠久。在新的形势下，工会不断面对新情况和新问题，需要不断地深入研究和探索，以新思路、新标准、新要求实现新突破，把"建家"工作提高到一个新水平。

第一节　国有企业工会开展"建家"活动的意义

一、工会"建家"活动是强化国有企业工会组织自身建设和活力的基础

工会的活力来源于基层，因为基层工会组织是工会全部工作和战斗力实现的基础，工会组织作用的发挥最终需要基层工会来体现。"建家"也是强化基层工会组织建设的有效平台和手段，只有当我们将"建家"工作当作一项经常性、长期性的工作来抓，当作夯实基础、增强基层工会组织后劲的大事来抓，基层工会组织才会不断完善，基层工会组织作用的发挥才能最大化实现，基层工会组织的整体工作水平才会有极大的提高。

二、工会"建家"活动是国有企业工会组织切实为职工群众服好务、做好工作的载体

工会是职工合法权益的表达者和维护者。工会组织按照《工会法》，从建立长效机制入手，积极围绕职工群众最现实、最关心、最直接的利益来履行职责，努力打造组织健全、维权到位、工作规范、作用明显、职工信赖的职工之家，不仅是上级工会的要求，也是不断将自己纳入群众化、民主化、制度化、法治化轨道的正确选择。要职工信赖，就必须理直气壮地为职工群众说话办事，就必须在制度上对这一内容给予规定，在措施上给予保证，充分体现职工群众的意志和愿望。

三、工会"建家"活动是提升国有企业工会组织地位的重要举措

衡量一个基层工会组织有没有地位，不是少数行政领导说了算，而是

职工说了算；不是徒有其表的花架子，而是是否真正代表了职工，是否真正为职工说了话、办了事。试想，一个连职工都不信赖的基层工会组织，怎么可能在职工心目中有崇高的地位呢？"建家"活动开展得如何就是以职工是否信赖为前提、为标准的。只有各基层工会真正按照"建家"活动的要求，积极开展工作，基层工会组织在职工心目中才会有分量、有地位，才会赢得更多职工的赞赏和掌声。

第二节　国有企业工会"建家"活动的创新与实践

一、国有企业工会开展"建家"活动，应该在结合各单位实际上下功夫

企业以经济效益为中心，企业的发展离不开人。技术靠人掌握，设备靠人管理，市场靠人开拓，发展靠人去实践。所以，工会与企业必须共同按照以人民为中心的管理理念，从根本上促进企业的稳定、和谐发展。工会应围绕企业经济效益这一中心，着力引导广大员工把干劲体现在提高生产效率、推动企业安全发展上。工会应该积极组织发动员工围绕企业发展中的难点问题提出合理化建议，围绕提高劳动效率组织劳动和技能竞赛、技术培训、技术攻关等活动。这样既可以大大提高广大员工的业务技能素质和参与企业管理的积极性，促进员工的进步与发展，也能提高企业的科技水平和管理水平，促进企业的改革发展。

二、国有企业工会开展"建家"活动，应该在提高工作主动性上下功夫

工会组织应始终坚持主动谋划、提前介入，研究部署工作时，应首先考虑工会如何服务中心工作，进一步策划工会工作的载体和活动主题，坚

持做到企业重大决策主动参与、安全生产经营发展主动配合、行政管理主动支持、热点难点主动解决，把工会工作渗透到安全生产、经营管理、改革发展的全过程，确保在企业各项中心任务和重点工作中，有工会组织的声音、有工会组织的活动、有工会组织的形象、有工会组织的作用。

三、国有企业工会开展“建家”活动，应该在增强服务性上下功夫

为了最广泛地把员工组织到工会中来，最充分地把工会组织的活力激发出来，工会必须坚持一头服务于企业的中心工作，一头植根于员工群体，把工作的着眼点放在员工和企业间的感情联络和沟通上，认认真真干好事，扎扎实实办实事，真心实意为员工服务，使工会真正成为员工的心系之地，成为企业的依赖之所。工会要促进和谐企业的构建，就要以建立稳定协调的劳动关系为着力点，进一步实现好、维护好、发展好员工的切身利益，保护好、引导好、发挥好员工的积极性，努力保持员工队伍的稳定，保持企业的稳定和谐。要认真做好员工的思想政治工作，教育、引导员工识大体、顾大局，正确处理个人利益与集体利益、局部利益与整体利益、眼前利益与长远利益的关系。

四、国有企业工会开展“建家”活动，应该在深化民主管理上下功夫

要发挥企业工会组织作为职工与企业管理层沟通和交流的桥梁纽带作用，进一步强化民主管理，增强职工的主人翁责任感。工会要不断适应形势发展要求，坚持和完善以职工代表大会为基本形式的民主管理制度，多途径、多渠道为职工提供参与企业管理的机会，使每位职工将实现个人价值与促进企业发展相结合，营造积极进取，奋发向上的企业氛围，创造各尽所能、各尽其力、各展其才、齐心合力为企业发展而奋斗的良好局面。突出重点，坚持抓好矿厂务公开工作，畅通民主渠道。同时，工会要坚持成为考核企业管理干部的重要组织者，集中反映群众的评价，更好地实现公正的经营氛围。

五、国有企业工会开展"建家"活动，应该在促进技术创新上下功夫

工会组织要进一步加强技术创新活动，为企业经济工作出谋划策、添砖加瓦，不断激发群众的创新意识，促进企业的进步与发展。工会组织要紧密结合企业生产实际，坚持组织开展劳动竞赛、技术创新、合理化建议等活动，依靠广大职工的创新意识和聪明才智，在确保安全生产、强化企业管理、降本增效等方面发挥更大作用，积极为企业排忧解难，解决企业在发展过程中遇到的重点、难点、热点问题，为企业发展进步作贡献。

六、国有企业工会开展"建家"活动，应该在创造岗位成才上下功夫

工会组织参与企业文化建设，要顺应建设"创建学习型企业、知识型技能型员工"的要求，进一步加强职工教育工作，努力建设高素质的职工队伍。一方面，要继承工会教育的传统形式，通过引导，寓教育于各种活动之中，使职工在各种健康向上的活动中受到潜移默化的教育。另一方面，要坚持正面的灌输教育，通过岗位练兵、技术比武等多种形式，营造浓厚的学习氛围，以"金牌员工""技术能手""工人技师"等评比形式，引导职工学习岗位技能知识和先进的技术知识，争创一流，立足岗位成才。

七、国有企业工会开展"建家"活动，应该在营造健康向上的企业文化氛围上下功夫

工会组织参与企业文化建设，就要进一步搞好群众性文化体育活动，不断丰富职工的精神文化生活。工会要充分发挥好职工之家的作用，利用现有的文化娱乐设施，组织开展各种生动活泼、群众喜闻乐见、健康向上的文化、体育活动，使职工之家文体活动的功能得到更有效的发挥。

【案例】

通过四字建家法，创建特色职工之家

2018 年 10 月 17 日　　来源：东北新闻网

中铁电气化局集团设计研究院工会成立于 2015 年底，主要有设计咨询、科研开发、系统集成、检测试验四大业务板块，现有职工 153 人，会员 153 人。

成立至今，设计研究院工会以 "两个信赖" "三个着力" "增强三性" 等指示为指导。努力满足新时代职工群众的新需求，自觉建设职工最满意的职工之家。认真落实集团公司工会总体工作思路，突出维护职工合法权益的基本职责，在设计研究院党政领导的重视和支持下，积极发动和依靠广大会员，凝聚全员之心，调动全员之力，紧紧围绕企业中心工作，精心组织，全面深化，使建家活动成为推动企业工会建设和发展的重要力量，在企业内部形成了 "政治上支持建家、精神上鼓励建家、思想上关心建家、物质上帮助建家" 的党、政、工、团积极参与、共同推进的良好局面。

设计研究院工会始终按照 "建家就是建企业" 的理念，发挥设计研究院设计 "和" 文化优势，与教育职工、提高职工素质相结合，与加强职工维权、为职工办实事相结合，通过 "活、色、生、香" 四字建家法，创建设计研究院特色职工之家。

一、围绕一个 "活" 字，满足职工基本需求

1. 想职工所想。设计研究院成立之初，办公地点分散，职工办公不便。院工会与行政积极协商，及时对办公地点进行了集中化管理。同时，建立了职工餐厅和 "幸福之家" 休闲区，根据需求相继在办公区域配置了冰箱、微波炉、净水器、小药箱和自助售货机等日常设备，实现了办公场所人性化管理。

2. 思职工所思。在设计研究院成立一年内，即召开了会员代表大会，选举产生了工会委员会，女工委员会、经审委员会。建立健全了工会工作制度，使工会工作实现日常化、规范化、标准化，为充分发挥工会作用奠定了良好基础。已连续两年配合行政召开职代会，解决提案 36 条，并就集体合同的具体内容与行政方进行了平等协商。实现集体合同签约率和兑现率100%，职工上岗率达到100%，"五险一金"缴费率达到100%，按时足额发放工资，按时足额收缴工会会费。按规合理使用工会会费和经费，并向一线倾斜。

3. 办职工所盼。以多种形式关爱职工，为职工发放"三卡"——生日卡、电影卡、公园卡，举办"一节"——设计研究院文化艺术节文艺汇演，通过才艺展示，凝心聚力。开展"冬送温暖夏送清凉"活动，慰问一线职工。三年来，共计发放送温暖款项数十万元。

二、通过一个"色"字，丰富职工文化生活

1. 以文体活动丰富生活。设计研究院工会连续三年举办"融合梦想，赢在未来"文化艺术节系列活动，以文化艺术节为主线，相继开展了年度文艺汇演、书画摄影展、健步走比赛、登山比赛、春游及秋游活动。建立了职工活动室和羽毛球队、篮球队、足球队、乒乓球队，定期进行各类体育训练及比赛，极大丰富了职工的文体生活。

2. 以读书活动感受生活。组建了设计研究院职工书屋，现有各类书籍1000余册，安装了图书借阅系统，规范了书籍的借阅和管理。定期举办读书活动，培养读书习惯，分享读书心得，提升读书品位。

3. 以讲堂活动充实生活。根据企业特点，融合电化讲堂和道德讲堂，定期举办科技大讲堂活动，总计开办20期，共计800余人次参加，课程涉及十九大精神、相关专业知识、智慧城市、大数据网络安全、EPC项目管理实施等与企业发展息息相关的课程。

三、结合一个"生"字，筑牢学习成长平台

设计研究院工会围绕企业中心工作，以企业生长、技术创新、职工成才为目的，以创新平台、学习平台为载体，打造贴合实际，符合要求、职工喜爱的成长平台

1. 筑创新平台。成立了设计研究院巨晓林技能大师工作室"工器具创新分室"和"检测试验分室"。以解决生产中疑难问题为根本目的，以革新操作工艺、改善设备工作性能、完善作业流程、优化职工劳动环境为最高追求，紧密围绕设计院生产经营活动中的重点和难点问题，扎实开展技

术创新实践，使新产品开发、技术工艺攻关等创新工作顺利开展，为设计研究院顺利完成生产经营任务提供了强有力的支持与保障。

2. 筑学习平台。根据行业技术发展和职工需求，成立了BIM培训中心和检测试验培训中心，BIM培训中心已在集团公司范围内开展了4期BIM基础知识培训班，培训人次100余人。检测试验培训中心开展培训班5期，培训人数60余人。通过培训学习，专业技术基础素质得到有效提升。

3. 筑技能平台。以提升设计研究院职工的技能素质为目的，设计研究院工会组织开展了“四电”业务知识竞赛和CAD基础知识竞赛。不仅提升了职工的技能水平，还增强了“比学赶超”的学习氛围。

四、贯穿一个“香”字，构建和谐文化体系

设计研究院组建之初现在面临五个前所未有：一是员工来源的单位之多前所未有；二是管理难度之大前所未有；三是关键人才缺乏前所未有；四是提升员工认同感和归属感的压力之大前所未有；五是员工思想统一的紧迫性前所未有。面对严峻的形势，工会以“书香、清香、幽香”为具体措施，构建和谐文化。

1. 品书香聚能量。创建《设计先锋》电子杂志。共计编发25期，及时将当前最新信息传达给广大员工，让广大员工了解企业的发展规划和动态信息，以此来凝聚人心、统一思想。让电子杂志成为思想交流的阵地，培养出共同分享、共同学习、共同提高的良好氛围。

2. 揽清香聚形象。制定了设计研究院企业视觉识别系统。突出企业个性，统一企业标识。以干净清爽规范员工形象、清香典雅装扮办公环境，使全体员工以饱满的精神状态投入紧张的工作之中。

3. 见幽香聚文化。幽则优，幽则有，优秀的企业要有特色的企业文化。设计研究院根据五个前所未有的启示，基本形成了设计“和”文化体系，目标为：建设和谐共进的企业，打造和衷共济的团队，提供和善共赢的服务，建立和聚共荣的关系。

设计研究院工会通过构建“活色生香”的设计研究院职工之家，实现了思想的统一，文化的融合，管理的创新，引导职工建立共同的健康之家，快乐之家，幸福之家，和谐之家。（廖智　靳博宁）

第十二章

乡镇、街道、社区工会如何创建职工之家

　　乡镇、街道及社区工会要认真组织所属基层工会开展"建家"活动。基本要求是：抓好所辖企业工会组建工作和自身组织建设，配备必要的专职工会干部；积极协调所辖区域的劳动关系，做好劳动争议处理工作；直接承担基层工会难以承担的维权工作，努力为职工群众办实事；加强对基层工会干部的培训和保护工作。总之，要从实际出发，积极探索适应乡镇、街道及社区工会开展"建家"活动的内容和形式，不断拓宽"建家"的实施领域。

第一节 乡镇、街道工会如何创建职工之家

一、组织健全

1. 组建工会委员会的同时建立经费审查委员会、女职工委员会、劳动争议调解委员会、劳动保护监督委员会等组织，并能有效地开展工作。

2. 设有专（兼）职工会主席，配有专（兼）职工会干部。

3. 镇（街道）、村（社区）、工业园区所辖纳税企业工会组建率达80%。

二、制度健全

1. 学习制度。每季度召开工会委员会会议或学习1次以上。

2. 会议制度。每半年召开所辖镇（街道）、村（社区）或企业工会主席会议1次以上。

3. 培训制度。每年培训所辖镇（街道）、村（社区）或业余工会干部1—2次，并积极组织工会干部职工参加上级工会举办的各种培训学习。

三、基础工作规范

1. 有办公场所。组织网络图、工会制度、主要职责、工作目标上墙。

2. 有工作、活动计划。

3. 基础档案健全。一是组织档案（工会组织、会员会籍）；二是工作活动档案（工作计划、工作总结、会议记录、各项重点活动的记录）；三是特困职工档案；四是企业档案（所辖企业建会与还未建会的企业情况台账）；五是经费收支情况档案。

四、建立维权机制

1. 指导和督促所辖企业建立平等协商签订集体合同和工资协商谈判制度，所辖企业集体合同签订率 70%，职工覆盖率 70%，且建立履约检查机制，职工满意率达 80% 以上。

2. 指导和督促所辖企业工会建立职工（代表）大会制度和厂务公开制度，落实职工的知情权、参与权和监督权。

3. 与有关部门协商做好劳动争议调处，促进企业劳动关系稳定，所辖企业没有重大工伤事故。

4. 开展区域性职工民主管理活动。

五、积极开展活动

1. 积极推动所辖基层工会开展创建职工之家活动，所辖基层工会"合格职工之家"的覆盖面达 80% 以上。

2. 积极动员和组织所辖企业职工开展经济技术创新（合理化建议、技术革新、技术攻关、技术改进等）活动，开展活动的基层工会达 80% 以上，参加活动的职工占 50% 以上。

3. 积极组织所辖企业工会开展有影响的文娱体育活动，每年不少于 2 次。

六、热情为职工办实事

1. 建立联系特困职工制度。

2. 关心职工生活，听取职工意见，努力为职工办好事实事。

3. 发动职工、干部参与解困互助活动，做好特困职工"送温暖"和帮扶工作。

4. 做好工会经费收、管、用工作。

第二节　社区工会如何创建职工之家

社区工会是社区职工利益的代表者。社区工会按照组织建设规范、维护权益到位、活动开展经常、工会作用明显，职工群众信任的要求，不断创新丰富"建家"的形式和内容。一方面，强化考核，加大投入，推动社区基本形成自上而下的"建家"激励机制；另一方面，大胆创新"建家"形式和"建家"内容，并把自上而下指导推动与自下而上自觉"建家"结合起来，取得了一定成效，使职工之家建设活动在和谐社区创建中发挥了重要作用。

一、要突出抓社区工会组织体系建设，为职工之家建设奠定坚实的工作基础

一是健全社区工会管理机构体系。坚持做好党建带工建工作，以此推动工会组织覆盖面的扩大和凝聚力的增强。二是建立专职社区工会干部队伍。可以通过采取竞争上岗、民主选举等民主程序，把热爱社区工会工作的优秀人才，充实到社区工会。三是要加强社区工会阵地建设。社区职工文体活动要争取上级工会组织与社区各辖区单位的大力支持和帮助，使活动的开展逐渐走上制度化、经常化、规范化。四是社区工会组建工作要坚持"三方共建"机制。在全区形成齐抓共管、动态管理、重点突出的建会新局面。

二、要重点发挥好社区职工之家的服务作用，进一步完善社区的保障体系

一是建立健全社会保障救助体系。二是建立健全就业服务体系，在协助政府做好就业再就业工作中发挥作用。为实现社区充分就业的目标，通

过培育自主创业基地和带头人，开展好"助你创业行动"，配合上级劳动主管部门积极开展就业培训，实现社区劳动力的充分就业。三是做好帮扶救助工作。社区工会组织要发挥自身职能，认真做好"送温暖"和"金秋助学"等工作，在中秋节和春节等重大节日期间，发放困难职工慰问金，努力让社区每一名职工都能安居乐业。

三、要重点发挥好社区职工之家在社区文明创建中的作用，为构建和谐社区营造祥和的社会氛围

社区工会组织要以创建文明社区为主线，发挥职工之家阵地优势，积极开展"文明家庭"创建、争当"文明职工""文明企业"等活动，大力倡导文明礼貌、诚实守信、互助互爱、邻里和睦的文明风尚。一是加强社区职工之家设施建设。可在小区建设健身区、街心公园等文化娱乐设施，为居民提供良好的休闲娱乐场所，兴建图书室、健身室、棋牌室、音乐休闲室、网球场等文化体育活动场所，并建立与辖区单位的文化资源共享制度。二是组织辖区内职工开展丰富多彩的文体活动。社区工会可与辖区单位共同举办职工运动会，组织成立职工乒乓球队、腰鼓队、排舞表演队等文艺团体，坚持常年开展活动，陶冶职工情操，营造良好的社会氛围。三是围绕天蓝、地绿、景美、人和的文明社区建设目标，积极走访社区各单位和职工家属，做好社区环境整治工作，拆违章、禁止乱设摊、清理楼道堆放物等，为社区居民创建一个文明的居住环境。

四、要重点发挥好社区职工之家在维护社会稳定中的作用，为构建和谐社区保驾护航

围绕创建平安社区目标，社区工会组织要坚持标本兼治、综合治理。一方面，坚持从源头上消除不稳定因素。坚持实行民主公开管理，大力推进厂务公开，凡与职工群众切身利益密切相关的事项，都应通过座谈会、听证会、协商会、公开征询、民意调查等形式广泛听取群众意见。另一方面，要以和谐企业的创建促进社区经济的良好发展。社区工会组织要帮助

和指导职工与企业签订劳动合同,与企业平等协商、签订集体合同、专项合同或工资集体协议并监督履行。此外,创新维护社会稳定的工作机制。建立健全"预防工作走在调解前、调解工作走在激化前"的工作机制,开展法律知识进社区、进企业、进家庭等活动,及时查找不稳定因素、化解矛盾。

总之,社区工会组织要在各级工会组织的正确领导下,围绕着全心全意依靠工人阶级的指导方针,积极努力地工作,把职工群众紧密地团结在以习近平同志为核心的党中央周围,发挥桥梁和纽带作用。

 【案例1】

××区街道(镇)社区工会创建合格职工之家经验交流

为推进社区工会工作,实现社区工会新突破,××区总工会提出 10 个街道(镇)社区工会创建合格职工之家的工作目标,在各街道(镇)社区党委的高度重视支持下,街道(镇)社区工会已全部创建合格职工之家。××区 10 个街道(镇)社区工会创建合格职工之家的主要特点如下。

一、社区工会的民主化、群众化建设有拓展

社区工会会员代表常任制是广大会员参与社区工会事务管理的重要载体,是扩大党的群众基础的有效途径。10 个街道(镇)全部建立了社区工会会员代表大会常任制,进一步加强与社区工会代表的联系和沟通,把社区工会创建合格职工之家的评判权交给广大会员代表。××等街道工会组织会员开展"为社区工会献一计"活动,提出了 40 多条合理化建议。××社区工会向全体代表汇报社区工会"建家"情况,认真听取代表意见,使工会"建家"工作成为大家的自觉行动。在社区工会会员代表大会上,10 个街道(镇)还认真开展了工会干部民主评议,所有工会主席都接受了会员代表的民主测评,信任率均达到了 99%—100%。社区工会会员代表大会常任制的建立,进一步推进了社区工会工作的民主化、群众化建设。

在创建合格职工之家中,10 个街道(镇)社区工会都建立了与街道(镇)党政联席会议制度。针对社区工会工作中碰到的困难,加强与街道(镇)领导的沟通。××街道通过联席会议,解决了小区工会的经费问题、人员的配备问题；××街道通过联席会议，解决了建立社区工会二级平台问题等。

二、社区工会二级平台得到健全

10个街道（镇）共建立了111家小区（村）工会、小区工会联合会，覆盖了160个居民区（村），将党的群众工作向小区延伸，向新建企业延伸，××街道建立了小区工会工作指导站；××街道根据小区的地域，建立了东、西、南、北以块为主的小区工会联合会、独立小区工会。多种模式小区工会工作平台的建立，进一步加快了新建企业工会的组建步伐，加大了协调劳动关系和签订集体合同的力度，加大了维权保障的力度，通过小区、新建企业资源共享，"共创文明家园"活动的开展，增强了工会工作的凝聚力和渗透力，小区工会已成为新的时期社区工会工作最重要的前沿阵地。

三、社区工会工作机制得到完善

（一）建立"来建走撤"的建会机制

全区共组建1600家新建企业工会组织，发展会员2万多名，为了加强组建工作的动态管理，10个街道（镇）、小区工会建立了组建工作台账制度、月报表制度，及时掌握新建企业建、撤信息，确保新建企业来一家、建一家，走一家、撤一家，努力做到组建工作资料齐全，台账记录完整清楚。

（二）建立三方协商、集体合同维权机制

10个街道（镇）全部建立三方协商机制，通过社区、小区工会二级平台，加快了集体合同的签约率。全区集体合同签约率已达到了85%。在一年多的创建工作中，10个街道（镇）的社区工会法律服务站共接待了100多起职工的信访和法律政策咨询。

（三）建立互助保障，帮困"送温暖"的保障机制

社区工会积极发挥党的群众工作的桥梁纽带作用，各街道（镇）工会结合社区特点，整合社区资源，发挥了工会组织关心人、凝聚人和亲和力优势，积极开展帮困"送温暖"工程，开展爱心助学帮困活动、"一日捐"献爱心活动、帮困助老服务等活动，利用元旦、春节、"五一"、"十一"

四大节日，串百家门、访百家人、暖百家心，走访特困职工 2000 多名，送去帮困慰问金 100 多万元。社区工会还通过社区、小区工会二级平台，在新建企业中广泛宣传职工互助住院补充医疗保险实事工程，动员新建企业为职工办理大病、住院补充保险，努力为职工办实事、办好事，有效地维护了职工的合法权益。10 个街道（镇）社区工会共为 3850 名职工、3.5 万名退休职工办理了大病住院的理赔保险，理赔金额达 1511.9 万元，××街道和××镇工会借助社区民政、劳动服务所的优势，整合资源，通过劳务洽谈会、再就业承诺制等，积极帮助社区的下岗职工再就业，鼓励下岗职工走生产创业之路。

（四）培育"一街一品"社区工会工作的创新机制

在创建合格职工之家工作中，各街道（镇）社区工会一边抓组建、一边抓运作、一边抓创新，注意发挥各自的优势和特长，努力培育各自的特色工作，在社区工会的难点和重点工作中，有突破、有深化，逐步形成"一街一品"的社区工会工作新格局。××社区工会在三方协调机制、探索非公企业职工民主管理的有效途径中创出自己的品牌效应；××社区工会首创社区工会联谊会；××镇创办园区工会职工学校；××社区工会的网上职工学校发挥了独特的优势；××社区工会的"共创文明家园"主题活动在社区精神文明建设中发挥了积极的作用；××的社区职工之家、××的"小区工会一区一特"、××的"帮困再就业实事工程"、××社区工会的自身建设长效运作机制等基本形成了工会独特的工作特色，提升了社区工会工作水平。

第十三章

非公有制企业工会如何创建职工之家

　　非公有制企业开展"建家"活动要从其劳资关系和特点出发，深入开展以"双爱双评"为主要内容的建设职工之家活动，逐步提高"建家"水平。要依法规范工会组织建设，推进多种形式的民主管理、平等协商和签订集体合同，监督企业改善劳动安全卫生条件，执行国家有关工作时间、休息休假等规定，按时足额发放职工工资，为职工缴纳养老、医疗、失业等社会保险金，依法拨缴工会经费等，把这些作为"建家"的重要内容，不断提高非公有制企业工会的整体工作水平。

第一节 "双爱双评"活动的意义和先进评选条件

一、"双爱双评"活动的目的和意义

把基层工会建成职工之家，是党中央对工会的要求，也是广大职工群众的愿望。开展建设职工之家活动，是增强基层工会活力、提高基层工会工作整体水平的有效形式，对于协调劳动关系、调动职工积极性、推动企业发展也具有重要意义和作用。

从非公有制企业的实际出发，通过开展"双爱双评"（职工爱企业、经营者爱职工；评选热爱企业优秀员工、评选热爱职工优秀经营者）活动推动"建家"活动的开展，是非公有制企业工会开展"建家"活动的成功经验。开展好这一活动，旨在教育和激励广大职工学习和掌握党的改革开放方针，遵守国家的法律法规和企业的规章制度，爱国、爱企、爱岗，努力完成企业的各项生产任务；教育和激励企业的经营管理者遵守国家的各项法规，热爱职工，尊重和保障职工的合法权益，保护职工的积极性和创造性；推动工会组织积极开展工作，在维护职工合法权益、共谋企业健康发展中发挥积极作用。

二、"双爱双评"活动的先进评选条件

（一）先进单位评选条件

（1）在开展"双爱双评"活动中有突出成绩和特色的非公有制企业。

（2）依法建立起防范违法用工和侵犯员工合法权益的人力资源管理制度。在劳动用工方面，没有发生违法行为和重大劳动争议事件。

（3）加强安全教育，保证安全生产，没有发生重大安全责任事故。

（4）企业关心员工生活，企业员工的生产、劳动、学习的条件和环境

随着企业的发展不断得到改善。

（5）职工关心企业生产经营，认真做好本职工作，积极参加劳动竞赛、提合理化建议和技术革新等活动。

（6）《劳动法》《工会法》赋予员工的各项权利得到有效落实，企业实行了劳动合同制并建立了稳定协调的劳动关系。

（7）企业职工依法建立工会组织，工会领导班子得力，工会工作丰富多彩且富有成效，并得到广大员工和企业家的拥护。企业建立协商谈判、集体合同制度，建立劳动争议调解委员会并发挥其作用，依法拨缴工会经费，支持工会工作的开展。

（8）工会结合企业的实际发展需要，建立健全学习制度和员工学习计划，倡导和组织广大员工不断学习科学技术和管理知识，提高自身素质，掌握多种技能，在实现企业与员工个人发展双赢方面取得具有示范意义的经验。

被省级工会评为"双爱双评"先进单位的非公企业工会，达到相应"建家"考核标准的，可以申报"全国模范职工之家"。

（二）"热爱职工优秀经营者"评选条件

在开展"双爱双评"活动中，评选"热爱职工优秀经营者"的条件、标准如下。

（1）所在企业劳动保护措施健全有效，无重大工伤事故。

（2）所在企业无使用童工、歧视女工、侵害人身自由和人格尊严现象。

（3）所在企业的劳动用工制度、工资分配制度以及其他内部管理制度符合国家《劳动法》等有关法律法规，企业与职工依法签订了劳动合同，无拖欠工资、超时加班现象，没有发生过重大劳动争议案件。

（4）所在企业已按规定参加养老、失业、医疗等社会保险；及时足额缴纳各项社会保险费；缴纳"三险"员工数占其企业员工总数比重名列前茅。

（5）所在企业重视职工素质教育和业务技术培训，有明确的员工培训计划，落实情况良好，技术工种有上岗证。

（6）所在企业建立起规范的工会组织，建立并坚持平等协商和集体合同制度，开展适合本企业特点的职工民主管理活动，建立稳定协调的劳动关系，按时足额拨缴工会经费，保障员工合法权益。

(三)"热爱企业优秀员工"评选条件

根据全国总工会的有关规定，评选"热爱企业优秀员工"的主要条件如下。

(1) 优秀员工须在企业生产第一线岗位工作。

(2) 热爱本职工作，兢兢业业、扎扎实实，为企业发展勤奋刻苦工作，努力完成生产、科研和经营任务，并作出突出成绩。

(3) 有爱岗敬业精神，积极维护企业的稳定和团结，为企业健康发展建言献策，支持企业依法经营管理，遵守劳动纪律和职业道德，模范执行劳动安全卫生规程，积极参加开展技术革新、劳动竞赛和提合理化建议活动，为企业发展作贡献。

(4) 努力学习，积极参加职业教育和业务培训，努力提高个人政治素质和技术素质，积极倡导讲学习的风气，注重学习成效。

第二节 非公企业创建模范（先进）职工之家的条件

一、工会组织建设规范，依法开展工会活动

按民主程序选举产生工会委员会；工会有牌子，有印章，有办公室和活动场所；建立女职工、经审组织；职工入会率稳定在 85%以上。

二、建立健全工会工作制度

建立工会主席、副主席、委员工作责任制，工会年度计划和总结制度、会议制度、会员会籍管理和工会档案管理制度。

三、建立民主管理、民主监督制度

推行以职工（代表）大会为基本形式的多种民主管理、民主参与、民主监督制度；指导职工与企业签订劳动合同，建立有职工代表参加的劳动争议调解组织，调解处理劳动争议。

四、建立健全劳动关系协调机制

建立健全以平等协商签订集体合同为主要形式的劳动关系协调机制；督促企业执行国家有关法律法规，按时足额发放职工工资；为职工缴纳养老、医疗、失业、工伤等社会保险金；依法拨缴工会经费；督促协助企业不断改善劳动安全卫生条件和工作环境，无重大安全事故发生。

五、积极开展促进企业发展和提高职工素质的活动

组织开展"创建学习型组织、争做知识型职工"活动，以及群众性的合理化建议、劳动竞赛、技术创新、文化体育等活动，提高职工的竞争能力。

六、企业行政与工会共建职工之家形成合力

成立"建家"活动机构，制定活动方案，企业提供必要的条件，把"双爱双评"活动纳入"建家"活动一起实施；"建家"活动得到 80% 以上职工认可。

总之，基层工会组织积极开展以"双爱双评"为主要内容的建设职工之家活动，是推动非公有制企业工会工作上水平的重要措施，体现了非公有制企业的特点。它的开展与建设职工之家活动的宗旨是一致的。

 【案例 1】

打造非公企业和谐温馨职工之家

××电器有限公司是一家专业生产家用电器的台资企业，工会自 2019 年 11 月成立以来，全面履行各项职能，把企业打造成"老板爱员工，员

工爱老板"的公司，把工会打造成"党政放心、老板支持、职工信赖"的群众组织。工会先后获得区、市的先进职工之家称号。公司工会的实践，对如何在非公有制企业开展职工之家建设提供了难能可贵的经验。

一、率先建立工会组织，为全市台资企业树立标杆

该公司于2018年8月建厂，2019年11月成立工会，是××市第一家建立工会组织的台资企业，对全市非公企业建会起了导向性作用。××市许多台资企业后来都是到××公司参观后才下决心建会的。该公司职工全员入会，组织机构完善，严格按照工会章程行事，按时进行换届选举。主席享受公司副厂职待遇，配有专职副主席和工作人员，工会委员都经培训持证上岗，有独立的财务账号、独立的办公室及社团法人资格。工会注重规范化建设，制定了切合实际的一系列管理和活动制度，设立了建设高标准的职工之家的奋斗目标。近年来，该公司工会坚持不断地按全国优秀职工之家的要求检查和改进工作，一步一个脚印地朝既定目标前进，增强了工会的影响力和凝聚力，得到了广大职工和老板的大力支持和肯定。

二、运作员工配股，探索非公企业共建共享发展成果的新路子

公司有心回报员工，想给为公司发展作出贡献的员工骨干配股，工会积极支持并大力促成。根据《××市内部员工持股规定》，工会建议公司配给员工的股份由工会以社团法人的名义持有，并由工会牵头对员工配股进行运作。老板听从工会意见，由工会主席、公司高管、法律顾问等人员组成配股工作小组。符合条件参加购股的员工为1448人，占当时公司员工总数的34.2%，持股比例为公司总股本的10%，工会持股都集中到工会名下。经过三年的实践，持股员工初步享受到了企业发展的成果，调动了员工积极性，推进了企业发展，实现了劳资双赢。经工会建议，公司已决定今年再拿出300万元，为第一次不够条件的员工再次配股。

三、关心员工生活，切切实实为员工解困解难

工会成立之后，就积极倡导设立合作医疗并由工会运作，员工和公司每月各出5元钱作为医疗基金，让生病的员工看得起病。遇到重大疾病需转院救治的员工，无论费用多高，都按70%报销。

工会设立了"急难援助基金"，员工每人每月出1元钱，领导每人每月补助1元，由工会负责。"急难援助基金"使得许多员工在急难时有"基金"支付。在公司工作多年的员工××因肝癌去世，工会发动全公司员工捐款7.9万元，并从援助"基金"中为他的两名幼小子女每月提供生活费500元，一直抚养到18岁。总务电梯工××因急性脑出血不治身亡，工会再次启动急难援助"基金"，决定将其13岁的女儿抚养到18岁。一名女工在一次机械故障中不幸受伤致残。工会领导帮助她依法进行社保理赔，并资助她进技校深造。在她取得一技之长后安排她在公司做力所能及的工作，保证她有一定的生活来源。

四、实行职工代表大会制度，维护职工权益

公司工会致力于实施职工民主管理机制，通过召开职工代表大会、主席参与董事会、签订集体合同等渠道落实职工参与企业管理的权利，从源头上维护职工合法权益，构建和谐稳定的劳动关系。

经工会积极倡议，公司于2020年开始实施职工代表大会制度，先后讨论制定了一系列与职工利益密切相关的规章制度，如员工配股、员工守则、集体合同、奖惩规定、劳动保护等。2021年4月8日，公司职工代表大会就加强职业安全卫生检查、第二次给员工配股、确认买房借款人员的资格等议题进行讨论并作出决议。2022年10月，公司再次召开职工代表大会，学习《劳动合同法》，讨论如何修改《公司员工守则》，如何签订集体合同等事项，工会还代表女职工专门与公司签订了一份女职工特殊权益保障合同，进一步保障了女职工的权益。

工会积极参与劳动争议的调处事宜，化解劳资矛盾。模具科的6名员工因故被解除劳动合同。他们提出要求，给予年终奖、未休的年休假计发工资。由于公司不接受他们的相关要求，双方争执不下。工会得知情况后，与公司协商，最后达成调解意愿：年终奖给予发放，其年休假应该根据其未休完的实际天数给予补偿。经工会调解后，他们都非常满意。

五、提高员工素质，在非公企业开展劳动竞赛

工会积极为员工开展职业道德、行为规范、业务技能等多方面的培训，提高他们的综合素质，并结合工作实际开展培训教育，鼓励他们岗位成才。初中毕业的钟××由于积极参加培训，刻苦自学，现成长为设计工程师；高中毕业的邬××通过培训学习，已取得大学文凭，成为设计科科长，被评为××市首届十大读书成才职工。

工会还积极组织开展劳动竞赛。工会举办了大规模的劳务工技能大比武活动，各部门参加竞赛的职工人数达 3000 多人，竞赛有电工、铣工、钳工、机动叉车驾驶、文本大赛等 43 个项目，一大批优秀技能人才在比赛中脱颖而出，工会对优胜者给予奖励，营造了学习技术光荣的良好氛围。

六、搞好文化阵地建设，活跃文化生活

工会积极开展丰富多彩、健康向上的文体、旅游、义工、读书活动等，极大地活跃了职工的精神文化生活。

为搞好职工文化阵地建设，工会向公司提议修建一栋职工之家大楼，得到公司领导的大力支持。该大楼建筑面积达 2000 多平方米，内设工会、党（团）支部办公室、女工学校、心理咨询室、电教室、投影室、阅览室、书画社、棋艺室、劳动争议调解室、歌舞厅、健身房、形体健美操室、电视室、乒乓球室、台球室等。该大楼前的广场建有塑胶地板的篮球场和羽毛球场等，旁边还建有职工探亲招待所。工会牵头成立职工篮球队、足球队、羽毛球队、舞蹈队、读书协会、书法摄影协会等，经常开展训练和竞赛活动。

【案例 2】

××区总工会以建设职工之家为动力，强化非公企业工会工作

随着非公企业的迅速发展和职工队伍的不断壮大，非公经济已成为××区经济的支柱和主要增长点，非公经济企业职工人数占全区职工总数的 70% 以上，已成为全区职工队伍的主体。近年来，××区总工会在全区各级党、政领导的重视和支持下，通过社会各方的密切配合和工会的自身努力，花大力气狠抓非公经济企业工会的组建和运作，取得了较为显著的成绩，基本实现了"企业基本建会，职工基本入会"的目标。为了克服新建企业工会组建后的"空转"与"不转"，近年来，区总工会主要通过在非公企业中积极开展职工之家建设活动，促进非公企业工会工作的正常运转，并取得了一定的成效。

一、加强宣传，提高认识

非公企业开展职工之家建设活动，是加强非公企业工会建设的有效载体，是推进工会重点工作在基层落实的重要措施和手段。非公企业刚开始开展"建家"活动时，由于区总工会一些工会干部思想准备不足，所以对于非公企业是否应该"建家"、怎样"建家"存在模糊认识：认为非公企业工会刚刚组建，不宜再搞"建家"。一些经营者对"建家"工作缺乏了解，从而把"建家"与企业发展割裂开来，缺乏对"建家"的支持和投入。为此，区总工会加强对"建家"工作重要性的宣传，通过召开会议和工会干部培训等方式，使大家明确了开展职工之家建设活动的目的、意义。与此同时，区总工会还利用一切行之有效的途径向企业经营者表明："建家"活动，是为了更好地开展工会工作，促进企业发展，达到"双赢"目的，消除企业经营者顾虑，得到他们对"建家"工作的理解和支持，为非公企业"建家"活动的有效开展奠定了思想基础。

二、落实措施，积极推进

在统一思想的基础上，着力抓落实。区总工会的具体做法：一是加强调研、制订方案。区总工会专门成立调研小组，用了整整3个月时间，对全区非公企业工会运作的情况进行了一次大调查。通过调查，区总工会强烈感受到非公企业职工群众对工会寄予厚望，他们迫切地希望工会能够履行好职工利益代表者、维护者的职责，依法维护他们的合法权益。一些处于弱势的困难职工要求工会为他们做好事、办实事，消除后顾之忧。基于这些情况，区总工会在组建工作转入常规性工作以后，把抓"建家"、促规范运作、履行工会基本职能、发挥工会积极作用作为一项紧迫任务来抓，"建起来，更要转起来"成为上上下下的共识。于是，区总工会在努力探索和建立非公企业工会运作的模式方面做了一些有益的尝试，经过调查研究，针对××非公企业工会实际，依据有关法律、法规制定了《××区非公经济企业工会运作试行办法》和《××区经济开发区工会联合会运作试行办法》。这两个办法对工会运作作了明确规定，使工会干部干起工作来有了底气。

二是抓典型引路，促进工会运作。为了加强对非公企业"建家"工作的指导，区总工会通过调查，确定了 50 家重点联系户，并由区总工会领导和各部室有关同志专人分片负责联系，及时总结这些典型单位在"建家"工作中涌现出来的各类先进经验，加以推广，收到了较好效果。如××经济开发区是华东地区建立的第一个私营经济开发区，现区内有实体型企业300 多家，职工近 7000 人，职工中大部分是外地民工。为了丰富职工的业余文化生活，提高职工队伍的素质，工会联合会在开发区管委会、各私营企业主的支持下，筹资 30 多万元建立了职工俱乐部。俱乐部活动面积有600 多平方米，设有电教室、图书馆、阅览室、健身房、歌舞厅、影像室等职工活动场所。俱乐部开办以来，充分利用俱乐部这个平台，积极组织区内职工开展活动。活动的有效开展，受到了开发区内业主和职工的好评，增强了工会组织的凝聚力。

三是强化工会干部的教育培训，提高非公企业工会干部的素质。非公企业工会工作开展得如何，很大程度上取决于工会干部的素质。这些年来，区总工会一直把工会干部的教育培训放在重要的位置上，并作为抓好运作的一项重要举措，不断强化教育培训，努力提高工会干部履行职责的能力。几年来，区总工会对全区所有非公企业工会干部普遍轮训了一遍，根据不同对象还举办了不少专题学习研讨班，如联合会工会主席培训班、大中型企业工会主席培训班、新上岗工会主席学习班等，进一步提高了工会干部理论和业务水平。

四是强化社区工会作用，增强基层工会活力。××区非公企业基本集中在社区（经济开发区），强化社区工会作用，对于促进非公企业工会工作具有十分重要的意义。近年来，区总工会积极协助党委配齐配强社区工会干部队伍，在镇级区划调整时，区总工会主动协助党委做好镇级工会主席的配备，使调整后的镇级工会主席基本达到年轻化、专业化的要求，镇级工会主席都按副处级干部配备，使社区工会的地位有所提高。

区总工会针对部分非公企业工会组织力量相对薄弱、缺乏协调复杂劳动关系的办法和经验，经过广泛征求意见，制定下发了《关于上级工会代表下级工会依法维护职工合法权益工作的试行意见》，试行意见对区总工会、社区工会、开发区工会联合会代表下级工会维权的内容及怎样代表作了明确的规定，进一步增强了各级工会的维权责任，同时为了加强社区工会维权力度，主动争取政府对工会工作的支持。在试点的基础上，全区 12 个社区都建立了镇政府和镇工会联席会议制度，进一步促进了社区工会作用的发挥。

三、初步成效及体会

抓"建家"、促运作，已经初见成效。全区非公企业工会合格"职工之家"创建率达 77.6%，通过开展"建家"活动，逐步消除了"不转"和"空转"现象，不断提高了非公企业工会整体工作水平，有效地发挥了工会组织的作用。主要体现在以下几个方面。

一是推进了工会维权机制建立，全区已有 329 家外商投资企业建立了平等协商制度，签订了集体合同；已有 16858 家私营企业建立了平等协商制度，签订了集体合同；已有 259 家外商投资企业、32 家私营经济开发企业签订了工资协商协议，全区 32 个私营经济开发企业全部建立了三方协调机制，企业非公企业职工代表大会建制达 62.7%。这些维权制度的建立，在维护职工合法权益、促进企业建立和谐稳定的劳动关系等方面发挥了积极的作用。

二是做好事、办实事，提高了工会组织的凝聚力。全区非公企业工会积极开展扶贫帮困活动，积极推行市总工会推出的三项保障计划，努力为职工群众排忧解难。据统计，近年来非公企业工会帮困职工人数达到 5170人次，金额 170 万元；全年参加大病保障、住院保障职工达到 1.5 万人。不少基层工会努力为职工做好事、办实事，提高工会组织凝聚力。如××服装有限公司工会根据该厂外地职工多、宿舍拥挤的实际情况，积极向企业建议，企业很快增建了 36 间职工宿舍，并安装了空调；每年春节由工会出面包车接送回家过年的职工，得到了职工的好评。

三是提高了工会组织的地位，增强了工会影响力。不少非公企业的经营者感到，工会不仅维护了职工的合法权益，还从"双赢"原则着手，组织职工开展劳动竞赛、"双爱双评"等活动，为企业发展作贡献，在维护职工利益的同时，维护了经营者的利益。职工们认为，工会能为他们说话办事，碰到问题找工会帮助是最好的途径；社会各方面也认为，工会维护职工合法权益的实事，为社会稳定作出了贡献。

区非公企业开展"建家"工作还处在探索阶段，还需要有一个不断总结和完善的过程，对照新形势下工会的目标、任务、要求，区总工会感到在新形势、新任务面前，"建家"工作必须与时俱进、开拓创新，要在更高的起点上，加强对基层工会工作理论和"建家"实践的研究，用发展的理论指导新的实践，使"建家"活动更有深度，更深入人心。

1. 工会基层组织选举工作条例

第一章　总　则

第一条　为规范工会基层组织选举工作，加强基层工会建设，发挥基层工会作用，根据《中华人民共和国工会法》《中国工会章程》等有关规定，制定本条例。

第二条　本条例适用于企业、事业单位、机关和其他社会组织单独或联合建立的基层工会委员会。

第三条　基层工会委员会由会员大会或会员代表大会选举产生。工会委员会的主席、副主席，可以由会员大会或会员代表大会直接选举产生，也可以由工会委员会选举产生。

第四条　工会会员享有选举权、被选举权和表决权。保留会籍的人员除外。

第五条　选举工作应坚持党的领导，坚持民主集中制，遵循依法规范、公开公正的原则，尊重和保障会员的民主权利，体现选举人的意志。

第六条　选举工作在同级党组织和上一级工会领导下进行。未建立党组织的在上一级工会领导下进行。

第七条　基层工会委员会换届选举的筹备工作由上届工会委员会负责。

新建立的基层工会组织选举筹备工作由工会筹备组负责。筹备组成员由同级党组织代表和职工代表组成，根据工作需要，上级工会可以派人参加。

第二章　委员和常务委员名额

第八条　基层工会委员会委员名额，按会员人数确定：

不足 25 人，设委员 3 至 5 人，也可以设主席或组织员 1 人；

25 人至 200 人，设委员 3 至 7 人；

201 人至 1000 人，设委员 7 至 15 人；

1001 人至 5000 人，设委员 15 至 21 人；

5001 人至 10000 人，设委员 21 至 29 人；

10001 人至 50000 人，设委员 29 至 37 人；

50001 人以上，设委员 37 至 45 人。

第九条　大型企事业单位基层工会委员会，经上一级工会批准，可以设常务委员会，常务委员会由 9 至 11 人组成。

第三章　候选人的提出

第十条　基层工会委员会的委员、常务委员会委员和主席、副主席的选举均应设候选人。候选人应信念坚定、为民服务、勤政务实、敢于担当、清正廉洁，热爱工会工作，受到职工信赖。

基层工会委员会委员候选人中应有适当比例的劳模（先进工作者）、一线职工和女职工代表。

第十一条　单位行政主要负责人、法定代表人、合伙人以及他们的近亲属不得作为本单位工会委员会委员、常务委员会委员和主席、副主席候选人。

第十二条　基层工会委员会的委员候选人，应经会员充分酝酿讨论，一般以工会分会或工会小组为单位推荐。由上届工会委员会或工会筹备组根据多数工会分会或工会小组的意见，提出候选人建议名单，报经同级党组织和上一级工会审查同意后，提交会员大会或会员代表大会表决通过。

第十三条　基层工会委员会的常务委员会委员、主席、副主席候选人，可以由上届工会委员会或工会筹备组根据多数工会分会或工会小组的意见提出建议名单，报经同级党组织和上一级工会审查同意后提出；也可以由同级党组织与上一级工会协商提出建议名单，经工会分会或工会小组酝酿讨论后，由上届工会委员会或工会筹备组根据多数工会分会或工会小组的意见，报经同级党组织和上一级工会审查同意后提出。

根据工作需要，经上一级工会与基层工会和同级党组织协商同意，上一级工会可以向基层工会推荐本单位以外人员作为工会主席、副主席候选人。

第十四条　基层工会委员会的主席、副主席，在任职一年内应按规定参加岗位任职资格培训。凡无正当理由未按规定参加岗位任职资格培训的，一般不再提名为下届主席、副主席候选人。

第四章　选举的实施

第十五条　基层工会组织实施选举前应向同级党组织和上一级工会报告，制定选举工作方案和选举办法。

基层工会委员会委员候选人建议名单应进行公示，公示期不少于 5 个工作日。

第十六条　会员不足 100 人的基层工会组织，应召开会员大会进行选举；会员 100 人以上的基层工会组织，应召开会员大会或会员代表大会进行选举。

召开会员代表大会进行选举的，按照有关规定由会员民主选举产生会员代表。

第十七条　参加选举的人数为应到会人数的三分之二以上时，方可进行选举。

基层工会委员会委员和常务委员会委员应差额选举产生，可以直接采用候选人数多于应选人数的差额选举办法进行正式选举，也可以先采用差额选举办法进行预选产生候选人名单，然后进行正式选举。委员会委员和常务委员会委员的差额率分别不低于 5% 和 10%。常务委员会委员应从新当选的工会委员会委员中产生。

第十八条　基层工会主席、副主席可以等额选举产生，也可以差额选举产生。主席、副主席应从新当选的工会委员会委员中产生，设立常务委员会的应从新当选的常务委员会委员中产生。

第十九条　基层工会主席、副主席由会员大会或会员代表大会直接选举产生的，一般在经营管理正常、劳动关系和谐、职工队伍稳定的中小企事业单位进行。

第二十条　召开会员大会进行选举时，由上届工会委员会或工会筹备组主持；不设委员会的基层工会组织进行选举时，由上届工会主席或组织员主持。

召开会员代表大会进行选举时，可以由大会主席团主持，也可以由上届工会委员会或工会筹备组主持。大会主席团成员由上届工会委员会或工会筹备组根据各代表团（组）的意见，提出建议名单，提交代表大会预备会议表决通过。

召开基层工会委员会第一次全体会议选举常务委员会委员、主席、副主席时，由上届工会委员会或工会筹备组或大会主席团推荐一名新当选的工会委员会委员主持。

第二十一条　选举前，上届工会委员会或工会筹备组或大会主席团应将候选人的名单、简历及有关情况向选举人介绍。

第二十二条　选举设监票人，负责对选举全过程进行监督。

召开会员大会或会员代表大会选举时，监票人由全体会员或会员代表、各代表团（组）从不是候选人的会员或会员代表中推选，经会员大会或会员代表大会表决通过。

召开工会委员会第一次全体会议选举时，监票人从不是常务委员会委员、主席、副主席候选人的委员中推选，经全体委员会议表决通过。

第二十三条　选举采用无记名投票方式。不能出席会议的选举人，不得委托他人代为投票。

选票上候选人的名单按姓氏笔画为序排列。

第二十四条　选举人可以投赞成票或不赞成票，也可以投弃权票。投不赞成票者可以另选他人。

第二十五条　会员或会员代表在选举期间，如不能离开生产、工作岗位，在监票人的监督下，可以在选举单位设立的流动票箱投票。

第二十六条　投票结束后，在监票人的监督下，当场清点选票，进行计票。

选举收回的选票，等于或少于发出选票的，选举有效；多于发出选票的，选举无效，应重新选举。

每张选票所选人数等于或少于规定应选人数的为有效票，多于规定应选人数的为无效票。

第二十七条　被选举人获得应到会人数的过半数赞成票时，始得当选。

获得过半数赞成票的被选举人人数超过应选名额时，得赞成票多的当选。如遇赞成票数相等不能确定当选人时，应就票数相等的被选举人再次投票，得赞成票多的当选。

当选人数少于应选名额时，对不足的名额可以另行选举。如果接近应选名额且符合第八条规定，也可以由大会征得多数会员或会员代表的同意减少名额，不再进行选举。

第二十八条　大会主持人应当场宣布选举结果及选举是否有效。

第二十九条　基层工会委员会、常务委员会和主席、副主席的选举结果，报上一级工会批准。上一级工会自接到报告15日内应予批复。违反规定程序选举的，上一级工会不得批准，应重新选举。

基层工会委员会的任期自选举之日起计算。

第五章　任期、调动、罢免和补选

第三十条　基层工会委员会每届任期三年或五年，具体任期由会员大会或会员代表大会决定。经选举产生的工会委员会委员、常务委员会委员和主席、副主席可连选连任。基层工会委员会任期届满，应按期换届选举。遇有特殊情况，经上一级工会批准，可以提前或延期换届，延期时间一般不超过半年。

上一级工会负责督促指导基层工会组织按期换届。

第三十一条 基层工会主席、副主席任期未满时，不得随意调动其工作。因工作需要调动时，应征得本级工会委员会和上一级工会的同意。

第三十二条 经会员大会或会员代表大会民主测评和上级工会与同级党组织考察，需撤换或罢免工会委员会委员、常务委员会委员和主席、副主席时，须依法召开会员大会或会员代表大会讨论，非经会员大会全体会员或会员代表大会全体代表无记名投票过半数通过，不得撤换或罢免。

第三十三条 基层工会主席因工作调动或其他原因空缺时，应及时按照相应民主程序进行补选。

补选主席，如候选人是委员的，可以由工会委员会选举产生，也可以由会员大会或会员代表大会选举产生；如候选人不是委员的，可以经会员大会或会员代表大会补选为委员后，由工会委员会选举产生，也可以由会员大会或会员代表大会选举产生。

补选主席的任期为本届工会委员会尚未履行的期限。

补选主席前征得同级党组织和上一级工会的同意，可暂由一名副主席或委员主持工作，期限一般不超过半年。

第六章　经费审查委员会

第三十四条 凡建立一级工会财务管理的基层工会组织，应在选举基层工会委员会的同时，选举产生经费审查委员会。

第三十五条 基层工会经费审查委员会委员名额一般 3 至 11 人。经费审查委员会设主任 1 人，可根据工作需要设副主任 1 人。

基层工会的主席、分管财务和资产的副主席、财务和资产管理部门的人员，不得担任同级工会经费审查委员会委员。

第三十六条 基层工会经费审查委员会由会员大会或会员代表大会选举产生。主任、副主任可以由经费审查委员会全体会议选举产生，也可以由会员大会或会员代表大会选举产生。

第三十七条　基层工会经费审查委员会的选举结果，与基层工会委员会选举结果同时报上一级工会批准。

基层工会经费审查委员会的任期与基层工会委员会相同。

第七章　女职工委员会

第三十八条　基层工会组织有女会员 10 人以上的建立女职工委员会，不足 10 人的设女职工委员。女职工委员会与基层工会委员会同时建立。

第三十九条　基层工会女职工委员会委员由同级工会委员会提名，在充分协商的基础上产生，也可召开女职工大会或女职工代表大会选举产生。

第四十条　基层工会女职工委员会主任由同级工会女主席或女副主席担任，也可经民主协商，按照相应条件配备女职工委员会主任。女职工委员会主任应提名为同级工会委员会或常务委员会委员候选人。基层工会女职工委员会主任、副主任名单，与工会委员会选举结果同时报上一级工会批准。

第八章　附　则

第四十一条　乡镇（街道）、开发区（工业园区）、村（社区）建立的工会委员会，县级以下建立的区域（行业）工会联合会如进行选举的，参照本条例执行。

第四十二条　本条例由中华全国总工会负责解释。

第四十三条　本条例自发布之日起施行，以往有关规定与本条例不一致的，以本条例为准。1992 年 5 月 18 日全国总工会办公厅印发的《工会基层组织选举工作暂行条例》同时废止。

2. 基层工会会员代表大会条例

第一章 总 则

第一条 为完善基层工会会员代表大会制度，推进基层工会民主化、规范化、法治化建设，增强基层工会政治性、先进性、群众性，激发基层工会活力，发挥基层工会作用，根据《中华人民共和国工会法》《中国工会章程》等有关规定，制定本条例。

第二条 本条例适用于企业、事业单位、机关、社会团体和其他社会组织单独或联合建立的基层工会组织。

乡镇（街道）、开发区（工业园区）、村（社区）建立的工会委员会，县级以下建立的区域（行业）工会联合会，如召开会员代表大会的，依照本条例执行。

第三条 会员不足100人的基层工会组织，应召开会员大会；会员100人以上的基层工会组织，应召开会员大会或会员代表大会。

第四条 会员代表大会是基层工会的最高领导机构，讨论决定基层工会重大事项，选举基层工会领导机构，并对其进行监督。

第五条 会员代表大会实行届期制，每届任期三年或五年，具体任期由会员代表大会决定。会员代表大会任期届满，应按期换届。遇有特殊情况，经上一级工会批准，可以提前或延期换届，延期时间一般不超过半年。

会员代表大会每年至少召开一次，经基层工会委员会、三分之一以上的会员或三分之一以上的会员代表提议，可以临时召开会员代表大会。

第六条 会员代表大会应坚持党的领导，坚持民主集中制，坚持依法规范，坚持公开公正，切实保障会员的知情权、参与权、选举权、监督权。

第七条　基层工会召开会员代表大会应向同级党组织和上一级工会报告。换届选举、补选、罢免基层工会委员会组成人员的，应向同级党组织和上一级工会书面报告。

上一级工会对下一级工会召开会员代表大会进行指导和监督。

第二章　会员代表大会的组成和职权

第八条　会员代表的组成应以一线职工为主，体现广泛性和代表性。中层正职以上管理人员和领导人员一般不得超过会员代表总数的20%。女职工、青年职工、劳动模范（先进工作者）等会员代表应占一定比例。

第九条　会员代表名额，按会员人数确定：

会员100至200人的，设代表30至40人；

会员201至1000人的，设代表40至60人；

会员1001至5000人的，设代表60至90人；

会员5001至10000人的，设代表90至130人；

会员10001至50000人的，设代表130至180人；

会员50001人以上的，设代表180至240人。

第十条　会员代表的选举和会议筹备工作由基层工会委员会负责，新成立基层工会的由工会筹备组负责。

第十一条　会员代表大会根据需要，可以设立专门工作委员会（小组），负责办理会员代表大会交办的具体事项。

第十二条　会员代表大会的职权是：

（一）审议和批准基层工会委员会的工作报告；

（二）审议和批准基层工会委员会经费收支预算决算情况报告、经费审查委员会工作报告；

（三）开展会员评家，评议基层工会开展工作、建设职工之家情况，评议基层工会主席、副主席履行职责情况；

（四）选举和补选基层工会委员会和经费审查委员会组成人员；

（五）选举和补选出席上一级工会代表大会的代表；

（六）罢免其所选举的代表、基层工会委员会组成人员；

（七）讨论决定基层工会其他重大事项。

第三章　会员代表

第十三条　会员代表应由会员民主选举产生，不得指定会员代表。劳务派遣工会员民主权利的行使，如用人单位工会与用工单位工会有约定的，依照约定执行；如没有约定或约定不明确的，在劳务派遣工会员会籍所在工会行使。

第十四条　会员代表应具备以下条件：

（一）工会会员，遵守工会章程，按期缴纳会费；

（二）拥护党的领导，有较强的政治觉悟；

（三）在生产、工作中起骨干作用，有议事能力；

（四）热爱工会工作，密切联系职工群众，热心为职工群众说话办事；

（五）在职工群众中有一定的威信，受到职工群众信赖。

第十五条　会员代表的选举，一般以下一级工会或工会小组为选举单位进行，两个以上会员人数较少的下一级工会或工会小组可作为一个选举单位。

会员代表由选举单位会员大会选举产生。规模较大、管理层级较多的单位，会员代表可由下一级会员代表大会选举产生。

第十六条　选举单位按照基层工会确定的代表候选人名额和条件，组织会员讨论提出会员代表候选人，召开有三分之二以上会员或会员代表参加的大会，采取无记名投票方式差额选举产生会员代表，差额率不低于15%。

第十七条　会员代表候选人，获得选举单位全体会员过半数赞成票时，方能当选；由下一级会员代表大会选举时，其代表候选人获得应到会代表人数过半数赞成票时，方能当选。

第十八条　会员代表选出后，应由基层工会委员会或工会筹备组，对会员代表人数及人员结构进行审核，并对会员代表进行资格审查。

符合条件的会员代表人数少于原定代表人数的，可以把剩余的名额再分配，进行补选，也可以在符合规定人数情况下减少代表名额。

第十九条 会员代表实行常任制，任期与会员代表大会届期一致，会员代表可以连选连任。

第二十条 会员代表的职责是：

（一）带头执行党的路线、方针、政策，自觉遵守国家法律法规和本单位的规章制度，努力完成生产、工作任务；

（二）在广泛听取会员意见和建议的基础上，向会员代表大会提出提案；

（三）参加会员代表大会，听取基层工会委员会和经费审查委员会的工作报告，讨论和审议代表大会的各项议题，提出审议意见和建议；

（四）对基层工会委员会及代表大会各专门委员会（小组）的工作进行评议，提出批评、建议；对基层工会主席、副主席进行民主评议和民主测评，提出奖惩和任免建议；

（五）保持与选举单位会员群众的密切联系，热心为会员说话办事，积极为做好工会各项工作献计献策；

（六）积极宣传贯彻会员代表大会的决议精神，对工会委员会落实会员代表大会决议情况进行监督检查，团结和带动会员群众完成会员代表大会提出的各项任务。

第二十一条 选举单位可单独或联合组成代表团（组），推选团（组）长。团（组）长根据会员代表大会议程，组织会员代表参加大会各项活动；在会员代表大会闭会期间，按照基层工会的安排，组织会员代表开展日常工作。

第二十二条 基层工会讨论决定重要事项，可事先召开代表团（组）长会议征求意见，也可根据需要，邀请代表团（组）长列席会议。

第二十三条 基层工会应建立会员代表调研、督查等工作制度，充分发挥会员代表作用。

第二十四条 会员代表在法定工作时间内依法参加会员代表大会及工会组织的各项活动，单位应当正常支付劳动报酬，不得降低其工资和其他福利待遇。

第二十五条 有下列情形之一的，会员代表身份自然终止：

（一）在任期内工作岗位跨选举单位变动的；

（二）与用人单位解除、终止劳动（工作）关系的；

（三）停薪留职、长期病事假、内退、外派超过一年，不能履行会员代表职责的。

第二十六条 会员代表对选举单位会员负责，接受选举单位会员的监督。

第二十七条 会员代表有下列情形之一的，可以罢免：

（一）不履行会员代表职责的；

（二）严重违反劳动纪律或单位规章制度，对单位利益造成严重损害的；

（三）被依法追究刑事责任的；

（四）其他需要罢免的情形。

第二十八条 选举单位工会或三分之一以上会员或会员代表有权提出罢免会员代表。

会员或会员代表联名提出罢免的，选举单位工会应及时召开会员代表大会进行表决。

第二十九条 罢免会员代表，应经过选举单位全体会员过半数通过；由会员代表大会选举产生的代表，应经过会员代表大会应到会代表的过半数通过。

第三十条 会员代表出现缺额，原选举单位应及时补选。缺额超过会员代表总数四分之一时，应在三个月内进行补选。补选会员代表应依照选举会员代表的程序，进行差额选举，差额率应按照第十六条规定执行。补选的会员代表应报基层工会委员会进行资格审查。

第四章 会员代表大会的召开

第三十一条 每届会员代表大会第一次会议召开前，应将会员代表大会的组织机构、会员代表的构成、会员代表大会主要议程等重要事项，向同级党组织和上一级工会书面报告。上一级工会接到报告后应于15日内批复。

第三十二条　每届会员代表大会第一次会议召开前，基层工会委员会或工会筹备组应对会员代表进行专门培训，培训内容应包括工会基本知识、会员代表大会的性质和职能、会员代表的权利和义务、大会选举办法等。

第三十三条　会员代表全部选举产生后，应在一个月内召开本届会员代表大会第一次会议。

第三十四条　会员代表大会召开前，会员代表应充分听取会员意见建议，积极提出与会员切身利益和工会工作密切相关的提案，经基层工会委员会或工会筹备组审查后，决定是否列入大会议程。

第三十五条　召开会员代表大会，应提前5个工作日将会议日期、议程和提交会议讨论的事项通知会员代表。

第三十六条　每届会员代表大会第一次会议召开前，可举行预备会议，听取会议筹备情况的报告，审议通过关于会员代表资格审查情况的报告，讨论通过选举办法，通过大会议程和其他有关事项。

第三十七条　召开会员代表大会时，未当选会员代表的经费审查委员会委员、女职工委员会委员应列席会议，也可以邀请有关方面的负责人或代表列席会议。

可以邀请获得荣誉称号的人员、曾经作出突出贡献的人员作为特邀代表参加会议。

列席人员和特邀代表仅限本次会议，可以参加分组讨论，不承担具体工作，不享有选举权、表决权。

第三十八条　基层工会委员会、经费审查委员会及女职工委员会的选举工作，依照《工会基层组织选举工作条例》规定执行。

第三十九条　会员代表大会应每年对基层工会开展工作、建设职工之家和工会主席、副主席履行职责等情况进行民主评议，在民主评议的基础上，以无记名投票方式进行测评，测评分为满意、基本满意、不满意三个等次。测评结果应及时公开，并书面报告同级党组织和上一级工会。

基层工会主席、副主席测评办法应由会员代表大会表决通过，并报上一级工会备案。

第四十条 基层工会主席、副主席,具有下列情形之一的,可以罢免:

(一)连续两年测评等次为不满意的;

(二)任职期间个人有严重过失的;

(三)被依法追究刑事责任的;

(四)其他需要罢免的情形。

基层工会委员会委员具有上述(二)(三)(四)项情形的,可以罢免。

第四十一条 本届工会委员会、三分之一以上的会员或会员代表可以提议罢免主席、副主席和委员。

罢免主席、副主席和委员的,应经同级党组织和上一级工会进行考察,未建立党组织的,由上一级工会考察。经考察,如确认其不能再担任现任职务时,应依法召开会员代表大会进行无记名投票表决,应参会人员过半数通过的,罢免有效,并报上一级工会批准。

第四十二条 规模较大、人数众多、工作地点分散、工作时间不一致,会员代表难以集中的基层工会,可以通过电视电话会议、网络视频会议等方式召开会员代表大会。不涉及无记名投票的事项,可以通过网络进行表决,如进行无记名投票的,可在分会场设立票箱,在规定时间内统一投票、统一计票。

第四十三条 会员代表大会与职工代表大会应分别召开,不得互相代替。如在同一时间段召开的,应分别设置会标、分别设定会议议程、分别行使职权、分别作出决议、分别建立档案。

第四十四条 会员代表大会通过的决议、重要事项和选举结果等应当形成书面文件,并及时向会员公开。

第五章 附 则

第四十五条 除会员代表的特别规定外,召开会员大会依照本条例相关规定执行。

第四十六条 本条例由中华全国总工会负责解释。

第四十七条　本条例自发布之日起施行，以往有关规定与本条例不一致的，以本条例为准。1992 年 4 月 14 日中华全国总工会办公厅印发的《关于基层工会会员代表大会代表实行常任制的若干暂行规定》同时废止。

3. 企业工会工作条例

（2006 年 12 月 11 日中华全国总工会第十四届执行委员会第四次全体会议通过）

第一章　总　则

第一条　为加强和改进企业工会工作，发挥企业工会作用，根据《工会法》《劳动法》和《中国工会章程》，制定本条例。

第二条　企业工会是中华全国总工会的基层组织，是工会的重要组织基础和工作基础，是企业工会会员和职工合法权益的代表者和维护者。

第三条　企业工会以邓小平理论和"三个代表"重要思想为指导，贯彻科学发展观，坚持全心全意依靠工人阶级根本指导方针，走中国特色社会主义工会发展道路，落实"组织起来、切实维权"的工作方针，团结和动员职工为实现全面建设小康社会宏伟目标作贡献。

第四条　企业工会贯彻促进企业发展、维护职工权益的工作原则，协调企业劳动关系，推动建设和谐企业。

第五条　企业工会在本企业党组织和上级工会的领导下，依照法律和工会章程独立自主地开展工作，密切联系职工群众，关心职工群众生产生活，热忱为职工群众服务，努力建设成为组织健全、维权到位、工作活跃、作用明显、职工信赖的职工之家。

第二章　企业工会组织

第六条　企业工会依法组织职工加入工会，维护职工参加工会的权利。

第七条 会员二十五人以上的企业建立工会委员会；不足二十五人的可以单独建立工会委员会，也可以由两个以上企业的会员按地域或行业联合建立基层工会委员会。同时按有关规定建立工会经费审查委员会、工会女职工委员会。

企业工会具备法人条件的，依法取得社会团体法人资格，工会主席是法定代表人。企业工会受法律保护，任何组织和个人不得随意撤销或将工会工作机构合并、归属到其他部门。

企业改制须同时建立健全工会组织。

第八条 会员大会或会员代表大会是企业工会的权力机关，每年召开一至两次会议。经企业工会委员会或三分之一以上会员提议可临时召开会议。

会员代表大会的代表由会员民主选举产生，会员代表实行常任制，任期与企业本届工会委员会相同，可连选连任。

会员在一百人以下的企业工会应召开会员大会。

第九条 会员大会或会员代表大会的职权：

（一）审议和批准工会委员会的工作报告。

（二）审议和批准工会委员会的经费收支情况报告和经费审查委员会的工作报告。

（三）选举工会委员会和经费审查委员会。

（四）听取工会主席、副主席的述职报告，并进行民主评议。

（五）撤换或者罢免其所选举的代表或者工会委员会组成人员。

（六）讨论决定工会工作其他重大问题。

第十条 会员大会或会员代表大会与职工代表大会或职工大会须分别行使职权，不得相互替代。

第十一条 企业工会委员会由会员大会或会员代表大会差额选举产生，选举结果报上一级工会批准，每届任期三年或者五年。

大型企业工会经上级工会批准，可设立常务委员会，负责工会委员会的日常工作，其下属单位可建立工会委员会。

第十二条 企业工会委员会是会员大会或会员代表大会的常设机构，对会员大会或会员代表大会负责，接受会员监督。在会员大会或会员代表大会闭会期间，负责日常工作。

第十三条 企业工会委员会根据工作需要，设立相关工作机构或专门工作委员会、工作小组。

工会专职工作人员一般按不低于企业职工人数的千分之三配备，具体人数由上级工会、企业工会与企业行政协商确定。

根据工作需要和经费许可，工会可从社会聘用工会工作人员，建立专兼职相结合的干部队伍。

第十四条 企业工会委员会实行民主集中制，重要问题须经集体讨论作出决定。

第十五条 企业工会委员（常委）会一般每季度召开一次会议，讨论或决定以下问题：

（一）贯彻执行会员大会或会员代表大会决议和党组织、上级工会有关决定、工作部署的措施。

（二）提交会员大会或会员代表大会的工作报告和向党组织、上级工会的重要请示、报告。

（三）工会工作计划和总结。

（四）向企业提出涉及企业发展和职工权益重大问题的建议。

（五）工会经费预算执行情况及重大财务支出。

（六）由工会委员会讨论和决定的其他问题。

第十六条 企业生产车间、班组建立工会分会、工会小组，会员民主选举工会主席、工会小组长，组织开展工会活动。

第十七条 建立工会积极分子队伍，发挥工会积极分子作用。

第三章 基本任务和活动方式

第十八条 企业工会的基本任务：

（一）执行会员大会或会员代表大会的决议和上级工会的决定。

（二）组织职工依法通过职工代表大会或职工大会和其他形式，参加企业民主管理和民主监督，检查督促职工代表大会或职工大会决议的执行。

（三）帮助和指导职工与企业签订劳动合同。就劳动报酬、工作时间、劳动定额、休息休假、劳动安全卫生、保险福利等与企业平等协商、签订集体合同，并监督集体合同的履行。调解劳动争议。

（四）组织职工开展劳动竞赛、合理化建议、技术革新、技术攻关、技术协作、发明创造、岗位练兵、技术比赛等群众性经济技术创新活动。

（五）组织培养、评选、表彰劳动模范，负责做好劳动模范的日常管理工作。

（六）对职工进行思想政治教育，组织职工学习文化、科学和业务知识，提高职工素质。办好职工文化、教育、体育事业，开展健康的文化体育活动。

（七）协助和督促企业做好劳动报酬、劳动安全卫生和保险福利等方面的工作，监督有关法律法规的贯彻执行。参与劳动安全卫生事故的调查处理。协助企业办好职工集体福利事业，做好困难职工帮扶救助工作，为职工办实事、做好事、解难事。

（八）维护女职工的特殊利益。

（九）加强组织建设，健全民主生活，做好会员会籍管理工作。

（十）收好、管好、用好工会经费，管理好工会资产和工会企（事）业。

第十九条 坚持群众化、民主化，实行会务公开。凡涉及会员群众利益的重要事项，须经会员大会或会员代表大会讨论决定；工作计划、重大活动、经费收支等情况接受会员监督。

第二十条 按照会员和职工群众的意愿，依靠会员和职工群众，开展形式多样的工会活动。

第二十一条 工会召开会议或者组织职工活动，需要占用生产时间的，应当事先征得企业的同意。企业行政应积极支持工会开展活动。

工会非专职委员占用生产或工作时间参加会议或者从事工会工作，在法律规定的时间内工资照发，其他待遇不受影响。

第二十二条　开展建设职工之家活动，建立会员评议建家工作制度，增强工会凝聚力，提高工会工作水平。

推动企业关爱职工，引导职工热爱企业，创建劳动关系和谐企业。

第四章　工会主席

第二十三条　职工二百人以上的企业工会依法配备专职工会主席。由同级党组织负责人担任工会主席的，应配备专职工会副主席。

第二十四条　国有、集体及其控股企业工会主席候选人，应由同级党组织和上级工会在充分听取会员意见的基础上协商提名。工会主席按企业党政同级副职级条件配备，是共产党员的应进入同级党组织领导班子。专职工会副主席按不低于企业中层正职配备。

私营企业、外商投资企业、港澳台商投资企业工会主席候选人，由会员民主推荐，报上一级工会同意提名；也可以由上级工会推荐产生。已建党组织的企业工会主席候选人须经党组织审核。工会主席享受企业行政副职待遇。

企业行政负责人、合伙人及其近亲属不得作为本企业工会委员会成员的人选。

第二十五条　工会主席、副主席可以由会员大会或会员代表大会直接选举产生，也可以由企业工会委员会选举产生。工会主席出现空缺，须按民主程序及时进行补选。

第二十六条　工会主席应当具备下列条件：

（一）政治立场坚定，热爱工会工作。

（二）具有与履行职责相应的文化程度、法律法规和生产经营管理知识。

（三）作风民主，密切联系群众，热心为会员和职工服务。

（四）有较强的协调劳动关系和组织活动能力。

第二十七条　企业工会主席的职权：

（一）负责召集工会委员会会议，主持工会日常工作。

（二）参加企业涉及职工切身利益和有关生产经营重大问题的会议，

反映职工的意愿和要求，提出工会的意见。

（三）以职工方首席代表的身份，代表和组织职工与企业进行平等协商、签订集体合同。

（四）代表和组织职工参与企业民主管理。

（五）代表和组织职工依法监督企业执行劳动安全卫生等法律法规，要求纠正侵犯职工和工会合法权益的行为。

（六）担任劳动争议调解委员会主任，主持企业劳动争议调解委员会的工作。

（七）向上级工会报告重要信息。

（八）负责管理工会资产和经费。

第二十八条　按照法律规定，企业工会主席、副主席任期未满时，不得随意调动其工作。因工作需要调动时，应征得本级工会委员会和上一级工会的同意。

罢免工会主席、副主席必须召开会员大会或会员代表大会讨论，非经会员大会全体会员或者会员代表大会全体代表无记名投票过半数通过，不得罢免。

工会专职主席、副主席或者委员自任职之日起，其劳动合同期限自动延长，延长期限相当于其任职期间；非专职主席、副主席或者委员自任职之日起，其尚未履行的劳动合同期限短于任期的，劳动合同期限自动延长至任期期满。任职期间个人严重过失或者达到法定退休年龄的除外。

第二十九条　新任企业工会主席、副主席，应在一年内参加上级工会举办的上岗资格或业务培训。

第五章　工作机制和制度

第三十条　帮助和指导职工签订劳动合同。代表职工与企业协商确定劳动合同文本的主要内容和条件，为职工签订劳动合同提供法律、技术等方面的咨询和服务。监督企业与所有职工签订劳动合同。

工会对企业违反法律法规和有关合同规定解除职工劳动合同的，应提出意见并要求企业将处理结果书面通知工会。工会应对企业经济性裁员事先提出同意或否决的意见。

监督企业和引导职工严格履行劳动合同，依法督促企业纠正违反劳动合同的行为。

第三十一条　依法与企业进行平等协商，签订集体合同，并可就劳动报酬、劳动安全卫生、女职工特殊权益保护等签订专项集体合同。

工会应将劳动报酬、工作时间、劳动定额、保险福利、劳动安全卫生等问题作为协商重点内容。

工会依照民主程序选派职工协商代表，可依法委托本企业以外的专业人士作为职工协商代表，但不得超过本方协商代表总数的三分之一。

小型企业集中的地方，可由上一级工会直接代表职工与相应的企业组织或企业进行平等协商，签订县以下区域性、行业性集体合同或专项集体合同。

劳务派遣工集中的企业，工会可与企业、劳务公司共同协商签订集体合同。

第三十二条　工会发出集体协商书面要约二十日内，企业不予回应的，工会可要求上级工会协调；企业无正当理由拒绝集体协商的，工会可提请县级以上人民政府责令改正，依法处理；企业违反集体合同规定的，工会可依法要求企业承担责任。

第三十三条　企业工会是职工代表大会或职工大会的工作机构，负责职工代表大会或职工大会的日常工作。

职工代表大会的代表经职工民主选举产生。职工代表大会中的一线职工代表一般不少于职工代表总数的百分之五十。女职工、少数民族职工代表应占相应比例。

第三十四条　国有企业、国有控股企业职工代表大会或职工大会的职权：

（一）听取审议企业生产经营、安全生产、重组改制等重大决策以及实行厂务公开、履行集体合同情况报告，提出意见和建议。

（二）审议通过集体合同草案、企业改制职工安置方案。审查同意或否决涉及职工切身利益的重要事项和企业规章制度。

（三）审议决定职工生活福利方面的重大事项。

（四）民主评议监督企业中层以上管理人员，提出奖惩任免建议。

（五）依法行使选举权。

（六）法律法规规定的其他权利。

集体（股份合作制）企业职工代表大会或职工大会的职权：

（一）制定、修改企业章程。

（二）选举、罢免企业经营管理人员。

（三）审议决定经营管理以及企业合并、分立、变更、破产等重大事项。

（四）监督企业贯彻执行国家有关劳动安全卫生等法律法规、实行厂务公开、执行职代会决议等情况。

（五）审议决定有关职工福利的重大事项。

私营企业、外商投资企业和港澳台商投资企业职工代表大会或职工大会的职权：

（一）听取企业发展规划和年度计划、生产经营等方面的报告，提出意见和建议。

（二）审议通过涉及职工切身利益重大问题的方案和企业重要规章制度、集体合同草案等。

（三）监督企业贯彻执行国家有关劳动安全卫生等法律法规、实行厂务公开、履行集体合同和执行职代会决议、缴纳职工社会保险、处分和辞退职工的情况。

（四）法律法规、政策和企业规章制度规定及企业授权和集体协商议定的其他权利。

第三十五条 职工代表大会或职工大会应有全体职工代表或全体职工三分之二以上参加方可召开。职工代表大会或职工大会进行选举和作出重要决议、决定，须采用无记名投票方式进行表决，经全体职工代表或全体职工过半数通过。

小型企业工会可联合建立区域或行业职工代表大会，解决本区域或行业涉及职工利益的共性问题。

公司制企业不得以股东会取代职工代表大会或职工大会。

第三十六条　督促企业建立和规范厂务公开制度。

第三十七条　凡设立董事会、监事会的公司制企业，工会应依法督促企业建立职工董事、职工监事制度。

职工董事、职工监事人选由企业工会提名，通过职工代表大会或职工大会民主选举产生，表达职工意愿和诉求，接受职工监督。企业工会主席、副主席一般应分别作为职工董事、职工监事的候选人。

第三十八条　建立劳动法律监督委员会，职工人数较少的企业应设立工会劳动法律监督员，对企业执行有关劳动报酬、劳动安全卫生、工作时间、休息休假、女职工和未成年工保护、保险福利等劳动法律法规情况进行群众监督。

第三十九条　建立劳动保护监督检查委员会，生产班组中设立工会小组劳动保护检查员。建立完善工会监督检查、重大事故隐患和职业危害建档跟踪、群众举报等制度，建立工会劳动保护工作责任制。依法参加职工因工伤亡事故和其他严重危害职工健康问题的调查处理。协助与督促企业落实法律赋予工会与职工安全生产方面的知情权、参与权、监督权和紧急避险权。开展群众性安全生产活动。

依照国家法律法规对企业新建、扩建和技术改造工程中的劳动条件和安全卫生设施与主体工程同时设计、同时施工、同时使用进行监督。

发现企业违章指挥、强令工人冒险作业，或者生产过程中发现明显重大事故隐患和职业危害，工会应提出解决的建议；发现危及职工生命安全的情况，工会有权组织职工撤离危险现场。

第四十条　依法建立企业劳动争议调解委员会，劳动争议调解委员会由职工代表、企业代表和工会代表组成，办事机构设在企业工会。职工代表和工会代表的人数不得少于调解委员会成员总数的三分之二。

建立劳动争议预警机制，发挥劳动争议调解组织的预防功能，建立企业劳动争议信息员制度，做好劳动争议预测、预报、预防工作。

企业发生停工、怠工事件，工会应当积极同企业或者有关方面协商，反映职工的意见和要求并提出解决意见，协助企业做好工作，尽快恢复生产、工作秩序。

第四十一条 开展困难职工生活扶助、医疗救助、子女就学和职工互助互济等工作。有条件的企业工会建立困难职工帮扶资金。

第六章 女职工工作

第四十二条 企业工会有女会员十名以上的，应建立工会女职工委员会，不足十名的应设女职工委员。

女职工委员会在企业工会委员会领导和上一级工会女职工委员会指导下开展工作。

女职工委员会主任由企业工会女主席或副主席担任。企业工会没有女主席或副主席的，由符合相应条件的工会女职工委员担任，享受同级工会副主席待遇。

女职工委员会委员任期与同级工会委员会委员相同。

第四十三条 女职工委员会依法维护女职工的合法权益，重点是女职工经期、孕期、产期、哺乳期保护，禁忌劳动、卫生保健、生育保险等特殊利益。

第四十四条 女职工委员会定期研究涉及女职工特殊权益问题，向企业工会委员会和上级女职工委员会报告工作，重要问题应提交企业职工代表大会或职工大会审议。

第四十五条 企业工会应为女职工委员会开展工作与活动提供必要的经费。

第七章 工会经费和资产

第四十六条 督促企业依法按每月全部职工工资总额的百分之二向工会拨缴经费、提供工会办公和开展活动的必要设施和场所等物质条件。

第四十七条 工会依法设立独立银行账户，自主管理和使用工会经费、会费。工会经费、会费主要用于为职工服务和工会活动。

第四十八条 督促企业按国家有关规定支付工会会同企业开展的职工

教育培训、劳动保护、劳动竞赛、技术创新、职工疗休养、困难职工补助、企业文化建设等工作所需费用。

第四十九条　工会经费审查委员会代表会员群众对工会经费收支和财产管理进行审查监督。

建立经费预算、决算和经费审查监督制度，经费收支情况接受同级工会经费审查委员会审查，接受上级工会审计，并定期向会员大会或会员代表大会报告。

第五十条　企业工会经费、财产和企业拨给工会使用的不动产受法律保护，任何单位和个人不得侵占、挪用和任意调拨。

企业工会组织合并，其经费财产归合并后的工会所有；工会组织撤销或解散，其经费财产由上级工会处置。

第八章　工会与企业党组织、行政和上级工会

第五十一条　企业工会接受同级党组织和上级工会双重领导，以同级党组织领导为主。未建立党组织的企业，其工会由上一级工会领导。

第五十二条　企业工会与企业行政具有平等的法律地位，相互尊重、相互支持、平等合作，共谋企业发展。

企业工会与企业可以通过联席会、民主议事会、民主协商会、劳资恳谈会等形式，建立协商沟通制度。

第五十三条　企业工会支持企业依法行使经营管理权，动员和组织职工完成生产经营任务。

督促企业按照有关规定，按职工工资总额的百分之一点五至百分之二点五、百分之一分别提取职工教育培训费用和劳动竞赛奖励经费，并严格管理和使用。

第五十四条　企业行政应依法支持工会履行职责，为工会开展工作创造必要条件。

第五十五条　上级工会负有对企业工会指导和服务的职责，为企业工会开展工作提供法律、政策、信息、培训和会员优惠等方面的服务，帮助企业工会协调解决工作中的困难和问题。

企业工会在履行职责遇到困难时，可请上级工会代行企业工会维权职责。

第五十六条 县以上地方工会设立保护工会干部专项经费，为维护企业工会干部合法权益提供保障。经费来源从本级工会经费中列支，也可以通过其他渠道多方筹集。

建立上级工会保护企业工会干部责任制。对因履行职责受到打击报复或不公正待遇以及有特殊困难的企业工会干部，上级工会应提供保护和帮助。

上级工会与企业工会、企业行政协商，可对企业工会兼职干部给予适当补贴。

第五十七条 上级工会应建立对企业工会干部的考核、激励机制，对依法履行职责作出突出贡献的工会干部给予表彰奖励。

工会主席、副主席不履行职责，上级工会应责令其改正；情节严重的可以提出罢免的建议，按照有关规定予以罢免。

第九章　附　　则

第五十八条 本条例适用于中华人民共和国境内所有企业和实行企业化管理的事业单位工会。

第五十九条 本条例由中华全国总工会解释。

第六十条 本条例自公布之日起施行。

4. 全民所有制工业企业职工代表大会条例

（1986 年 9 月 15 日国务院发布）

第一章　总　　则

第一条 为保障全民所有制工业企业职工的民主管理权力，充分发挥职工的积极性、智慧和创造力，办好全民所有制工业企业，发展社会主义经济，特制定本条例。

第二条　企业在实行厂长负责制的同时，必须建立和健全职工代表大会（或职工大会，下同）制度和其他民主管理制度，保障与发挥工会组织和职工代表在审议企业重大决策、监督行政领导、维护职工合法权益等方面的权力和作用。

第三条　职工代表大会是企业实行民主管理的基本形式，是职工行使民主管理权力的机构。

企业工会委员会是职工代表大会的工作机构，负责职工代表大会的日常工作。

第四条　职工代表大会接受企业党的基层委员会（含不设基层委员会的党总支部委员会、支部委员会，以下简称党委）的思想政治领导，贯彻执行党和国家的方针、政策，正确处理国家、企业和职工三者利益关系，在法律规定的范围内行使职权。

第五条　职工代表大会应当积极支持厂长行使经营管理决策和统一指挥生产活动的职权。

第六条　职工代表大会实行民主集中制。

第二章　职　权

第七条　职工代表大会行使下列职权：

一、定期听取厂长的工作报告，审议企业的经营方针、长远和年度计划、重大技术改造和技术引进计划、职工培训计划、财务预决算、自有资金分配和使用方案，提出意见和建议，并就上述方案的实施作出决议；

二、审议通过厂长提出的企业的经济责任制方案、工资调整计划、奖金分配方案、劳动保护措施方案、奖惩办法及其他重要的规章制度；

三、审议决定职工福利基金使用方案、职工住宅分配方案和其他有关职工生活福利的重大事项；

四、评议、监督企业各级领导干部，并提出奖惩和任免的建议。

对工作卓有成绩的干部，可以建议给予奖励，包括晋级、提职。对不称职的干部，可以建议免职或降职。

对工作不负责任或者以权谋私，造成严重后果的干部，可以建议给予处分，直至撤职。

五、主管机关任命或者免除企业行政领导人员的职务时，必须充分考虑职工代表大会的意见。职工代表大会根据主管机关的部署，可以民主推荐厂长人选，也可以民主选举厂长，报主管机关审批。

第八条 职工代表大会对厂长在其职权范围内决定的问题有不同意见时，可以向厂长提出建议，也可以报告上级工会。

第九条 在职工代表大会上，可以由厂长代表行政、工会主席代表职工签订集体合同或共同协议，为企业发展的共同目标，互相承担义务，保证贯彻执行。

第三章　职工代表

第十条 按照法律规定享有政治权利的企业职工，均可当选为职工代表。

第十一条 职工代表的产生，应当以班组或者工段为单位，由职工直接选举。大型企业的职工代表，也可以由分厂或者车间的职工代表相互推选产生。

第十二条 职工代表中应当有工人、技术人员、管理人员、领导干部和其他方面的职工。其中企业和车间、科室行政领导干部一般为职工代表总数的五分之一。青年职工和女职工应当占适当比例。

为了吸收有经验的技术人员、经营管理人员参加职工代表大会，可以在企业或者车间范围内，经过民主协商，推选一部分代表。

职工代表按分厂、车间、科室（或若干科室）组成代表团（组），推选团（组）长。

第十三条 职工代表实行常任制，每两年改选一次，可以连选连任。

职工代表对选举单位的职工负责。选举单位的职工有权监督或者撤换本单位的职工代表。

第十四条 职工代表的权利：

一、在职工代表大会上，有选举权、被选举权和表决权；

二、有权参加职工代表大会及其工作机构对企业执行职工代表大会决议和提案落实情况的检查，有权参加对企业行政领导人员的质询；

三、因参加职工代表大会组织的各项活动而占用生产或者工作时间，有权按照正常出勤享受应得的待遇。

对职工代表行使民主权力，任何组织和个人不得压制、阻挠和打击报复。

第十五条 职工代表的义务：

一、努力学习党和国家的方针、政策、法律、法规，不断提高政治觉悟、技术业务水平和参加管理的能力；

二、密切联系群众，代表职工合法利益，如实反映职工群众的意见和要求，认真执行职工代表大会的决议，做好职工代表大会交给的各项工作；

三、模范遵守国家的法律、法规和企业的规章制度、劳动纪律，做好本职工作。

第四章　组织制度

第十六条 职工代表大会选举主席团主持会议。主席团成员应有工人、技术人员、管理人员和企业的领导干部。其中工人、技术人员、管理人员应超过半数。

第十七条 参加企业管理委员会的职工代表，由职工代表大会推选产生。

参加企业管理委员会的职工代表要向职工代表大会汇报工作，接受职工代表大会监督。职工代表大会有权撤换参加管理委员会的职工代表。

第十八条 职工代表大会至少每半年召开一次。每次会议必须有三分之二以上的职工代表出席。

遇有重大事项，经厂长、企业工会或三分之一以上职工代表的提议，可召开临时会议。

职工代表大会进行选举和作出决议，必须经全体职工代表过半数通过。

第十九条 职工代表大会应当围绕增强企业活力、促进技术进步、提高经济效益，针对企业经营管理、分配制度和职工生活等方面的重要问题确定议题。

第二十条 职工代表大会在其职权范围内决定的事项，非经职工代表大会同意不得修改。

第二十一条 职工代表大会可根据需要，设立若干精干的临时的或经常性的专门小组（或专门委员会，下同），完成职工代表大会交办的有关事项。其主要工作是：审议提交职工代表大会的有关议案；在职工代表大会闭会期间，根据职工代表大会的授权，审定属本专门小组分工范围内需要临时决定的问题，并向职工代表大会报告予以确认；检查、督促有关部门贯彻执行职工代表大会决议和职工提案的处理；办理职工代表大会交办的其他事项。

专门小组进行活动需要占用生产或者工作时间，有权按照正常出勤享受应得的待遇，但需经厂长同意。各专门小组的人选，一般在职工代表中提名；也可以聘请非职工代表，但必须经职工代表大会通过。

各专门小组对职工代表大会负责。

第二十二条 职工代表大会闭会期间，需要临时解决的重要问题，由企业工会委员会召集职工代表团（组）长和专门小组负责人联席会议，协商处理，并向下一次职工代表大会报告予以确认。

联席会议可以根据会议内容邀请企业党政负责人或其他有关人员参加。

第五章　职工代表大会与工会

第二十三条 企业工会委员会作为职工代表大会的工作机构承担下列工作：

一、组织职工选举职工代表；

二、提出职工代表大会议题的建议，主持职工代表大会的筹备工作和会议的组织工作；

三、主持职工代表团（组）长、专门小组负责人联席会议；

四、组织专门小组进行调查研究，向职工代表大会提出建议，检查督促大会决议的执行情况，发动职工落实职工代表大会决议；

五、向职工进行民主管理的宣传教育，组织职工代表学习政策、业务和管理知识，提高职工代表素质；

六、接受和处理职工代表的申诉和建议，维护职工代表的合法权益；

七、组织企业民主管理的其他工作。

第二十四条　上级工会有指导、支持和维护职工代表大会正确行使职权的责任。

第六章　车间、班组的民主管理

第二十五条　车间（分厂）可以根据具体情况，采取职工大会或职工代表大会、职工代表组等形式，对本单位权限范围内的事务行使民主管理的权力。

车间（分厂）民主管理的日常工作，由车间（分厂）工会委员会主持。

第二十六条　班组的民主管理，由职工直接参加，在本班组的工会组长和职工代表的主持下开展活动，也可以根据需要推选若干民主管理员，负责班组的日常民主管理。

第七章　附　则

第二十七条　本条例原则上适用于全民所有制交通运输、邮电、地质、建筑施工、农林、水利等企业。

第二十八条　本条例由中华全国总工会负责解释。

第二十九条　本条例自 1986 年 10 月 1 日起施行。

5.事业单位工会工作条例

第一章　总　则

第一条　为深入推进新时代事业单位工会工作改革创新，充分发挥事业单位工会作用，促进事业单位改革发展，根据《中华人民共和国工会法》《中国工会章程》，制定本条例。

第二条　本条例所指事业单位工会是指国家为了社会公益目的，由国家机关举办或者其他社会组织利用国有资产举办的，从事教育、科技、文化、卫生、体育等活动的社会服务组织中依法建立的工会组织。

第三条　事业单位工会以马克思列宁主义、毛泽东思想、邓小平理论、"三个代表"重要思想、科学发展观、习近平新时代中国特色社会主义思想为指导，坚持正确政治方向，坚持围绕中心、服务大局，牢牢把握为实现中华民族伟大复兴的中国梦而奋斗的工人运动时代主题，坚定不移走中国特色社会主义工会发展道路，推进事业单位工会制度化、规范化建设，加强维权服务，积极创新实践，强化责任担当，团结动员事业单位职工群众为全面建成小康社会、夺取新时代中国特色社会主义伟大胜利、实现中华民族伟大复兴的中国梦作出积极贡献。

第四条　事业单位工会接受同级党组织和上级工会双重领导，以同级党组织领导为主。对不在事业单位所在地的直属单位工会，实行属地管理原则。

第五条　事业单位工会工作应遵循把握以下原则：坚持党的领导，贯彻落实党的全心全意依靠工人阶级的根本指导方针，始终保持正确的政治方向；坚持以职工为本，保持和增强政治性、先进性、群众性，发挥联系职工桥梁纽带作用；坚持依法依规，做到依法建会、依法管会、依法履职、依法维权；坚持改革创新，适应形势任务要求，积极探索实践，不断加强自身建设，把工会组织建设得更加充满活力、更加坚强有力，努力增强吸引力凝聚力战斗力。

第二章　组织建设

第六条　事业单位应当依法建立工会组织，组织职工加入工会。

会员二十五人以上的事业单位建立工会委员会；不足二十五人的可以单独建立工会委员会，也可以由两个以上事业单位的会员联合建立工会基层委员会，也可以选举组织员或者工会主席一人，主持工会工作。同时按有关规定建立工会经费审查委员会、工会女职工委员会。

第七条　会员人数较多的事业单位工会组织，可以根据需要设立专门工作委员会，承担工会委员会的有关工作。

事业单位内设机构，可以建立工会分会或工会小组。

第八条　事业单位工会具备法人条件的，依法取得社团法人资格，工会主席为法定代表人。

第九条　事业单位工会受法律保护，不得随意撤销、合并或归属其他部门。

事业单位被撤销，其工会组织相应撤销，并报告上一级工会，已取得社团法人资格的，办理社团法人注销手续。

事业单位改革改制，应同时建立健全工会组织和相应机构。

第十条　会员大会或会员代表大会每年至少召开一次会议。经事业单位工会委员会或三分之一以上会员提议，可临时召开会议。

第十一条　会员代表大会的代表实行常任制，任期与本单位工会委员会相同。

第十二条　会员在一百人以下的事业单位工会应召开会员大会。

第十三条　会员大会或会员代表大会的职权：

（一）审议和批准工会委员会的工作报告；

（二）审议和批准工会委员会的经费收支情况报告和经费审查委员会的工作报告；

（三）选举工会委员会和经费审查委员会；

（四）撤换或罢免其所选举的代表或工会委员会组成人员；

（五）讨论决定工会工作其他重大问题；

（六）公开工会内部事务；

（七）民主评议和监督工会工作及工会负责人。

第十四条 会员代表大会或会员大会与职工代表大会（或职工大会，下同）须分别行使职权，不得相互替代。

第十五条 大型事业单位工会委员会，根据工作需要，经上级工会批准，可设立常务委员会，负责工会委员会的日常工作，其下属单位可建立工会委员会。

事业单位工会委员会委员和常务委员会委员应差额选举产生，可以直接采用候选人数多于应选人数的差额选举办法进行正式选举，也可以先采用差额选举办法进行预选产生候选人名单，然后进行正式选举。委员会委员和常务委员会委员的差额率分别不低于5%和10%。选举结果报上一级工会批准。

第十六条 事业单位工会委员会是会员大会或会员代表大会的常设机构，对会员大会或会员代表大会负责，接受会员监督。在会员大会或会员代表大会闭会期间，负责日常工作。

第十七条 事业单位工会委员会和经费审查委员会每届任期三年至五年，具体任期由会员大会或者会员代表大会决定。任期届满，应当如期召开会员大会或者会员代表大会，进行换届选举。特殊情况下，经上一级工会批准，可以提前或者延期举行，延期时间一般不超过半年。

第十八条 工会委员会实行民主集中制，重要人事事项、大额财务支出、资产处置、评先评优等重大问题、重要事项须经集体讨论作出决定。

第十九条 工会委员会（常委会）一般每季度召开一次会议，讨论或决定下列事项：

（一）贯彻党组织、上级工会有关决定和工作部署，执行会员大会或会员代表大会决议；

（二）向党组织、上级工会提交的重要请示、报告，向会员大会或会员代表大会提交的工作报告；

（三）工会工作计划和总结；

（四）向行政提出涉及单位发展、有关维护服务职工重大问题的建议；

（五）工会经费预算执行情况及重大财务支出；

（六）由工会委员会讨论和决定的其他事项。

第三章　职责任务

第二十条　事业单位工会的职责任务：

（一）坚持用习近平新时代中国特色社会主义思想武装头脑，认真学习贯彻党的基本理论、基本路线、基本方略，教育引导职工树立共产主义远大理想和中国特色社会主义共同理想，团结引导职工群众听党话、跟党走。

（二）培育和践行社会主义核心价值观，加强和改进职工思想政治工作，开展理想信念教育，实施道德建设工程，培养职工的社会公德、职业道德、家庭美德、个人品德，深化群众性精神文明创建活动，提高职工的思想觉悟、道德水准、文明素养。

（三）弘扬劳模精神、劳动精神、工匠精神，营造劳动光荣的社会风尚和精益求精的敬业风气，深入开展劳动和技能竞赛，开展群众性技术创新、技能培训等活动，提升职工技能技术素质，建设知识型、技能型、创新型职工队伍。

（四）加强职工文化建设，注重人文关怀和心理疏导，开展主题文化体育活动，丰富职工精神文化生活。

（五）加强以职工代表大会为基本形式的民主管理工作，深入推进事业单位内部事务公开，落实职工的知情权、参与权、表达权、监督权。

（六）做好职工维权工作，开展集体协商，构建和谐劳动人事关系，协调处理劳动人事争议，推动解决劳动就业、技能培训、工资报酬、安全健康、社会保障以及职业发展、民主权益、精神文化需求等问题。

（七）做好服务职工工作，倾听职工意见，反映职工诉求，协助党政办好职工集体福利事业，开展困难职工帮扶，组织职工参加疗养、休养及健康体检，为职工办实事、做好事、解难事。

（八）加强工会组织建设，建立健全工会内部运行和开展工作的各项制度，做好会员的发展、接转、教育和会籍管理工作，加强对专（兼）职工会干部和工会积极分子的培养，深入开展"职工之家"和"职工小家"创建活动。

（九）收好、管好、用好工会经费，管理使用好工会资产，加强工会经费和工会资产审查审计监督工作。

第四章　工作制度

第二十一条　职工代表大会是事业单位实行民主管理的基本形式，是职工行使民主管理权力的机构。

事业单位职工代表大会每三年至五年为一届，每年至少召开一次。召开职工代表大会正式会议，必须有全体职工代表三分之二以上出席。

事业单位工会是职工代表大会工作机构，负责职工代表大会的日常工作。

事业单位工会承担以下与职工代表大会相关的工作职责：

（一）做好职工代表大会的筹备工作和会务工作，组织选举职工代表大会代表，征集和整理提案，提出会议议题、方案和主席团建议人选；

（二）职工代表大会闭会期间，组织传达贯彻会议精神，督促检查会议决议的落实；

（三）组织职工代表的培训，接受和处理职工代表的建议和申诉；

（四）就本单位民主管理工作向单位党组织汇报；

（五）完成职工代表大会委托的其他任务。

事业单位应当为本单位工会承担职工代表大会工作机构的职责提供必要的工作条件和经费保障。

第二十二条　事业单位的党政工联席会议，研究和解决事关职工切身利益的重要问题，由本单位工会召集。

第二十三条　建立和规范事务公开制度，协助党政做好事务公开工作，明确公开内容，拓展公开形式，并做好民主监督。

第二十四条　畅通职工表达合理诉求渠道，通过协商、协调、沟通的办法，化解劳动人事矛盾，构建和谐劳动人事关系。

第二十五条　建立健全劳动人事关系调解机制，协商解决涉及职工切身利益的问题。建立和完善科学有效的利益协调机制、诉求表达机制、权益保障机制。建立劳动人事关系争议预警机制，做好劳动人事关系争议预测、预报、预防工作。事业单位工会应当积极同有关方面协商，表达职工诉求，提出解决的意见建议。

第五章　自身建设

第二十六条　事业单位依法依规设置工会工作机构，明确主要职责、机构规格、领导职数和编制数额。

第二十七条　事业单位工会主席应以专职为主，兼职为辅。职工两百人以上的事业单位，设专职工会主席。工会专职工作人员的具体人数由事业单位工会与单位行政协商确定。根据工作需要和经费许可，事业单位工会可从社会聘用工会工作人员，建立专兼职相结合的干部队伍。

事业单位工会主席、副主席和委员实行任期制，可以连选连任。

工会主席、副主席因工作需要调动时，应当征得本级工会委员会和上一级工会的同意。

工会主席、副主席空缺时，应当及时补选，空缺期限一般不超过半年。

第二十八条　突出政治标准，选优配强事业单位工会领导班子和干部队伍，牢固树立政治意识、大局意识、核心意识、看齐意识，坚定道路自信、理论自信、制度自信、文化自信，坚决维护党中央权威和集中统一领导。按照既要政治过硬、又要本领高强的要求，建设忠诚干净担当的高素质事业单位工会干部队伍，注重培养专业能力、专业精神，提高做好群众工作本领。

第六章　工会经费和资产

第二十九条　具备社团法人资格的事业单位工会应当独立设立经费账

户。工会经费支出实行工会法定代表人签批制度。

事业单位工会经费主要用于为职工服务和工会活动。

第三十条 工会会员按规定标准和程序缴纳会费。

建立工会组织的事业单位，按每月全部职工工资总额的百分之二向事业单位工会拨缴工会经费；由财政统一划拨经费的，工会经费列入同级财政预算，按财政统一划拨方式执行。

事业单位工会因工作需要，可以依据《中华人民共和国工会法》等有关规定，向单位行政申请经费补助。

上级工会有权对下级工会所在事业单位拨缴工会经费情况进行监督检查。对无正当理由拖延或者拒不拨缴工会经费的单位，依据《中华人民共和国工会法》等有关规定处理。

事业单位工会应当按照有关规定收缴、上解工会经费，依法独立管理和使用工会经费。任何组织和个人不得截留、挪用、侵占工会经费。

第三十一条 事业单位工会应当根据经费独立原则建立预算、决算和经费审查审计制度，坚持遵纪守法、经费独立、预算管理、服务职工、勤俭节约、民主管理的原则。事业单位工会应当建立健全财务制度，完善经费使用流程和程序，各项收支实行工会委员会集体领导下的主席负责制，重大收支必须集体研究决定。

事业单位工会应根据国家和全国总工会的有关政策规定以及上级工会的要求，依法、科学、完整、合理地编制工会经费年度预（决）算，按程序报上一级工会批准，严禁无预算、超预算使用工会经费。

第三十二条 各级人民政府和事业单位应当依法为事业单位工会办公和开展活动提供必要的设施和活动场所等物质条件。

工会经费、资产和国家拨给工会的不动产及拨付资金形成的资产，任何单位和个人不得侵占、挪用和任意调拨。

第七章　工会经费审查审计

第三十三条 会员大会或者会员代表大会在选举事业单位工会委员会的同时，选举产生经费审查委员会，会员人数较少的，可以选举经费审查委员一人。

经费审查委员会主任、副主任由经费审查委员会全体会议选举产生。经费审查委员会主任按同级工会副职级配备。

经费审查委员会或者经费审查委员的选举结果，与事业单位工会委员会的选举结果同时报上一级工会批准。

第三十四条　事业单位工会经费审查委员会的任期与事业单位工会委员会相同，向同级会员大会或者会员代表大会负责并报告工作；在会员大会或者会员代表大会闭会期间，向同级工会委员会负责并报告工作；事业单位工会经费审查委员会应当接受上级工会经费审查委员会的业务指导和督促检查。

第三十五条　事业单位工会经费审查委员会审查审计同级工会组织的经费收支、资产管理等全部经济活动，定期向会员大会或者会员代表大会报告，并采取一定方式公开，接受会员监督。

经费审查委员会对审查审计工作中的重大事项，有权向同级工会委员会和上一级经费审查委员会报告。

工会主席任期届满或者任期内离任的，应当按照规定对其进行经济责任审计。

第八章　女职工工作

第三十六条　事业单位工会有女会员十人以上的建立工会女职工委员会，不足十人的设女职工委员。

女职工委员会与工会委员会同时建立，在同级工会委员会领导下开展工作，接受上级工会女职工委员会指导，任期与同级工会委员会相同。女职工委员会委员由同级工会委员会提名，在充分协商的基础上组成或者选举产生。

女职工委员会主任由事业单位工会女主席或者女副主席担任，也可以经民主协商，按照同级工会副主席相应条件选配女职工委员会主任。

第三十七条　女职工委员会的基本任务是：依法维护女职工的合法权益和特殊利益；组织实施女职工提升素质建功立业工程，全面提高女职工的思想道德、科学文化和业务技能素质；开展家庭文明建设工作；关注女职工身心健康，做好关爱帮困工作；加强工会女职工工作的理论政策研究；关心女职工成长进步，积极发现、培养、推荐女性人才。

第三十八条　女职工委员会定期研究涉及女职工的有关问题，向同级工会委员会和上级工会女职工委员会报告工作，重要问题应提交职工代表大会审议。

事业单位工会应为女职工委员会开展工作与活动提供必要的场地和经费。

第九章　附　则

第三十九条　民办非企业单位（社会服务机构）工会参照本条例执行。

第四十条　参照公务员法管理的事业单位工会和承担行政职能的事业单位工会，依照《机关工会工作暂行条例》执行。

从事生产经营活动的事业单位工会，依照《企业工会工作条例》执行。

第四十一条　各省、自治区、直辖市总工会可依据本条例，制定具体实施办法。

第四十二条　本条例由中华全国总工会负责解释。

第四十三条　本条例自公布之日起施行。

6. 职工代表大会操作指引

为规范职工代表大会操作流程，完善职工代表大会运作机制，充分发挥职工代表大会积极作用，推动企业民主管理工作高质量发展，依照相关法律法规和政策文件规定，制定本指引。

本指引中所指"企业"，主要是指国有、集体及其控股企业、私营、港澳台投资、外商投资等企业。事业单位、民办非企业组织等其他单位可参照执行。

一、建章立制

（一）建立制度。

企业应当按照合法、有序、公开、公正的原则，建立以职工代表大会为基本形式的民主管理制度，实行厂务公开，推行民主管理。

企业行政管理方与企业工会委员会应根据法律法规政策的规定，结合实际，制定职工代表大会的实施办法（细则），明确其组织制度、职权内容和工作制度等，提交职工代表大会审议通过，并将其纳入本单位管理制度体系，同时报同级党组织，并报上一级工会备案。

（二）确定组织形式。

职工大会和职工代表大会是职工代表大会制度的两种形式，二者在性质、任务、职权等方面没有区别，职工代表大会在具体工作制度方面增加了职工代表大会代表的选举、罢免等内容。

企业行政管理方与企业工会委员会可以根据企业的职工人数，实际需要和客观条件协商选择召开职工大会或职工代表大会。根据规定，企业职工人数在五十人以下的，应当召开职工大会。

（三）确定职工代表大会届期。

职工代表大会每届任期为三年至五年，具体任期由职工代表大会根据本单位实际情况确定。职工代表大会应当按期换届，遇到需要提前或延期换届的情况，应当经企业行政管理方与企业工会委员会协商一致，并将提前或延期换届理由向上一级工会书面报告，同时将具体情况通过公开渠道让全体职工知晓。

（四）开展筹备工作。

企业首次召开职工代表大会或换届前，应当成立由企业党组织、企业行政管理方、企业工会委员会等方面人员组成的筹备机构。筹备机构主要任务是：起草本单位职工代表大会实施办法（细则）；组织选举职工代表；起草职工代表大会筹备工作情况报告；研究确定本次职工代表大会主要议题和议程；听取职工的意见和建议等等。非首次召开职工代表大会或换届，由企业工会委员会牵头完成各项大会筹备工作。

二、会前筹备

（一）组织选举职工代表。

1. 确定职工代表人数。企业工会委员会按照不少于全体职工人数的百分之五的比例确定职工代表人数，同时确保职工代表的人数不少于三十人；如果按此比例计算出的职工代表人数超过一百人，超出部分的代表人数可以由企业行政管理方与企业工会委员会协商确定。

职工代表在一届任期内实行常任制，职工代表大会换届时，职工代表经过民主选举可以连选连任，不受任期次数的限制。

2. 确定职工代表构成和比例。职工代表大会的代表要具有广泛性、代表性，其中，企业中层以上管理人员和领导人员一般不得超过职工代表总人数的百分之二十。所属单位多、分布广的企业集团，中层以上管理人员和领导人员一般不超过代表总数的百分之三十五。促进女职工代表比例与企业女职工比例相适应，有被派遣劳动者的企业，职工代表中应有被派遣劳动者代表。

3. 确定选区分配名额。职工代表应以分公司（厂）、部门、班组、车间、科室等为基本选举单位，企业工会委员会综合考虑职工代表人数总额、各选区职工人数、职工代表构成和比例要求等，确定各选区的职工代表名额。

4. 开展选举工作。企业工会委员会组织开展选举工作，企业行政管理方应予以支持配合。选举、罢免职工代表，应当召开选举单位全体职工会议，会议应有三分之二以上职工参加。选举、罢免职工代表的决定，应经全体职工的过半数通过方为有效。

参加集团职工代表大会的职工代表可以在企业集团总部和各所属基层单位职工代表大会的职工代表中选举产生，也可以在企业集团全体职工中直接选举产生。

选区一般应当场公布选举结果，企业工会委员会及时汇总选举结果，提交职工代表资格审查委员会（小组）审查，审查无误后，及时将职工代表名单通过厂务公开栏等形式向全体职工公布。

5. 职工代表的罢免、补选。职工代表因岗位变动、离职退休、解除或终止劳动合同等原因无法履行代表职责，代表资格自行终止。对无故不履行代表职责，或严重失职失去选区职工信任、严重违反本单位规章制度或因违法犯罪受到刑事处罚等原因难以胜任职工代表的，应当予以罢免。

企业工会委员会应及时掌握职工代表动态信息，发现需要罢免的情况，及时调查核实，并组织原选区履行罢免程序，一般为：

（1）组织原选区对需要被罢免的职工代表的情况进行讨论，视情况需要，被罢免的职工代表可参加会议并进行申辩；

（2）经原选区全体职工半数以上同意，可以作出罢免决定；

（3）原选区将罢免职工代表的决定报告企业工会委员会。

职工代表因罢免、岗位变动、离职退休、解除或终止劳动合同等原因出现缺额时，企业工会委员会依照规定的民主程序，组织原选区，按原比例结构补选职工代表，补选的民主程序与选举的民主程序相同。

6. 成立职工代表资格审查委员会（小组）。职工代表资格审查委员会（小组）成员一般由工会、干部管理部门或人力资源部门、纪委监察等相关部门人员组成。

审查的主要事项包括：

（1）职工代表结构比例是否符合相应规定；

（2）职工代表是否具备当选资格和条件；

（3）职工代表的产生是否履行规范民主程序；

（4）选举时是否存在作弊、贿选等不正当行为等。

7. 确认职工代表资格。与企业建立劳动关系的职工及被派遣劳动者，有选举和被选举为职工代表大会代表的权利。

8. 组成代表团（组）并选出代表团（组）长。企业工会委员会根据企业职工人数、分布情况和实际需要来确定是否组成职工代表团（组）并选举代表团（组）长。如有需要，则将职工代表按照所属基层选举单位组成代表团（组）并推举团（组）长。

9. 邀请列席代表。企业工会委员会可以根据实际情况和职工代表大会会议内容的需要，邀请一些未当选职工代表的企业领导人员、有关部门负责人和相关人员等参会。列席代表可以在职工代表大会或代表团（组）会议发言，提出意见建议，但没有选举权和表决权。

（二）设立职工代表大会专门机构。

企业工会委员会主要根据企业职工人数、分布情况和实际需要来确定是否设立职工代表大会专门机构，即专门委员会（小组）。如有需要，可结合职工代表大会的职权内容和实际需要设立职工代表大会专门机构，负责办理职工代表大会交办的事项。

一般可以设立职工代表提案、集体合同、劳动法律监督、劳动保护、薪酬福利、评议监督等常设的专门委员会（小组）。规模较小的企业可以设立一个综合性的民主管理专门委员会（小组）。企业还可以根据工作需要，设立一些临时性的专门委员会（小组），待承担的特定工作结束后予以撤销。

专门委员会（小组）负责人一般在职工代表中提名，成员可以聘请熟悉相关业务的非职工代表，但必须经职工代表大会审议通过。实践中，企业的相关职能部门负责人不担任对口专门委员会（小组）的负责人，以确保专门委员会（小组）的监督作用落到实处。

一般设立专门委员会（小组）的流程包括：

（1）企业工会委员会拟定组建专门委员会（小组）及确定其组成人员的具体方案；

（2）由职工代表团（组）提出具体候选人（名单）；

（3）经职工代表大会主席团审议后，正式提出各专门委员会（小组）候选人名单，提请职工代表大会审议通过。

（三）征集职工代表提案，确定职工代表大会议题。

1. 职工代表提案的征集和处理。企业工会委员会发出征集职工代表提案的通知，职工代表在征集选区职工意见，充分调研的基础上提出提案。提案专门委员会（小组）对提案进行审核、筛选、分类、整理、合并、汇总，予以立案的提案提交企业行政管理方讨论审批，确定相关承办和协办部门，由相关承办和协办部门进行处理和书面答复提案人；已经落实或暂时解决不了的提案，由相关职能部门书面答复提案人；不符合条件的提案退还提案人并进行解释说明。提案专门委员会（小组）汇总提案审理及落实情况，向职工代表大会报告，并对提案落实情况进行整理、登记和归档。

2. 确定职工代表大会议题。一般程序包括：

（1）通知征集。企业工会委员会通过各种途径广泛征求、充分听取职工群众的意见和建议。

（2）提出草案。企业工会委员会依据职工代表大会职权，与企业行政管理方协商，初步形成议题和议案的草案。

（3）形成正式意见。企业工会委员会将议题和议案的草案补充修改后形成正式意见，书面报同级党组织同意。

（4）提前送达职工代表，征集意见建议。职工代表大会议题和议案应当在会议召开七日前以书面形式送达职工代表。职工代表在收到材料后，应及时征求所在选区职工的意见和建议，在审议讨论过程中将这些意见和建议反映出来，认真参与团（组）讨论。企业工会委员会要做好职工代表讨论审议意见的收集、整理并反馈相关职能部门。对分歧较大的事项，企业行政管理方和企业工会委员会应当根据职工代表意见进行协商修改后，交由职工代表重新组织讨论。

（5）职工代表大会预备会议审议通过。由企业工会委员会向职工代表大会预备会议提出议题和议案建议稿，经预备会议审议通过后作为职工代表大会正式议题和议案。

（四）确定大会议程。

根据职工代表大会讨论的事项和对该事项行使的职权设置职工代表大会的议程。一般包括：

（1）会议主持人报告职工代表出席情况（含应到人数、实到人数），确定会议召开的合法性；

（2）听取需要职工代表大会审议、审查事项的报告；

（3）组织职工代表充分讨论和审议；

（4）召开主席团会议；

（5）组织职工代表对需要职工代表大会审议通过的事项进行投票表决；

（6）组织职工代表对有关人员进行民主选举；

（7）组织职工代表对有关人员进行民主评议；

（8）形成决议，大会总结。

（五）向同级党组织、上一级工会报告。

企业召开职工代表大会前，须由职工代表大会筹备机构或企业工会委员会就会议筹备情况向同级党组织报告，并向上一级工会报备。

三、会前审议

（一）预备会议。

1. 预备会议职责。职工代表大会预备会议一般由企业工会委员会主持召开，全体职工代表参加，对召开本次职工代表大会需要确认的事项履行民主程序，确保正式会议合法、有效。

具体职责主要包括：

（1）选举产生大会主席团；

（2）听取本届（次）职工代表大会的筹备情况汇报，提出大会议题和议程的建议；

（3）通过职工代表资格审查委员会（小组）作的职工代表资格审查情况的报告；

（4）通过本届（次）职工代表大会的议题和议程；

（5）决定大会其他准备事项。

2. 设立主席团。职工代表大会根据实际情况确定是否设立主席团。规模较大、管理层级较多、职工人数较多的企业召开职工代表大会可以选举大会主席团主持会议。

主席团成员产生的程序是：

（1）企业工会委员会与职工代表大会的各代表团（组）协商，提出主席团成员候选人名单，其中，工人、技术人员、普通管理人员不少于百分之五十；

（2）职工代表大会预备会议审议主席团成员候选人名单，表决通过后主席团正式成立。没有设立职工代表大会主席团的，应当由企业工会委员会与企业行政管理方协商，在职工代表中推举职工代表大会的会议主持人，负责主持会议，一般由企业工会主要负责人担任。

（二）主席团会议。

主席团会议表决通过大会日程和议程、大会执行主席等。

四、正式会议

（一）宣布开会。

大会执行主席或者主持人核实出席大会的职工代表人数。到会职工代表必须超过全体职工代表总数的三分之二，会议方为有效。

宣布开会后，主持人应简要讲明本次大会的中心议题和主要任务，宣布大会议程。

（二）向职工代表大会作各项报告。

1. 企业主要负责人作企业工作报告。工作报告已经在会前发给职工代表进行充分讨论的，可针对职工代表提出的意见作出说明。

2. 行政有关负责人作专题议案情况报告，就提交职工代表大会审查或审议的专题议案，说明专题议案制定的依据、目的和具体实施办法；针对职工代表提出的意见作出具体说明。

审议建议的议案可包括：企业改革改制方案、发展规划、年度生产经营管理情况，企业用工、劳动合同和集体合同签订履行情况，企业安全生产情况，企业缴纳社会保险费和住房公积金情况，企业制定、修改或者决定有关劳动报酬、工作时间、休息休假、劳动安全卫生、保险福利、职工培训、劳动纪律以及劳动定额管理等直接涉及职工切身利益的规章制度或者重大事项情况等的报告或方案。审议并提出意见和建议。

审议通过的议案可包括：集体合同草案，按照国家有关规定提取职工福利基金使用方案、住房公积金和社会保险费缴纳比例和时间的调整方案，劳动模范推荐人选等重大事项。审议并进行表决，形成同意或不同意的决议。国有及其控股企业中职工的裁减、分流和安置方案也应当经职工代表大会审议通过。

地方法规有相关规定，从其规定。

3. 企业工会主席、职工代表大会专门委员会（小组）负责人就上届（次）职工代表大会决议落实情况、职工代表提案处理情况、集体合同执行情况等作报告。

4. 企业工会主席就职工代表大会闭会期间，职工代表团（组）长和专门委员会（小组）负责人联席会议处理的重大事项向大会作出说明，提请大会确认。

5. 其他相关草案或情况说明。

（三）民主评议。

民主评议一般程序为：

1. 被评议人员在职工代表大会上作述职述廉报告，接受职工代表质询；

2. 组织职工代表进行无记名测评；

3. 汇总测评结果和评议意见；

4. 向职工代表和被评议人员反馈测评结果；

5. 按照干部管理权限将民主测评结果报送人事主管部门。

民主评议对象包括：职工董事、职工监事，国有、集体及其控股企业领导班子成员，法律法规规定或企业行政管理方与企业工会委员会协商确定应当接受职工代表大会民主评议的其他人员。

国有、集体及其控股企业可根据实际情况，制定切实可行的实施方案或办法，与干部人事制度、企业领导班子考核紧密结合，用好民主评议结果，将其按一定权重纳入干部考核体系。

（四）分组讨论并发言。

以职工代表团（组）为单位，就以上报告、议案、草案进行分组讨论，同时对大会的各项决议草案和需要经过大会选举的候选人进行酝酿。大会主席团成员分别参加本代表团（组）的讨论。

各代表团（组）应指定专人认真记录职工代表的讨论发言，整理归纳后将讨论意见向主席团汇报。

（五）主席团会议。

职工代表大会主席团会议听取各代表团（组）讨论情况，研究需要审议决定的相关事项，草拟大会决议。

（六）选举和表决。

1. 选举。职工代表大会依据职权，选举或者罢免职工董事、职工监事，选举依法进入破产程序企业的债权人会议和债权人委员会中的职工代表，根据授权推荐或者选举企业经营管理人员。

2. 表决。一般包括：

（1）职工代表根据大会主席团的提名，表决通过职工代表大会专门委员会（小组）的人选；

（2）表决通过其他需要经过职工代表大会选举的人员；

（3）表决大会决议、决定和有关议案的草案。

选举、表决需要最大限度保证职工代表真实意愿的表达。对于程序性的问题，可采用举手表决或鼓掌通过等方式；对涉及职工切身利益的重大事项必须采用无记名投票的方式分项表决。其中要注意：一是表决事项须获得全体职工代表过半数赞成方为通过；二是如果对多个事项进行表决，应当分项表决，以确保职工代表对每一事项都能准确行使民主权力。

（七）致闭幕词，宣布大会结束。

大会执行主席或者主持人宣布大会结束。

五、会后工作

（一）公示审议通过事项和决议。

企业工会委员会应当在闭会后将审议通过的事项和决议向全体职工公布。

注意：公布的范围应覆盖全体职工；公布的时间要有时效性，一般要求在闭会后七日内公布；公布形式可以多样，保证信息的完整和真实。

（二）报告同级党组织、上一级工会。

闭会后七日内，企业工会委员会将会议有关情况向同级党组织、上一级工会报告。

（三）职工代表大会质量评估。

企业工会委员会设计职工代表大会工作质量评估表，在职工代表大会结束后，组织职工代表填写，汇总数据；召开职工代表座谈会，了解掌握情况；召开党政工专题会议，研究提出整改意见和措施；向下一次职工代表大会报告测评结果及实施整改措施情况，接受职工代表审议，并将有关档案整理归档。

（四）整理归档会议材料。

企业工会委员会应及时梳理、妥善保存会议筹备和召开的相关材料，包括职工代表选举的相关文件，企业主要负责人、工会主席等所作的会议报告，职工代表讨论和发言的记录，选举和表决的程序文件等。

（五）临时职工代表大会。

职工代表大会每年至少召开一次，闭会期间，有职工代表大会职权范畴内的重大事项，企业行政管理方、企业工会委员会或三分之一以上职工代表联名提议，可召开职工代表大会临时会议。临时会议具体时间和议题由双方协商确定，程序等要求与正常召开职工代表大会的规定一致。

（六）职工代表团（组）长和专门委员会（小组）负责人联席会议。

职工代表大会闭会期间，有需要临时解决涉及企业改革发展、职工切身利益的重要问题时，可由企业工会委员会组织召集职工代表团（组）长和专门委员会（小组）负责人联席会议协商处理。联席会议可由职工代表团（组）长、专门委员会（小组）负责人、主席团成员、企业工会委员会委员参加。根据会议内容，还可以邀请党组织领导、相关经营管理人员、有关职能部门负责人等参加，便于联席会议更加妥当并顺利地对相关事项进行协商处理。协商讨论解决属于职工代表大会职权范围内的事项必须由职工代表大会授权，联席会议对有关事项的处理结果应当提请下一次职工代表大会确认。

（七）职工代表巡视检查。

企业工会委员会可建立职工代表巡视检查制度，充分发挥职工代表在职工代表大会闭会期间的参政议政作用，保证职工代表大会决议、决定的落实。根据企业实际情况，定期组织职工代表对职工代表大会决议、决定贯彻落实情况，提案办理情况，企业安全生产、经营管理及为群众办实事情况，集体合同履行情况，职工群众关心的其他热点问题等进行巡视检查。职工代表就检查中发现的问题，及时提出意见建议，督促被检查单位或部门整改，跟踪整改情况。企业工会委员会汇总巡视检查情况，形成年度巡视检查总结报告报企业行政管理方，并在下一次职工代表大会民主管理工作报告中提报，接受职工代表审议监督。

参考资料及说明

[1]《中华人民共和国宪法》（2018 年修正文本），本书中简称《宪法》

[2]《中华人民共和国民法典》（2020 年 5 月 28 日第十三届全国人民代表大会第三次会议通过），本书中简称《民法典》

[3]《中华人民共和国职业病防治法》（根据 2018 年 12 月 29 日第十三届全国人民代表大会常务委员会第七次会议《关于修改〈中华人民共和国劳动法〉等七部法律的决定》第四次修正），本书中简称《职业病防治法》

[4]《中华人民共和国安全生产法》（根据 2021 年 6 月 10 日第十三届全国人民代表大会常务委员会第二十九次会议《关于修改〈中华人民共和国安全生产法〉的决定》第三次修正），本书中简称《安全生产法》

[5]《中华人民共和国工会法》（根据 2021 年 12 月 24 日第十三届全国人民代表大会常务委员会第三十二次会议《关于修改〈中华人民共和国工会法〉的决定》第三次修正），本书中简称《工会法》

[6]《中华人民共和国妇女权益保障法》（2022 年 10 月 30 日第十三届全国人民代表大会常务委员会第三十七次会议修订），本书中简称《妇女权益保障法》

[7]《中华人民共和国劳动法》（根据 2018 年 12 月 29 日第十三届全国人民代表大会常务委员会第七次会议《关于修改〈中华人民共和国劳动法〉等七部法律的决定》第二次修正），本书中简称《劳动法》

[8]《中华人民共和国劳动合同法》（根据 2012 年 12 月 28 日第十一届全国人民代表大会常务委员会第三十次会议《关于修改〈中华人民共和国劳动合同法〉的决定》修正），本书中简称《劳动合同法》

[9]《中华人民共和国劳动争议调解仲裁法》（2007 年 12 月 29 日第十届
全国人民代表大会常务委员会第三十一次会议通过），本书中简称
《劳动争议调解仲裁法》